ACHTSAMKEIT FÜR SUPER FRAUEN

Shonda Moralis

ACHTSAMKEIT FÜR SUPER FRAUEN

Deine 5-Minuten-Pausen
vom Alltag

COPRESS

Erstmals erschienen 2019 unter dem Titel „Breathe, Empower, Achieve: 5-Minute Mindfulness for Women Who Do It All".

© 2019, 2021* by Shonda Moralis

Originally published in the U.S. in 2019 by The Experiment, LLC. This edition published by arrangement with The Experiment, LLC.

© 2021 der deutschen Ausgabe

Copress Verlag in der

Stiebner Verlag GmbH

www.copress.de

Übersetzung aus dem Englischen Dagmar Klotz
Redaktion Julia Niehaus, lektorat plus, Berlin
Layout und Satz Dirk Brauns, estra.de, Berlin
Covergestaltung Guter Punkt, München

Wir produzieren unsere Bücher mit großer Sorgfalt und Genauigkeit. Trotzdem lässt es sich nicht ausschließen, dass uns in Ausnahmefällen Fehler passieren. Unter www.stiebner.com/errata/978-3-7679-1274-8.html finden Sie eventuell Hinweise und Korrekturen zu diesem Titel. Möglicherweise sind die Korrekturen in Ihrer Ausgabe bereits ausgeführt, da wir vor jeder neuen Auflage bekannte Fehler korrigieren. Sollten Sie in diesem Buch einen Fehler finden, so bitten wir um einen Hinweis an verlag@stiebner.com. Für solche Hinweise sind wir sehr dankbar, denn sie helfen uns, unsere Bücher zu verbessern.

Bibliografische Information der Deutschen Nationalbibliothek

Die Deutsche Nationalbibliothek verzeichnet diese Publikation in der Deutschen Nationalbibliografie; detaillierte bibliografische Daten sind im Internet über http://dnb.dnb.de abrufbar.

ISBN 978-3-7679-1274-8

Printed in the EU

Für Mom und Anika, zwei leise starke Frauen,
die ich über alles liebe.

Und für Dad, Erik und Ben, die starken Männer,
die uns Kraft geben, uns zu entfalten.

———

In meinem Alter und werde ich in diesen Zeiten, in denen noch immer hierarchische Verhältnisse herrschen, oft gefragt, ob ich „die Fackel weiterreiche". Ich erkläre dann, dass ich ganz im Gegenteil meine Fackel behalten werde, um damit die Fackeln anderer zu entzünden. Denn nur wenn jede von uns eine Fackel hat, wird es genug Licht geben.

Gloria Steinem, Feministin

INHALT

EINLEITUNG

Stress abbauen, ohne den Ansporn zu verlieren **14**

Work-Life-Balance, kein Ding der Unmöglichkeit **17**

Wir haben schon viel erreicht … wirklich? **21**

Achtsamkeit – was ist das überhaupt? **24**

Meditation – ganz anders, als du denkst **27**

Meine Geschichte: Von der Karrierefrau zum Coach für Female Empowerment durch Achtsamkeit **33**

Pausen der Achtsamkeit für Ruhe, Kraft und innere Stärke – wie geht das? **36**

KAPITEL 1

Komm zur Ruhe 41

Kaffee **43**

Pendeln **45**

Das Dreieck des Bewusstseins **47**

Bodyscan **50**

Freundlichkeit **53**

Im Interview:
Sarah Trimmer, ehemalige Krebspatientin
und Bloggerin für mehr Glück **56**

Sauerstoff **58**

Wohin geht unsere Energie? **61**

Shondaland **66**

Warten **68**

Stilles Örtchen **70**

Meetings **72**

Mittagspause **75**

5-Minuten-Spaziergang **79**

Schreckmomente **81**

In Schokolade ertrinken
(oder: Zu viel des Guten) **85**

Partnerschaft
(oder: Was habe ich in letzter Zeit für dich getan?) **87**

Fliegende Hitze **90**

Schlafenszeit **92**

Hellwach
(oder: Die 4-7-8-Atmung) **95**

KAPITEL 2

Sammle Kraft 99

Keine Angst vor Fehlern: Es gibt keine! 101

Im Interview:
Abbie Smith, Offiziersanwärterin an der
US Military Academy 106

Kleidung und Persönlichkeit 108

Dein innerer Kritiker 110

Dein innerer Mentor 113

Kommunikation 116

Auf laut stellen 119

Du bist einmalig 121

Kolleg*innen, die Nerven kosten 124

Ich-Zustände 128

Unser Spieltrieb 132

Im Interview:
Colleen Cannon, Ex-Weltmeisterin im Triathlon
und Gründerin von Women's Quest 135

Das Nachmittagstief
(oder: Blasebalgatmung) 137

Selbstachtung 139

Lob tut gut **141**

Rolle rückwärts **144**

Keine Angst vor Muskelkater **146**

Nachbrennen **149**

Wer will ich sein? **152**

KAPITEL 3

Erreiche deine Ziele 157

Dein innerer Kompass
(Was sind deine Werte?) **159**

Im Interview:
Mary Beth LaRue und Jacki Carr,
Gründerinnen des Coaching-Unternehmens
und Podcasts „Rock Your Bliss" **163**

Mach es wahr! **166**

Das grünäugige Monster **169**

Die U-Kurve **173**

Das Leben ein Kuchen **175**

Blaumachen **178**

Der Zauberstab **183**

Warum nicht? **186**

Dein persönlicher Aufsichtsrat **189**

Was sind deine Stärken? **191**

Anfängergeist **193**

Selbstverwirklichung **195**

Der Stachel in deinem Fleisch **198**

Im Interview:
Khine N. Zaw, Menschenrechtsaktivistin
und Gründerin von Khineder Creations **200**

Zähme das Arbeitstier in dir **202**

ANMERKUNGEN **207**

LITERATUREMPFEHLUNGEN **210**

WEITERE HILFEN **212**

DANK **214**

ÜBER DIE AUTORIN **216**

EINLEITUNG

Stress abbauen, ohne den Ansporn zu verlieren

Wenn du deinem Geist Ruhe verordnest und ihn auf nur eine Sache konzentrierst, wird dein Körper ruhig. Wenn dein Körper ruhig ist, wird auch dein Geist ruhig. Wenn Geist und Körper ruhig sind, entsteht eine Synergie, die echte Leistung hervorbringt.

George Mumford, Mentaltrainer

„Der Tag ist einfach nie lang genug."

„Ich bin so angespannt, dass niemand bekommt, was ihm zusteht. Ich habe permanent große Schuldgefühle."

„Ich weiß nicht einmal genau, wer ich bin oder was mir Freude macht."

„Am Abend ist für mich nichts mehr übrig – keine Energie, keine Zeit, keine Motivation."

„Work-Life-Balance? Von wegen!"

Wow. Harte Worte. Schon allein, sie niederzuschreiben, deprimiert mich. Ich kann mir genau vorstellen, welche Folgen es hat, diese innere Stimme tagtäglich zu hören und ihre negativen Botschaften zu verinnerlichen. Denn das tun viele von uns, auch wenn uns das nicht unbedingt bewusst ist. Nach außen geht es allen anderen prima. Aber das heißt nicht, dass sie insgeheim nicht die gleichen verzweifelten Kämpfe durchstehen. Du dachtest, es ginge nur dir so? Willkommen im Club, liebe Freundin.

Ich unterrichte Frauen aller Altersstufen, aller Berufssparten und in den verschiedensten Lebensphasen in Achtsamkeitspraxis. Dabei höre ich immer wieder: Wir sind gestresst, überlastet, stehen unter Zeitdruck. Jede von uns springt morgens ins Hamsterrad und strampelt sich nonstop ab, bis sie abends erschöpft ins Bett fällt, um entweder wie ein Stein zu schlafen oder mit Schlaflosigkeit zu kämpfen. Und am nächsten Morgen geht alles von vorne los. Zum Glück muss sich das Leben nicht so chaotisch und erdrückend anfühlen. Ich habe ein vollkommen natürliches Rezept für dich, zu einem ausgeglichenen, gesunden Work-Life-Verhältnis zu kommen. Es liefert Energie, um gut durch den Tag zu kommen, und ausreichend Raum, um durchzuatmen. Es verursacht keine Kosten, ist legal, hat keine unerwünschten Nebenwirkungen, erfordert nicht viel Zeit und wird dein Gesamtbefinden verbessern. Interessiert?

Die Wissenschaft bestätigt: Wenn wir Achtsamkeit regelmäßig praktizieren, können wir dadurch unser Lebensgefühl verändern: von rastlos und getrieben zu gelassen und überlegt. Das wirkt sich positiv auf unsere Gesundheit, unsere Leistungsfähigkeit und unser Allgemeinbefinden aus. Arztbesuche werden überflüssig. Alles, was du brauchst, sind fünf Minuten am Tag. Egal, wie vollgepackt unser Terminkalender ist, fünf Minuten kann jede von uns herausschinden. Davon bin ich überzeugt. Und ich weiß, es hört sich zu schön, zu einfach an, um wahr zu sein.

Auch ich habe einmal an der scheinbar widersprüchlichen Weisheit, mit weniger Einsatz ließe sich mehr erreichen, gezweifelt. Als ehemalige Perfektionistin weiß ich genau, was für ein Kribbeln es bei einem Workaholic auslöst, einen Posten auf der To-do-Liste abzuhaken. Ich kenne die Angst, den Biss zu verlieren, die Befürchtung, täglich volle fünf Minuten lang zu pausieren könne den kostbaren kreativen Flow abreißen lassen. Ganz davon abgesehen dachte ich früher: Wer in aller Welt hat schon Zeit? – Einige der bekanntesten und klügsten Köpfe, wie sich herausstellte. In seinem Bestseller *Tools of Titans: The Tactics, Routines, and Habits of Billionaires, Icons, and World-Class Performers* (dt. *Tools der Titanen: Die Taktiken, Routinen und Gewohnheiten der Weltklasse-Performer, Ikonen und Milliardäre*) befragt der Unternehmer und Autor Tim Ferriss Dutzende äußerst erfolgreiche Menschen nach ihrem Geheimrezept. Und weißt du, was? 80 Prozent der in seinem Buch interviewten Persönlichkeiten praktizieren Achtsamkeit, Ferriss eingeschlossen! Egal, ob diese statistische Zahl ursächlich oder nebensächlich ist, auf jeden Fall ist sie deutlich und alles andere als überraschend. „Wenn ich sie regelmäßig praktiziere, belohnt mich die Meditation damit, dass ich am Tag 30 bis 50 Prozent mehr erledigen kann, mit 50 Prozent weniger Stress", schreibt Ferriss und bestätigt damit meine eigene Erfahrung. Wie du noch sehen wirst, gibt es zahlreiche Gründe dafür, dass Arianna Huffington, Oprah Winfrey und Eileen Fisher täglich meditieren und immer wieder betonen, wie gut ihnen das tut und welchen direkten Einfluss es auf ihren und den Erfolg ihres ganzen Teams hat. Alle diese kraftvollen, fähigen Frauen haben erkannt, dass die größten Fortschritte, die größten Erfolge dann eintreten, wenn man sich selbst gegenüber achtsam ist, innerlich zur Ruhe kommt und ein Bewusstsein für sich entwickelt.

Nicht alles, was uns im Leben passiert, können wir beeinflussen. Aber wir können unsere Perspektive und unsere übliche Reaktion auf diese Ereignisse verändern. Praktizierte Achtsamkeit ermöglicht es uns, effizienter, produktiver und kreativer zu sein, ohne Burn-out und ohne den Ansporn zu verlieren. Sie lehrt uns, unser Verhalten in stressigen Situationen besser zu kontrollieren, anstatt spontan zu reagieren, ohne nachzudenken. Und, was vielleicht das Beste ist: Sie ermöglicht es uns, das Gute, das es in unserem Leben bereits gibt, besser zu erkennen und zu schätzen.

In diesem Buch findest du ein Gegenmittel für die allgegenwärtigen Momente von Stress, Überforderung und Zeitmangel. Es enthält Dutzende kurzer, wissenschaftlich anerkannter Übungen, die ich *mindful breaks*, Pausen der Achtsamkeit, nenne. Sie begleiten dich durch den Tag und erinnern dich daran, dich auf das zu konzentrieren, was passiert, *während es passiert*, anstatt auf Autopilot zu stellen. Wir können jederzeit eine Pause der Achtsamkeit einlegen – beim Kaffeetrinken, auf dem Weg zur Arbeit, während einer anstrengenden Unterhaltung oder während wir auf den Beginn eines Meetings warten. Dabei kannst du frei wählen, welcher von insgesamt drei Bereichen in der momentanen Situation am ehesten Beachtung verdient. Denn die Übungen widmen sich drei Bereichen, die wir in uns fördern müssen, um zu wachsen und zu gedeihen: Dem Atem, über den wir Bewusstsein, Ruhe und Energie gewinnen. Dem Kraftsammeln, um Selbstzweifel zu überwinden und Durchsetzungsvermögen und Selbstvertrauen zu gewinnen. Und schließlich unserer inneren Stärke, mit der wir Ziele verwirklichen und eine gute Work-Life-Balance erreichen können.

Dazu berichte ich von meinen persönlichen Erfahrungen und zitiere aus Interviews mit starken Frauen unterschiedlichen Alters, in unterschiedlichen Berufen und mit unterschiedlichen Lebenswegen. Du wirst sehen, dass zwar jede von uns einzigartig ist, dass aber mehr Gemeinsamkeiten als Unterschiede zwischen uns aktiven Frauen bestehen. Die Pausen der Achtsamkeit ermöglichen es uns nicht nur, ein achtsames Leben zu führen, sondern auch, unsere Kräfte als Frau bewusster wahrzunehmen und sie zur Verwirklichung unserer Werte und Ziele einzusetzen.

Dieses Buch soll dich unterstützen und ermutigen, soll dir Erkenntnisse vermitteln und Lösungen für den mit Pflichten überladenen Alltag anbieten, den wir alle meistern müssen. Ich habe es geschrieben, um dich und auch mich selbst daran zu erinnern, dass Achtsamkeit nicht dazu dient, immer weiter voranzukommen, sondern uns helfen soll, ein erfüllteres, glücklicheres und ausgeglicheneres Leben zu leben. Ich liebe meine Kinder, ich liebe meinen Ehemann, meine Freunde, meine Familie, meine Hobbys. Ich liebe auch meine Arbeit, aber ich lasse mich leicht, beinahe unmerklich, auf ein Verhaltensmuster ein, das mir meine Energie raubt. Ich weiß, dass ich mich viel besser fühle und viel effizienter bin, wenn Berufs- und Privatleben im richtigen Verhältnis zueinander stehen. Denn wenn wir unsere Kräfte bewusst verteilen und einsetzen, dann ist alles möglich und wie durch Magie erreichen wir das, was für uns persönlich am wichtigsten ist.

Work-Life-Balance, kein Ding der Unmöglichkeit

Zeitmangel ist ein Mangel an Prioritäten. Wenn ich „im Stress" bin, dann, weil ich Entscheidungen getroffen habe, die mich in diese Situation gebracht haben. Ich habe mir verboten, auf die Frage „Wie geht's?" mit „Ich bin im Stress." zu antworten. Es ist nicht richtig, sich zu beklagen. Wenn ich mich gestresst fühle, dann ist das eine Aufforderung, meine Systeme und Regeln zu überdenken.

Tim Ferriss, *Tools der Titanen*

Work-Life-Balance. Immer wieder bin ich erfolgreichen Frauen begegnet, die ungehalten reagieren, wenn sie zum x-ten Mal mit der Frage konfrontiert werden, wie sie „das alles unter einen Hut bringen". Vielleicht, weil sie meinen, ein Patentrezept liefern zu müssen. Aber da irren sie sich, glaube ich. Female-Business-Coach Tiffany Dufu sprach ein Jahr lang auf 60 verschiedenen Bühnen vor knapp 20.000 Frauen und schnitt dabei alle möglichen Themen an. Die Frage, die ihr am häufigsten gestellt wurde, war: „Wie schaffen Sie das alles?" Mit der Zeit erkannte Dufu, dass die eigentliche Frage lautete: „Wie kann *ich* das alles schaffen?"

Verständlicherweise löst die Frage nach der Work-Life-Balance bei Frauen auch deshalb Unmut aus, weil sie Männern - wenn überhaupt - nur sehr selten

gestellt wird. Egal, ob das nun gut oder schlecht ist, ich bin jedenfalls nicht ge-
kränkt, wenn man mir diese Frage stellt. Und ich könnte durchaus zu den Frauen
in Dufus Publikum gehören, die aufrichtig daran interessiert sind, zu erfahren, wie
andere starke, erfolgreiche Frauen es schaffen, ein Gleichgewicht zwischen Berufs-
und Privatleben herzustellen. Würde ich es begrüßen, wenn vollkommene Gleichberechtigung der Geschlechter es überflüssig machen würde, diese Frage vor allem
Frauen zu stellen? Auf jeden Fall! Aber bis dahin ist es noch ein weiter Weg, und
zwischenzeitlich werde ich weiter neugierig sein, Fragen stellen (ich entschuldige
mich im Voraus bei allen Frauen, die das stört) und meine Schlüsse ziehen.

Work-Life-Balance. Die kann für jeden total anders aussehen, und entsprechend vielfältig sind auch die Methoden, sie zu erreichen. Für den Weg, den
Achtsamkeit für Superfrauen vorschlägt, möchte ich sie so definieren: Die Work-
Life-Balance ist ein dauerhaftes, vernünftiges Gleichgewicht zwischen allen As-
pekten des Lebens, angepasst an die jeweilige Lebensphase. Das bedeutet, seinen
Umgang mit Zeit und Energie immer wieder neu einzustellen, bewusste Entscheidungen zu treffen und Schuldgefühle abzubauen. Meiner Meinung nach gehört dazu auch, dass wir unsere Erwartungen zurückschrauben und akzeptieren,
dass wir nicht alles jetzt und sofort haben oder tun können. Ein Patentrezept für
eine Work-Life-Balance gibt es nicht, aber machbar ist sie in jedem Fall.

Unsere Gesellschaft glaubt, dass gute Angestellte 60 Wochenstunden arbeiten, gestresst und überfordert sein müssen, um produktiv zu sein und Karriere
zu machen. In Wirklichkeit brauchen wir aber auch Spaß, Zeit für uns selbst und
Flexibilität in unserem Terminkalender, um optimal zu funktionieren. Denn wenn
auch nur ein Teil unseres Lebens, egal, ob beruflich oder privat, aus dem Gleichgewicht gerät, beeinflusst der daraus resultierende Stress unsere Gedanken,
Gefühle und Reaktionen auch in allen anderen Bereichen. Wir stellen auf Autopilot, handeln ohne nachzudenken und verharren in ungesunden Gewohnheiten.
Um Angstgefühle zu bekämpfen, futtern wir literweise Ben & Jerry's-Eiscreme,
betäuben uns mit Mojitos, lenken uns
mit Instagram ab oder vergraben uns in
Arbeit. Wenn wir erschöpft und leer sind,
sind wir weder produktiv noch kreativ und
ganz bestimmt nicht zu Höchstleistungen
fähig.

*Frauen hängen sich
so stark hinein, dass sie
vornüberkippen.*

Jess Davis

Am Ende einer langen Arbeitswoche sind unsere geistigen und körperlichen Reserven auf dem Tiefpunkt und wir fühlen uns kaum in der Lage, darüber zu reflektieren, wie wir unsere schwere Bürde erleichtern könnten. Wir nutzen das Wochenende, um zu regenerieren und uns auf die Herausforderungen vorzubereiten, die uns ab Montagmorgen erwarten, wo wir womöglich schon im Morgengrauen aus dem Bett kriechen, um unsere E-Mails zu checken.

Ohne regelmäßige Pausen, in denen wir uns zurücklehnen, um das Gesamtbild zu betrachten, ist es unmöglich, die Unsinnigkeit stumpfer Gewohnheiten zu entdecken und zu erkennen, wo wir Prioritäten setzen müssen. Wenn wir gestresst sind und in den Augen-zu-und-durch-Modus verfallen, verlieren wir so positive Eigenschaften wie unseren Sinn für Humor, unser Mitgefühl, unsere Fähigkeit, klar zu denken, oder unsere Libido. Müssen wir unter Druck entscheiden, was wir zuerst tun, verlieren wir nicht selten wichtige Dinge schnell aus dem Auge: die Beziehung zu Familie und Freunden, Hobbys, die wir aus reinem Vergnügen verfolgen, Zeiten, in denen wir uns selbst verwöhnen. Stattdessen tun wir nur noch das, was uns im Moment dringend erscheint. Wir gewöhnen uns so an den Stress, dass wir Kopfschmerzen, verspannte Muskeln oder Magenprobleme nicht einmal wirklich wahrnehmen, bis unsere Gesundheit so angeschlagen ist, dass wir zusammenbrechen, ernsthaft erkranken oder ein Burn-out haben. Erst dann kommt unser unermüdlicher Motor mit einem lauten Kreischen zum Halten.

Aber man kann auch anders leben. Wir können eine Pause machen, ein paar Mal tief durchatmen und unsere ganze Aufmerksamkeit auf den Moment richten. Das ist die Technik der Achtsamkeit. Sie hilft uns, das scheinbar unausweichliche Tempo zu drosseln. Wenn wir achtsam sind, können wir besser entscheiden, worauf wir uns konzentrieren sollten, können bewusst reagieren, statt eingefahrenen Verhaltensmustern zu folgen, können positive Momente als solche erkennen und genießen, können zur Ruhe kommen. Wenn wir ruhig sind, sind wir kreativer, produktiver, lockerer, effizienter, gesünder und glücklicher.

Achtsamkeit für Superfrauen zeigt dir einfache Wege, dein Bewusstsein, deine Selbstsicherheit, deine innere Kraft und deine Führungsqualitäten zu steigern, egal, in welcher Lebenssituation du steckst. Wenn du dich mit dir selbst und der Welt in Einklang fühlst und dir bewusst machst, welche höheren Ziele du verfolgst, bist du schon auf dem besten Weg zu einer vernünftigen

Work-Life-Balance. Dann kannst du deine persönlichen Parameter Schritt für Schritt optimieren und so dein Leben ins Gleichgewicht bringen.

An der Realität vorbei?

Ich bin mir bewusst, dass viele der in diesem Buch diskutierten Stressfaktoren als Luxusprobleme abgetan werden könnten. Auch ich habe mir schon die Frage gestellt, ob es nicht egoistisch ist, sich in dieser Art auf sich selbst zu konzentrieren, während andere mit weit ernsteren Problemen kämpfen. Aber ich kann nicht genug betonen, dass wir nur als gesunde, ausgeglichene und in uns ruhende Person die notwendige Energie, Aufmerksamkeit und Empathie haben, um uns um andere zu kümmern. Wenn wir eine schwierige Phase durchmachen – sei es ein Verlust, ein dramatischer Umbruch oder eine andere große Belastung –, werden wir automatisch sehr selbstfixiert. Das ist auch notwendig, um die Lage zu bewältigen und gestärkt daraus hervorzugehen. Es ist überflüssig, sich Vorwürfe zu machen, wie man in eine solche Situation geraten konnte oder wie unsouverän man darauf reagiert. Besser ist es, die beschriebenen einfachen Bewusstmachungs-Techniken einzusetzen und damit langsam, aber sicher in Richtung Ruhe, Ausgeglichenheit und Gesundheit zu steuern. Erst dann sind wir wieder eine positive Kraft in dieser Welt, in welcher Form auch immer. Wenn wir unser eigenes Leben wieder im Griff haben, können wir den Blick auf die Welt um uns herum richten und überlegen, welchen Beitrag wir leisten können, um sie zu verbessern. Das kann innerhalb der Familie sein, am Arbeitsplatz oder in unserer Gemeinde. Wenn du mit dir selbst im Reinen bist, hast du die Kraft, andere zu unterstützen, zu stärken und deine individuellen und kostbaren Fähigkeiten in den Dienst der Allgemeinheit zu stellen.

Wir haben schon viel erreicht ... wirklich?

Die Herausforderung für uns alle ist, die Revolution zu leben, und nicht, für sie zu sterben.

Gloria Steinem, Feministin

„Kraft durch Achtsamkeit für *Frauen*? Und was ist mit den Männern? Brauchen die keine Achtsamkeit?" Diese Frage wird mir oft gestellt – so gut wie immer von Männern. Ich verstehe sie gut und habe überhaupt keine Vorbehalte gegenüber der Spezies Mann (mein geliebter Vater ist einer, mit einem weiteren Vertreter bin ich glücklich verheiratet und ich ziehe ein anbetungswürdiges Exemplar davon auf). Selbstverständlich kämpfen auch Männer mit Stress und verdienen es, ein bewusstes, harmonisches Leben zu führen. Ich bin unbedingt dafür, dass auch sie Achtsamkeit erlernen und von ihr profitieren. Aber die Tatsache bleibt bestehen, dass wir bezüglich Gleichberechtigung zwar schon große Fortschritte gemacht haben, Frauen aber trotzdem noch vor vielen geschlechtsspezifischen Hindernissen stehen. Dazu gehören ungleiche Bezahlung und schlechtere Karrierechancen am Arbeitsplatz; in Führungspositionen sind Frauen nach wie vor unterrepräsentiert. Es gibt unausgesprochene gesellschaftliche Erwartungen, und wir neigen dazu, an uns selbst zu zweifeln. All das hemmt uns, während wir versuchen, nach außen hin ein makelloses, cooles Bild abzugeben.

Es ist absolut notwendig, Männer zu Achtsamkeit und Empathie zu erziehen. Aber solange die Emanzipation noch nicht abgeschlossen ist, werden wir frauenspezifische Fragen aufwerfen und behandeln müssen. Die amerikanische Aktivistin, Autorin, Schauspielerin und Vloggerin Franchesca Ramsey erklärte es einmal anhand eines Benefizlaufs gegen Brustkrebs. Wenn sie laufe, um Gelder für die Brustkrebsforschung zu sammeln, wolle sie damit nicht sagen, andere Krebsarten müssten weniger bekämpft werden. Aber dieses Mal habe sie sich eben entschieden, auf das Problem Brustkrebs aufmerksam zu machen. Punkt. Es sei keine Entweder-oder-Frage. Das Thema Female Empowerment durch Achtsamkeit ist es auch nicht.

Studien ergaben, dass Frauen fast doppelt so häufig Gefahr laufen, unter Angstgefühlen und den Auswirkungen von Stress zu leiden, wie Männer.[1] Wir

Frauen verwenden viel Anstrengung darauf, unser Leben besser zu organisieren. Aber angesichts einer Überfülle an Aufgaben und Pflichten wissen wir oft nicht, wie wir das bewerkstelligen können, ja, wo wir überhaupt anfangen sollen. Obwohl Achtsamkeit in unserer Gesellschaft ein großes Thema ist, scheinen wir uns von dem Ziel, ein achtsames Leben zu führen, immer weiter zu entfernen. Je stärker wir versuchen, das Tempo herunterzufahren und zur Ruhe zu kommen, desto lauter ruft uns die Gesellschaft zu: Nur wer etwas tut, ist produktiv. Wir arbeiten nicht nur am Arbeitsplatz, sondern führen gleichzeitig einen Haushalt. Ständig jonglieren wir mit zahllosen Erledigungen, müssen an dies denken, dürfen jenes nicht vergessen. Kein Wunder, dass uns diese geballte Ladung an Herausforderungen aller Art manchmal über den Kopf wächst. Und für diese Momente, liebe Freundin, habe ich die kurzen, aber intensiven Pausen der Achtsamkeit erfunden, mit denen wir den Reset-Knopf drücken und uns bewusst auf die aktuelle Situation und Aufgabe konzentrieren können.

In ihrem Buch *Drop the Ball. Achieving More by Doing Less* (dt. *Den Ball weiterspielen: Warum Frauen weniger von sich und mehr von anderen erwarten sollten*) beschreibt Tiffany Dufu den Mythos vom perfekten Arbeitsalltag, der uns in TV-Serien wie *Mad Men* oder *Leave it to Beaver* (dt. *Erwachsen müsste man sein*) vorgespiegelt wird. Die Berufswelt geht davon aus, dass jeder, der Vollzeit arbeitet, irgendjemanden hat, der sein Zuhause organisiert. Doch eine McKinsey-Studie über Frauen am Arbeitsplatz von 2017 zeigt eine ganz andere Realität: „Bei Frauen, die einen Partner und Kinder haben, ist es 5,5-mal wahrscheinlicher, dass sie die Hausarbeit zum überwiegenden Teil oder sogar ganz übernehmen und nicht ihr männlicher Partner. Selbst wenn sie die Hauptverdiener sind, erledigen sie mehr Hausarbeit. Bei Frauen, die über die Hälfte des Familieneinkommens bestreiten, ist die Wahrscheinlichkeit, dass sie die Hausarbeit übernehmen, 3,5-mal so hoch wie bei Männern in der gleichen Situation."[2] Unter diesen Umständen sind Überforderung und Erschöpfung vorprogrammiert. Und genau da kommen dir die Pausen der Achtsamkeit zu Hilfe.

Zu den Stressfaktoren im Alltag kommen die oft subtilen geschlechtsbedingten Ungerechtigkeiten, mit denen wir uns am Arbeitsplatz herumschlagen müssen. Weil sie kaum Chancen auf Führungspositionen in ihrem meist von Männern dominierten beruflichen Umfeld sehen, entwickeln viele von Natur aus kontaktfreudige und teamfähige Frauen ein ungutes Konkurrenzverhalten.

Das ist wirklich schade. Um dem vorzubeugen, sollten wir auf erste Anzeichen achten, uns gegenseitig Anerkennung dafür zollen, dass wir alle diese Situation zu bewältigen haben, und gezieltes Networking betreiben, um einander die notwendige Unterstützung zu geben. Wenn wir ehrlich versuchen, uns gegenseitig zu verstehen und zu respektieren, anstatt uns als Konkurrentinnen zu betrachten, können wir voneinander lernen und ein Energiefeld generieren, das uns alle pusht. Um zu diesem kooperativen Miteinander zu finden, ist es notwendig, dass jede Einzelne von uns sich ihrer Person und ihrer Stärken bewusst ist. Die in Kapitel 2 beschriebenen Pausen der Achtsamkeit sind eine wertvolle Hilfe, wenn es darum geht, dieses Bewusstsein zu erlangen. Wann immer du eine Injektion Selbstvertrauen brauchst, sind die Empower-Übungen genau das Richtige.

In einer von Männern dominierten Arbeitswelt finden wir Frauen es oft schwierig, zu einer rücksichtsvollen und einfühlsamen Kommunikationsweise zu finden. Wir haben das Gefühl, permanent Druck aufbauen zu müssen, und haben Angst, Schwächen zu zeigen, die dann womöglich gegen uns verwendet werden. Wer Achtsamkeit praktiziert, hat es leichter, solche Anflüge von Selbstzweifel und Selbstkritik zu entdecken und zu bemerken, wann sie ihre Persönlichkeit unterdrückt, aus Angst, nicht akzeptiert oder nicht ernst genommen zu werden. Und wir müssen solche Verhaltensweisen erkennen, um sie zu ändern. Denn nicht Angst oder andere negative Gefühle sollten unser Handeln bestimmen, sondern das Bewusstsein, genau das zu tun, was die Situation erfordert. Unsere Träume und Ziele zu analysieren und in sinnvolle Häppchen zu teilen ist einer von vielen praktischen Tipps dazu, die du im Kapitel 3 findest.

In den Jahren meiner Achtsamkeitsarbeit mit Frauen – ob Mütter von anstrengenden Teenagern, Führungskräfte aus der Wirtschaft oder talentierte Künstlerinnen – habe ich gelernt, dass wir alle ähnliche Kämpfe durchstehen, egal, in welcher Lebensphase oder Berufssparte wir uns befinden. Auch wenn ich hier ein beinahe entmutigend düsteres Bild von der Situation der Frau gezeichnet habe, kann ich dir versichern, dass ich voller Hoffnung bin. Langsam, aber stetig ändern sich die Verhältnisse.

Der Wandel ist im Gange. Aber wir müssen etwas dafür tun. Das beginnt damit, dass jede für sich selbst versucht, ihre innere Stärke zu mobilisieren. Genau zu diesem Zweck habe ich dieses Buch geschrieben. Für dich. Für mich. Für uns Frauen, damit wir erkennen, was wir brauchen, um uns zu heilen, um stark und selbstsicher zu werden. Um zu einem Vorbild für nachfolgende Generationen wie auch für uns untereinander zu werden. Um mich herum sehe ich zahllose strahlende, kluge, mutige Frauen jeglichen Alters. Indem wir das Gute in uns selbst entdecken, sehen wir auch das Gute in den anderen. Wir alle profitieren von Achtsamkeit. Wir lernen, authentisch zu sein, selbstsicher zu sein, unsere Stimme zu erheben und unsere innere

Meine Generation hat die Aufgabe, die Macht und die Freiheit, die [von Generationen von Frauen vor uns] erkämpft wurden, zu nutzen, um die Welt besser und sicherer zu machen.

Kirsten Gillibrand, Politikerin

Stärke zu mobilisieren, um uns zu verwirklichen. Egal, ob wir eine Firma oder einen Haushalt managen, mit Achtsamkeit tun wir es auf die bestmögliche Art und Weise. Davon profitieren unsere Familien, unsere Kollegen und der Rest der Welt – Männer eingeschlossen.

Achtsamkeit – was ist das überhaupt?

Fast alles funktioniert wieder, wenn man es für ein paar Minuten vom Netz nimmt – auch du.

Anne Lamott, Schriftstellerin

Wir alle kennen das: Wir steigen ins Auto, fahren eine uns gut bekannte Strecke – und merken plötzlich, dass wir uns nicht mehr erinnern können, eine bestimmte Kurve genommen oder ein auffälliges Objekt passiert zu haben. Wir laufen auf Automatik und nehmen unsere Umgebung gar nicht richtig wahr. Da stellt sich die Frage: Wo um Himmels willen *waren* wir? In Gedanken. Entweder in der Zukunft (Was-wäre-wenn-Szenarios entwerfen, unsere To-do-Liste durchgehen) oder in der Vergangenheit (mit einer kürzlich geführten Unterhaltung oder einem lange zurückliegenden Erlebnis beschäftigt), aber ganz offensichtlich nicht im Hier und Jetzt. Matthew Killingsworth hat festgestellt, dass unser viel beschäftigter Geist fast die Hälfte unserer wachen Zeit auf Wanderschaft geht.[3] Achtsamkeit ist das exakte Gegenteil von Leben auf Autopilot. Sie richtet unsere

Aufmerksamkeit auf das, was im Moment passiert, und lehrt uns, dem mit wohlwollender Akzeptanz zu begegnen.

Ein anderer Weg, das Prinzip der Achtsamkeit zu begreifen, ist das Dreieck des Bewusstseins. Stell dir ein Dreieck vor: Die drei Spitzen repräsentieren unsere körperlichen Wahrnehmungen, unsere Gedanken und unsere Gefühle. Sie sind miteinander verbunden und interagieren, meistens ohne dass wir uns dessen bewusst sind. Ein Beispiel:

Jane ist Marketing-Koordinatorin in einem großen Krankenhaus. Sie schätzt die interaktiven, dynamischen Seiten ihrer Tätigkeit. Sie liebt die Vielfältigkeit der Aufgaben, die Flexibilität bei der Arbeitsgestaltung und die Mischung aus individuellen Projekten und Arbeiten im Team. Ein Manko ist ihre Vorgesetzte Susan, ein launischer Typ. Sie kann großzügig und liebenswürdig sein, aber im nächsten Moment zornig, impulsiv und verletzend. Diese Unberechenbarkeit macht Jane zu schaffen. Sie arbeitet lange genug mit Susan zusammen (um genau zu sein: drei Jahre, sieben Monate und 23 Tage), um zu wissen, dass diese aggressiven Ausbrüche nie lange dauern. Früher oder später wird Susan wieder auf normal schalten. Aber jedes Mal hinterlässt sie Angst, gekränkte Egos und Ärger, der sich immer weiter aufstaut. Eines Morgens, als Jane sich auf eine wichtige Gruppensitzung später am Tag vorbereitet, stürmt Susan in ihr Büro. Sie ist hochrot im Gesicht und stößt zwischen zusammengebissenen Zähnen Bösartigkeiten hervor: „Tara hat ein Dokument verschickt, das gravierende Fehler enthält! Das geht nicht! Es setzt uns alle in ein schlechtes Licht! Eine Katastrophe!"

Peng. Was passiert jetzt in Janes Dreieck des Bewusstseins? Sie denkt: Oh nein, was ist da los? Sie spürt: Herzrasen, angespannte Muskeln, ihr bleibt die Luft weg. Sie fühlt: totale Überraschung, Verwirrung. Sie denkt: Was, wenn ich diesen Job verliere? Wie bezahle ich dann meine Miete? Ihr Körper reagiert mit Druck auf der Brust, hochgezogenen Schultern und Hitze, die ihr zu Kopf steigt. Ein Gefühl von Angst und Panik ergreift sie.

Während Janes Dreieck des Bewusstseins an allen Ecken lodert und sie dem Chaos hilflos ausgeliefert ist, laufen unzählige Kampf-oder-Flucht-Reaktionen ab, die sich in unserem Körper automatisch in Gang setzen, wenn er sich einer Gefahr gegenübersieht. Gut so, wenn es sich um eine reale Bedrohung handelt. Wenn du zum Beispiel auf einer belebten Straße stehst und plötzlich siehst, wie ein Auto mit hoher Geschwindigkeit auf dich zurast: Adrenalin wird ausgeschüttet, das Herz pumpt Blut in die Muskeln, dein Körper ist bereit, schnell zur Seite zu springen. Auch dein Gehirn geht in den Überlebensmodus. Der präfrontale Cortex, zuständig für Aufmerksamkeit, Organisation und die Fähigkeit, eine Situation mit Abstand zu betrachten, drosselt seine Aktivität, während die Amygdala, die den emotionalen Gehalt einer Situation bewertet und besonders auf Bedrohung reagiert, auf Hochtouren läuft. Leider ist es in unserem heutigen überaktiven Leben so, dass wir ständig und überall Gefahr wittern, auch wenn keine reale Bedrohung besteht.

In ihrem Büro ist Jane relativ sicher. Aber ihr Körper kann nicht zwischen einer realen und einer eingebildeten Gefahr unterscheiden und schaltet in den Kampf-oder-Flucht-Mechanismus. Je nachdem, wie bewusst Jane die Situation erlebt, sind zwei Reaktionen denkbar: Wenn sie an diesem Morgen von Achtsamkeit weit entfernt ist, wird sie emotional unter Druck geraten und ebenfalls Ärger aufbauen. Die beiden Kolleginnen werden sich in einer nutzlosen Auseinandersetzung aufreiben und dabei viel Zeit und Energie verschwenden, die sie besser verwenden würden, um eine Lösung für das Problem zu finden.

Wenn sich Jane jedoch ihre hochgezogenen Schultern und den Druck auf der Brust bewusst macht, wird sie das Bedürfnis spüren, ein paar Mal tief Luft zu holen – einatmen, ausatmen, einatmen, ausatmen –, und dadurch ihrem Gehirn signalisieren, dass es falscher Alarm war. Der Kampf-oder-Flucht-Mechanismus fährt herunter, der präfrontale Cortex kann wieder normal arbeiten. Jane fühlt keinen emotionalen Druck mehr, richtet ihre Aufmerksamkeit auf ihr Dreieck des Bewusstseins und ist in der Lage, ihre Reaktion *auszuwählen*, anstatt in blinder Panik zu handeln. Sie hat die körperlichen Symptome der Kampf-oder-Flucht-Reaktion als solche erkannt, hat sich wieder im Griff und kann gelassen zusehen, wie Susan ihren nur allzu vertrauten Zyklus durchläuft. Auch wenn Susan total durchdreht, wird sich Jane nicht aus dem Gleichgewicht bringen lassen und sagen, dass sie die Sache in Ordnung bringen wird. Auf dem Weg zu Taras Büro wird sie weiter tief ein- und ausatmen. Wenn sie die Tür erreicht, wird sie fähig sein, sachlich über das Missgeschick zu reden, Lösungsvorschläge zu machen und den Schaden zu begrenzen. Man braucht nicht viel Fantasie, um sich auszumalen, wie die Sache ohne die Hilfe von Achtsamkeit ausgegangen wäre. Egal, auf welche Spitze des Dreiecks des Bewusstseins wir unsere Aufmerksamkeit richten, wir können dadurch auf jeden Fall unsere Reaktion auf negative Impulse besser kontrollieren, egal, ob es sich um den Stau in der Rushhour, um eine immer länger werdende To-do-Liste oder um nervende Kollegen handelt.

Die Achtsamkeitslehre geht zwar auf den Buddhismus zurück, ist jedoch eine ganz und gar weltliche Methode, Gehirn und Gemüt zu trainieren. Was nicht heißt, dass nicht auch Gläubige davon profitieren. Trotz des Hypes in den Massenmedien ist Achtsamkeit keine Modeerscheinung. Achtsamkeit ist eine praxiserprobte Methode, deren Wirksamkeit wissenschaftlich belegt ist. Große Unternehmen wie Google, Aetna, General Mills, Intel, Goldman Sachs oder Dow Chemical bieten ihren Angestellten Achtsamkeitstraining an. Arbeitswissenschaftler*innen bestätigen, dass regelmäßig praktizierte Achtsamkeit zu weniger Krankheitstagen und vermindertem Stress führt, das allgemeine Wohlbefinden fördert und die Menschen kreativer, innovativer und kooperativer macht. Das Ergebnis sind eine positive Arbeitsatmosphäre und zufriedenere, motivierte Mitarbeiter*innen. Eine in Zusammenarbeit mit Hausarztpraxen durchgeführte Studie zum Thema achtsame Kommunikation in Familien ergab, dass Stress und Burn-out abnehmen, während sich das Klima verbessert und die Belastbarkeit zunimmt.[4] Die Forschung zeigt, dass Achtsamkeit nicht nur Stress reduziert, sondern auch geistige Kräfte freisetzt, die wir normalerweise nicht oder nur in Ausnahmefällen mobilisieren können. Viele sprechen deshalb von Achtsamkeit als Superpower. Hunderte von Studien beweisen die positiven Effekte von Achtsamkeit im Team, bei Führungskräften und in Organisationen. Sie fördert die Gesundheit und das Wohlergehen aller.

Meditation – ganz anders, als du denkst

Ich denke 99 Mal nach und finde nichts. Ich höre auf zu denken, schwimme in der Stille, und die Erkenntnis kommt zu mir.

Albert Einstein, Wissenschaftler

Ich bin kein Sportfan. Aber mein sechsjähriger Sohn hat neuerdings seine Liebe zu Basketball und allem, was dazugehört, entdeckt. Das schließt auch unser lokales Team, die Philadelphia 76ers, mit ein. Als ich kürzlich dazukam, wie er und mein Mann ein Spiel ansahen, kam die Rede auf Starspieler Ben Simmons.

Meine Jungs schwärmten von Simmons' Geschicklichkeit, Präsenz und Fähigkeiten als Teamplayer. Ich schaute zu, wie er hoch konzentriert und elegant über das Feld stürmte. „Ich wette, er meditiert", sagte ich spontan. Mein Mann lächelte über diese – wie er meinte – unsinnige Bemerkung. Aber mir war es ernst. Simmons strahlt diese ruhige, konzentrierte Aufmerksamkeit aus, die ein Ergebnis langjähriger Meditationspraxis ist. Und wie jede vernünftige Person, die beweisen will, dass sie recht hat, sprintete ich zu meinem Laptop und googelte: Meditiert Ben Simmons? Mein Achtsamkeits-Radar ist offenbar gut eingestellt: Meditation gehört zu Ben Simmons' Trainingsprogramm – er meditiert „seit seinem elften Lebensjahr". Sag ich doch! Ich sonnte mich einen Augenblick in meinem Triumph und freute mich über meine Intuition, muss aber einräumen, dass es nicht wirklich eine Überraschung war. Seit Jahren studiere und lehre ich Achtsamkeit. Ich weiß, dass Spieler von den Chicago Bulls, den Seattle Seahawks, den San Francisco 49ers, den Atlanta Falcons und auch viele Athleten anderer Disziplinen meditieren. Doch zu meiner – schwachen – Verteidigung kann ich sagen, dass ich daran in dem Moment nicht dachte. Ich sah nur einen jungen Mann, der mit unbeirrbarer, konzentrierter Leichtigkeit Regie in einem Basketballspiel führte. Noch mal: Sag ich doch!

Jeder Mensch hat ein individuelles Level an Gelassenheit und Emotionalität. Vielleicht war Ben schon als Kind „supergechillt". Manche von uns bleiben selbst im größten Chaos ungerührt, während andere bei jeder kleinsten Störung aus dem Häuschen geraten. Wie auch immer, die gute Nachricht ist: Wir können uns Achtsamkeit und Gelassenheit aneignen, unabhängig von unserer natürlichen Veranlagung, unserem Alter und unserer Lebenssituation. Und zum Glück müssen wir weder Profisportler sein noch mit zehn Jahren begonnen haben, um von den weitreichenden Auswirkungen zu profitieren. Wer Achtsamkeitsmeditation regelmäßig praktiziert, kann die erworbene Eigenschaft in allen Bereichen seines Lebens anwenden, in jeder Situation und bei der Verwirklichung jedes Ziels oder Traums. Wenn wir ruhig, fokussiert und gut gelaunt sind, können wir unsere Leistungsfähigkeit besser ausschöpfen.

Achtsamkeit bedeutet, sich bei jeder beliebigen Tätigkeit bewusst auf den Moment zu konzentrieren und ihn zu akzeptieren, ohne ihn zu bewerten. Meditation bedeutet, sich eine Zeit zuzugestehen, in der wir nichts als unsere Achtsamkeit praktizieren. Wir suchen uns etwas, auf das wir uns konzentrieren (zum

Beispiel das natürliche Heben und Senken unserer Bauchdecke beim Atmen). Wir achten darauf, dass unsere Gedanken nicht wandern (was jedem immer wieder passiert), und wenn sie es tun, bringen wir sie jedes Mal sanft zu dem gewählten Fokus (die Atmung) zurück.

Wir müssen keine unbequeme Haltung einnehmen, nicht Om singen und keine Räucherstäbchen anzünden, um zu meditieren. Es reicht, auf einem Stuhl oder einem Kissen am Boden Platz zu nehmen. Aber wir müssen regelmäßig praktizieren. Wenn du Klavierspielen oder Basketballspielen lernen willst, reicht es auch nicht aus, darüber zu lesen oder es einmal zu versuchen, um spielen zu können wie Beethoven oder Ben Simmons. Dasselbe gilt für die Meditation. Wir müssen regelmäßig meditieren, um unsere Fähigkeit zur achtsamen Aufmerksamkeit aufzubauen. Wer täglich meditiert, legt damit den Grundstein für ein ruhigeres, entspannteres und achtsameres Leben.

Gewohnheiten schränken die Freiheit nicht ein. Sie schaffen Freiheit.

James Clear, Verhaltens-Coach

Meditation bedeutet *nicht* (ich wiederhole: *nicht*), den Geist zu leeren. (Entschuldige, wenn ich das so demonstrativ schreibe. Aber es ist mir wichtig, dass diese Information ankommt, denn es handelt sich hier um eines der größten Missverständnisse, die mir je begegnet sind.) Unser Geist ist dazu geschaffen, zu denken. Die Meditation hat die Aufgabe, uns mit unseren unaufhörlichen Gedanken anzufreunden und ihnen zu erlauben, sich niederzulassen. Eine Schneekugel ist ein hervorragender Vergleich: Wenn wir gestresst und überfordert sind, ähnelt unser Geist einer Schneekugel, nachdem sie ordentlich geschüttelt wurde. Es ist unmöglich, durch die tanzenden Flocken hindurch etwas zu erkennen. Wenn wir ein paar Mal tief durchatmen, können sich unser Geist und unser Körper etwas beruhigen. Die Flocken in der Schneekugel sinken zu Boden. Die Stressfaktoren sind damit nicht verschwunden, aber die Sicht ist besser geworden. Jetzt können wir kreativer denken, Probleme leichter lösen und uns mit dem beschäftigen, was zählt. Wenn nur ein paar bewusste Atemzüge das bewirken können, kannst du dir vorstellen, welche positiven Auswirkungen fünf volle Minuten der Mediation haben können.

Die neurowissenschaftliche Forschung hat nachgewiesen, dass regelmäßiges Meditieren Form und Funktion des Gehirns beeinflusst. Der präfrontale

Cortex (wo Probleme gelöst, Pläne geschmiedet und Emotionen kontrolliert werden) und der Hippocampus (wo Erinnerungsvermögen und Lernen angelegt sind) nehmen an Größe zu, während die Amygdala (die bei der Kampf-oder-Flucht-Reaktion aktiv wird und die emotionale Reaktivität steuert) allmählich schrumpft.[5] Das ist noch nicht alles. Bestimmte Verbindungen zwischen den verschiedenen Bereichen des Gehirns werden schwächer, während andere sich verstärken. Zusammengenommen werden emotionale Reaktionen gedrosselt zugunsten von größerer Aufmerksamkeit und besserer Konzentration.

Wenn wir uns von dem unaufhörlichen Geschwätz um uns herum nicht zukleistern lassen wollen, müssen wir uns bewusst Momente der Stille zugestehen. Für manche ist der Gedanke an Stille beklemmend, während andere sie als eine wohltuende Pause für unsere überlasteten Sinne empfinden. Für viele ist es schon einige Zeit her, dass sie eine längere Phase der Stille erlebt haben. Eine große Rolle spielt dabei, ob wir eher introvertiert oder extrovertiert sind, an welcher Station unseres Lebens wir stehen und in welchem Maße unsere Sinne Tag für Tag stimuliert werden. Wenn wir in unserem Leben keine Zeit für Stille haben, sie uns nicht zugestehen, nehmen wir uns selbst und anderen die Chance, das Beste in uns zu entdecken und zu genießen, was wir als Freundin, Partnerin, Mutter, Kollegin und Frau zu bieten haben. Im Rahmen meines Meditationsunterrichts konnte ich beobachten: Wer einmal Stille erlebt hat, entwickelt ein wachsendes Verlangen danach. Ruhig dazusitzen und die Gedanken zu sortieren, ohne sich von den Gefühlen, die sie auslösen, überwältigen zu lassen, vermittelt uns Klarheit und Einsicht, die unserem Leben einen positiven Antrieb geben.

Packen wir's an!

Wann? Probiere verschiedene Tageszeiten aus, um herauszufinden, wann für dich die beste Zeit zum Meditieren ist. Wenn du einen guten Zeitpunkt in deinem Tagesablauf gefunden hast, dann bleib dabei. Zu Regelmäßigkeit findest du am ehesten, wenn du die Meditation zwischen zwei bereits bestehende Gewohnheiten einschiebst. Zum Beispiel morgens: Du stehst auf, wäschst dich, meditierst und trinkst dann deinen Kaffee. Für mich ist die beste Zeit frühmorgens, wenn im Haus noch Ruhe herrscht. Mir gefällt daran auch, dass ich damit einen guten Start in den Tag habe. Aber du findest es vielleicht angenehmer, vor dem Schlafengehen mit Meditation herunterzukommen, in der Mittagspause im Büro hinter verschlossener Tür zu meditieren, oder nach der Arbeit zum Übergang ins Privatleben zu Hause. Es kann sein, dass dein Terminkalender es nicht zulässt, immer zur selben Zeit zu meditieren. Das macht nichts, solange du dir jeden Tag einen Termin gibst – und zwar in der Rubrik „dringend".

Wo? Finde einen möglichst ruhigen Ort, an dem dich keiner stört. Mache deiner Familie, deinen Haustieren, deinen Kollegen klar, dass du nur im äußersten Notfall gestört werden darfst. Natürlich können wir unser Umfeld nicht vollständig unter unsere Kontrolle bringen. Vielleicht hörst du den Verkehrslärm draußen oder bekommst eine Unterhaltung im Flur mit. Lass diese Geräusche einfach Teil deiner Meditation werden. Wenn du einen Ort im Freien findest, wo du ungestört meditieren kannst, ist das eine schöne Alternative.

Warum (mache ich das schon wieder)? Es ist unvermeidlich, dass du dich irgendwann fragen wirst, warum in aller Welt du volle fünf Minuten lang dasitzt, ohne irgendetwas zu tun. Sieh es als einen Zweifel, der zu erwarten war. Erinnere dich, dass du dir diese Zeit nimmst, um deinen Verstand und dein Gehirn zu trainieren. So, wie du mit Kniebeugen deine Gesäßmuskulatur trainierst. Jedes Mal, wenn du deine Gedanken zurück zu deinem Fokus lenkst, stärkst du den Achtsamkeits-Muskel deiner Aufmerksamkeit. (Pilates fürs Gehirn?) Wenn dir die Meditation zur Gewohnheit geworden ist, wirst du sie vermissen, sobald du damit aussetzt. Du wirst dich auf das nächste Mal freuen, weil es dich nährt. Gestehe dir genügend Zeit zu, diesen Zustand zu erreichen.

Wie? Für Anfänger können Audioguides eine Hilfe sein. Auf meiner Website shondamoralis.net findest du eine kostenlose fünfminütige Anleitung (und eine Kaffee-Meditation!) zum Downloaden. Du kannst auch eine der mittlerweile zahlreichen Apps benutzen (siehe S. 213). Wenn du dich mit der Technik vertraut gemacht hast, findest du es vielleicht schöner, ohne fremde Hilfe zu meditieren.

Such dir einen geeigneten Stuhl. Im Sitzen sollten deine Füße bequem auf dem Boden stehen. Du kannst dich auch auf einem Kissen auf den Boden setzen. Richte dein Becken, den Oberkörper und die Wirbelsäule auf, entspanne die Schultern und schließe die Augen. Sei neugierig und entdecke, welche Empfindungen das in deinem Körper auslöst. Taste ihn im Geiste Stück für Stück ab, beginne bei den Fußsohlen und arbeite dich systematisch bis zum Kopf hoch. Spüre verspannte Zonen auf. Sind deine Schultern hochgezogen? Runzelst du die Stirn? Kannst du diese Spannungen lösen? Kannst du die kleinen Muskeln rund um Mund und Augen entspannen?

Nun zu deinem Bauch: Beobachte, wie er sich mit jedem Ein- und Ausatmen hebt und senkt. Du musst nicht extra tief Luft holen, atme ganz normal. Mache dir Anfang und Ende jeder Atembewegung bewusst. Vielleicht machst du zwischen Ein- und Ausatmen automatisch eine kleine Pause? Wenn deine Aufmerksamkeit vom Atmen abschweift, stelle kurz fest, was sie abgelenkt hat: Hast du etwas geplant, erinnert, bewertet, fantasiert, überdacht? Lenke deine Aufmerksamkeit behutsam zurück auf den Atem in deinem Bauch und beginne von vorne. Du bist vielleicht enttäuscht, wenn deine Aufmerksamkeit nachlässt, und fragst dich: Was mache ich falsch? Warum kann ich mich nicht länger als 20 Sekunden auf meinen Atem konzentrieren? Erkenne, dass das eine Wertung ist, und kehre zum Atmen zurück. Jedes Mal, wenn sich deine Gedanken verselbstständigen, bringst du sie sanft zurück zum Atmen. Wenn deine Gedanken sich in fünf Minuten 50 Mal entfernen, bringst du sie 51 Mal zum Atmen zurück.

Wie lange? Beginne mit fünf Minuten pro Tag, das ist gut machbar. Ich bekomme die unterschiedlichsten Rückmeldungen auf diesen Vorschlag: von „Nur fünf?" bis „Ich soll ganze fünf Minuten lang stillsitzen?". Und dann gibt es da noch die typische Reaktion der Superambitionierten: „Wenn fünf Minuten gut sind, sind 45 sicher besser. Ich glaube, das mache ich!" Ich ermuntere euch alle, einmal nicht nach eurem Bauchgefühl zu gehen, sondern einfach mit fünf Minuten zu beginnen. Wenn die sich endlos lang anfühlen, dann ist auch eine Minute in Ordnung. Viel wichtiger ist, dass wir daraus eine *tägliche* Routine machen. Die Länge ist zweitrangig. Wenn wir sie kurz, einfach und überschaubar halten, werden wir irgendwann Lust bekommen, sie auszudehnen. Aber zunächst sollst du versuchen, diese fünf Minuten am Tag zu genießen und die Achtsamkeitsmeditation ganz allmählich zu einer lebenslangen Gewohnheit zu machen.

Vergiss alle Erwartungen und beobachte, was passiert. Das Ziel der Meditation ist nicht Entspannung, auch wenn sich die oft als willkommener

Nebeneffekt einstellt. Die Aufmerksamkeit zu halten mag sogar anstrengend sein. Das sollte uns aber nicht verbissen werden lassen. Entspanne dich und fokussiere deine Gedanken. Gehe mit Neugier und Spaß in die Meditation. Beständigkeit und Flexibilität sind ebenfalls hilfreich. Und, nicht zu vergessen, Sinn für Humor. Die Vielfältigkeit der Gedanken, die wie zufällig aus dem Nichts auftauchen, kann richtig amüsant sein.

Nach jeder Meditation kannst du dir selbst gratulieren, dass du es geschafft hat, die Zeit zu erübrigen, innezuhalten. Bewahre dir den Zustand der wachen Aufmerksamkeit möglichst auch außerhalb der Meditation. Denn welchen Wert hätte die Meditation, wenn du danach sofort wieder in Alltagshektik verfallen und weiter rödeln würdest? Um das zu verhindern, liebe Freundin, empfehle ich dir die Pausen der Achtsamkeit.

Meine Geschichte: Von der Karrierefrau zum Coach für Female Empowerment durch Achtsamkeit

Was du tust, ist nicht so wichtig wie das, was du bewirkst.

Tiffany Dufu, Coach

Erfolg. Was stellst du dir darunter vor? Für Erfolg gibt es so viele Definitionen, wie es Persönlichkeiten gibt. Für manche bedeutet Erfolg finanzieller Gewinn. Andere fühlen sich erfolgreich, wenn sie ihre Lebensaufgabe gefunden haben oder einen Freundeskreis, in dem sie aufgehen. Wieder andere sehen es als Erfolg an, wenn sie einem Burn-out entkommen. Ayala Malach Pines, Psychologin, Dozentin und Co-Autorin von *Burn-out: From Tedium to Personal Growth* (dt. *Ausgebrannt. Vom Überdruss zur Selbstentfaltung*), schreibt, dass die wahre Ursache eines Burn-outs nicht die Tatsache ist, dass wir zu viel zu tun haben, sondern dass die Dinge, die wir tun, sinn- und bedeutungslos sind und unsere Persönlichkeit nicht widerspiegeln. Meiner Definition nach ist Erfolg das genaue Gegenteil von Burn-out. Erfolg ist, zu entdecken, wer wir sind, was uns antreibt, wie und wo wir der Welt unsere einzigartigen Talente zum Geschenk machen können und wie wir uns unsere Energie und unseren Ansporn dauerhaft erhalten können.

Unsere Vorstellung von Erfolg entwickelt und verändert sich genauso wie wir selbst. Jedenfalls war das bei mir so. Als 18-jährige Perfektionistin mit hochfliegenden Plänen begann ich mein Studium an meiner geliebten, von Efeu überwucherten Akademie der freien Künste mit der festen Absicht, Karriere zu machen. Aber als ich nach zwei abenteuerlichen Auslandssemestern wieder zurückkam, war ich ein anderer Mensch. Jetzt fand ich es wichtig, Beziehungen zu anderen Menschen aufzubauen und ihnen im Rahmen von Graswurzelbewegungen zu helfen. Mein früherer Traum vom Chefsessel interessierte mich nicht mehr.

Nach dem College begab ich mich zunächst auf Nebenwege. Ich wusste nicht so recht, wohin ich wollte. Anstatt mein Studium an einer Universität fortzusetzen, entschied ich mich für einen Job, der schlecht bezahlt, aber interessant war. Er zwang mich, wieder bei meinen Eltern unterzukommen. Meine Arbeit als Beraterin in einem Frauenzentrum gefiel mir so gut, dass ich anschließend Sozialpädagogik studierte. Ein paar Jahre arbeitete ich für eine Agentur, dann schloss ich mich einer Praxisgemeinschaft an. Schließlich eröffnete ich meine eigene Praxis für Psychotherapie und konzentrierte mich vor allem auf stressbedingte psychische Störungen bei Frauen.

Nach ein paar Jahren als selbstständige Psychotherapeutin stieß ich bei der Lektüre über therapeutische Ansätze auf eine bahnbrechende wissenschaftliche Arbeit, die in der Psychotherapie Achtsamkeit und Meditation einsetzte. Ich war fasziniert und belegte einen achtwöchigen Kurs über Stressreduzierung durch Achtsamkeit mit der Absicht, das Gelernte in meiner Praxis einsetzen zu können. Zu meinen Hausaufgaben gehörte, täglich eine halbe Stunde zu meditieren. Außerdem wurde ich aufgefordert, mein Lebenstempo bewusst zu drosseln. Ich hatte damals ein großes Arbeitspensum zu bewältigen, eine sehr aktive dreijährige Tochter und den Drang, anstehende Aufgaben möglichst sofort abzuarbeiten. Allein die Vorstellung, einen Gang herunterzuschalten, ließ mich erschaudern. Ich war skeptisch, aber neugierig, und nahm die Herausforderung an. Nur ein paar Wochen später stellte ich überrascht fest: Schon wenn ich das Tempo nur ein bisschen herausnahm, arbeitete mein normalerweise hyperaktives, gestresstes Ich besser und ohne diesen ständigen Druck zu spüren. Meine chronischen Kopfschmerzen waren fast verschwunden, ich war ruhiger und geduldiger im Umgang mit meiner Familie.

Damals gab es erst sehr wenige wissenschaftliche Nachweise für die positiven Auswirkungen von Achtsamkeit. Aber ich konnte sie am eigenen Körper spüren. Das überzeugte mich. Seitdem ist Achtsamkeit integraler Bestandteil meines Lebens. In den folgenden Jahren beschäftigte sich die Forschung ausgiebig mit dem Thema. Nun konnte mir niemand mehr vorwerfen, dubiosen Praktiken Glauben zu schenken. Ein ganzes Arsenal von Studien und wissenschaftlichen Arbeiten belegte die Wirksamkeit der Achtsamkeitsarbeit.

Ganz sicher wurde mein Bestreben durch das wachsende Interesse der Öffentlichkeit wie auch in den Führungsetagen verstärkt. In Zeiten der Gig Economy wurde der Ruf nach einer ausgewogenen Work-Life-Balance immer lauter. Dinge wie soziale und emotionale Intelligenz, Achtsamkeit, Authentizität und Empathie gewannen in der modernen Arbeitswelt an Wichtigkeit. Da immer deutlicher wird, welche Veränderungen Achtsamkeit im Arbeitsleben wie auch privat bewirken kann, machen heute so viele starke Frauen wie noch nie davon Gebrauch und integrieren Achtsamkeit in ihren Alltag. Arianna Huffington, Oprah Winfrey, Eileen Fisher und Gabrielle Bernstein sind nur ein paar Beispiele. Ich persönlich habe festgestellt, dass Achtsamkeit meine Selbstwahrnehmung schärft und mir ermöglicht, die widersprüchlichen Seiten meines Ichs zu sehen und mit ihnen umzugehen. Außerdem bin ich ein großer Fan von Neugier geworden. Wenn wir unserer Neugier folgen, können wir die unglaublichsten Dinge entdecken. Aber wir müssen uns selbst treu bleiben. Wir müssen unsere Stärken wie auch unsere Macken richtig einschätzen und bewusst entscheiden, welche Richtung für uns die richtige ist, anstatt zu tun, was andere für richtig halten. Was mir an meinem Beruf gefällt, ist die Freiheit, auf Entdeckungsreise zu gehen, und mich weiterzuentwickeln. Wie alle stolpere ich dabei auch ab und zu. Das ist im Moment schmerzhaft, aber Fehler sind dazu da, um daraus zu lernen. Ich arbeite hart daran, meine Angst vor Fehlern abzubauen. Und ich halte stets Ausschau nach Dingen, die mich inspirieren. In diese Richtung bewege ich mich dann, ohne dabei meine Werte zu verraten. Dieser Ansatz hat mich noch nie enttäuscht. (Mehr dazu findest du unter „Keine Angst vor Fehlern – es gibt keine!" auf S. 101.)

Mit der Zeit habe ich herausgefunden, dass es mir unheimlich Spaß macht, andere Frauen kennenzulernen und ihnen Hilfestellungen zu geben. Ich sehe, wie hart sie an sich arbeiten, um ihre Gewohnheiten zu durchbrechen, und welche

Erfolge sie erzielen, die sie selbst nie für möglich gehalten hätten. Meine mittlerweile 17-jährige Tochter hat durch ihre Initiative und Lobbyarbeit meine Leidenschaft für Female Empowerment auf neue Weise entfacht. Zu sehen, was sie und andere starke junge Frauen tun, spornt mich an. Ich fände es wunderbar, wenn wir uns alle gegenseitig bestärken und als Teil einer mitreißenden, Halt gebenden, achtsamen und inspirierenden Gemeinschaft fühlen würden.

In diesem Buch will ich das, was ich auf meinen verschlungenen Wegen gelernt habe, mit dir teilen. Ich hoffe, dass meine beruflichen wie auch meine persönlichen Erfahrungen Frauen darin bestärken, Führungsrollen zu übernehmen. Egal, ob als Managerin von Heim und Familie, Vorsitzende eines Vereins oder Chefin eines Unternehmens. Wir alle profitieren davon, wenn wir achtsam sind, uns gegenseitig unterstützen, unsere Stimme erheben und für das eintreten, was uns wichtig ist. Wenn wir versuchen, das Beste in uns zum Vorschein zu bringen. Ich kenne deine persönliche Vorstellung von Erfolg nicht. Aber ich werde dir helfen, sie zu verwirklichen.

Pausen der Achtsamkeit für Ruhe, Kraft und innere Stärke – wie geht das?

Das Geheimnis des Vorwärtskommens liegt darin, loszulaufen.

Agatha Christie, Schriftstellerin

Es ist einfach, sich über die vielen großen und kleinen Dinge zu beklagen, die in unserem Leben nicht so funktionieren, wie wir es uns wünschen: zu viele Verpflichtungen, nicht genug Zeit, das Leben im Ungleichgewicht, Schuldgefühle, die daraus resultieren, dass wir es immer allen recht machen wollen. Nicht so einfach ist es, sich eine genaue Vorstellung davon zu machen, wie unser Alltagsleben idealerweise aussehen sollte, und das dann umzusetzen. Wir versuchen, zu viele Dinge auf einmal zu verändern, stoßen dabei auf Widerstand, verlieren den Überblick, fühlen uns überfordert, kapitulieren und fallen in unsere alten, unguten Gewohnheiten zurück. Die Motivation verpufft und wir stehen wieder da, wo wir waren – mit einer gehörigen Portion Selbstvorwürfe noch dazu.

Ich habe *Achtsamkeit für Superfrauen* geschrieben, damit wir diesen entmutigenden Kreislauf endlich anhalten. Wir haben zwar nicht in der Hand, welche Steine uns das Schicksal in den Weg legt. Aber wie wir damit umgehen und unser Leben gestalten, das kann jede von uns selbst bestimmen. Dieses Buch soll dich stärker, selbstbewusster und glücklicher machen. Es soll dir das Selbstvertrauen geben, deine Stimme zu erheben und deine privaten wie auch beruflichen Ziele zu erreichen. Und es soll dir zeigen, wann und wie du innehalten und reflektieren kannst, um zu einem ausgeglichenen Leben zu finden.

Für die fünfminütigen Pausen der Achtsamkeit musst du keine Zeit freischaufeln, sondern dich lediglich auf einen Moment des Tages konzentrieren, der gerade passiert – und dir bewusst machen, dass er gerade passiert. Solche Pausen werden dir Energie, Effizienz, Produktivität und Gelassenheit schenken. Wenn du dir diese paar Minuten mehrmals am Tag gönnst, wirst du im Endeffekt Zeit gewinnen.

Und so geht's:

1 **Nicht alles auf einmal.** Anstatt uns mit vielen Veränderungen auf einmal zu überfordern, ist es klüger, immer nur einen einzigen Schritt zu tun. Wie der Tropfen, der auf die spiegelglatte Oberfläche eines Sees fällt und den Welleneffekt in Gang setzt, kann jede vermeintlich unscheinbare Übung im Rahmen einer Pause der Achtsamkeit weitreichende Auswirkungen haben.

2 **Welches ist *deine* Pause?** Es gibt Dutzende Formen von Pausen der Achtsamkeit. Such dir eine, die dich besonders anspricht. (Oder lies das Buch von vorne bis hinten und entscheide dann.) Manche Pausen sind kleine Experimente, andere stellen (machbare) Herausforderungen dar, wieder andere sind eher so etwas wie sofort wirksame Tricks, die du abspeichern kannst, um sie im geeigneten Moment anzuwenden. Egal, für welche Pause du dich entscheidest, halte die Übung einfach und gehe spielerisch damit um. Fang einfach an und schau, wo sie dich hinführt.

• Die **Pausen, um zur Ruhe zu kommen** helfen dir, gelassener und bewusster zu werden. Sie sind in jeder Situation das ideale Mittel, um zur Ruhe zu kommen.

- Die **Pausen zum Kraftsammeln** helfen dir, negative Selbstwahrnehmung zu erkennen und zu verändern. Sie machen dich sicherer, spenden lang anhaltende Energie und stärken dein Selbstvertrauen.
- Die **Pausen für innere Stärke** helfen dir auf deinem Weg zum Erfolg. Sie liefern spezielle, leicht umsetzbare Anleitungen, wie du innerlich wachsen und dich entfalten kannst.

3 **Schneide die Pausen auf dich zu.** Es gibt keine Pause der Achtsamkeit, die für alle passt. Zögere nicht, eine Pause so abzuändern, dass sie für dich optimal ist. Das ist eine Frage des Charakters. Manche von uns suchen das Risiko, andere gehen lieber auf Nummer sicher. Die einen schwören auf Sport, andere lehnen Sport ab. Stelle fest, was deine Persönlichkeit ausmacht, und setze dort mit den Übungen an. So erzielst du die besten Resultate.

4 **Arbeite dich langsam vor.** Probiere jede Woche eine oder zwei neue Pausen der Achtsamkeit aus. Mit der Zeit verfügst du so über ein ganzes Repertoire von Pausen, die du über den Tag verteilt je nach Bedarf einlegen kannst. Du wirst erstaunt sein, wie stark und nachhaltig diese kleinen Übungen dein Leben beeinflussen werden.

5 **Schalte einen Gang höher.** Sieh dir an, wie stark die einzelnen Merkmale deiner Persönlichkeit ausgeprägt sind, damit du deinen Ausgangspunkt kennst (und überprüfe das immer wieder einmal). Je besser wir uns selbst spüren, desto besser können wir die Pausen der Achtsamkeit auf unsere persönlichen und sich ständig verändernden Bedürfnisse abstimmen – und erkennen, welche anderen Formen von Pausen eine Bereicherung für unser Leben sein könnten.

6 **Meditation + Pausen der Achtsamkeit = optimales Bewusstsein.** Versuche, zusätzlich zu den Pausen der Achtsamkeit jeden Tag fünf Minuten lang zu meditieren. Diese Kombination ist ein unschlagbares Powerpack. Tägliche Meditation schafft die Basis für ein erhöhtes Bewusstsein, und die Pausen der Achtsamkeit ermöglichen dir, dieses Bewusstsein den ganzen Tag über aufrecht zu halten.

7 **Klein anfangen.** Wenn dir fünfminütige Pausen zu lang vorkommen, beginne mit einer Minute. Das ist besser als nichts! Wenn du erst einmal Achtsamkeit erlebt hast, wirst du von ganz allein nach Gelegenheiten suchen, um sie öfter und/oder länger zu praktizieren.

8 **Nichts für die Schublade.** Lege *Achtsamkeit für Superfrauen* offen auf deinen Schreibtisch, den Couchtisch oder deinen Nachttisch. So wirst du immer daran erinnert, dir eine Pause der Achtsamkeit zu gönnen. Welchen kleinen Schritt wirst du als Nächstes unternehmen? Du hast dich ent-schieden? Also, dann: Tief durchatmen und los geht's. Kneifen gilt nicht!

KAPITEL 1

Komm zur Ruhe

Ambitionierte Frauen sind meistens zukunftsorientiert. Unser Fokus liegt auf der Planung und Durchführung von Aufgaben, die wir dann auf der To-do-Liste abhaken. Aber wenn wir uns darauf versteifen, alles sofort erledigen zu wollen, verlieren wir leicht aus dem Blick, was wirklich zählt. Bei der Beurteilung der Lage fehlt uns der Abstand. Flacher Atem, verspannte Muskeln und das Gefühl, nicht genug Zeit und Energie zu haben, sind typische Symptome für das Abstrampeln im Hamsterrad. In so einem Zustand kann niemand optimal arbeiten. Das unmenschliche Tempo ist uns zwar bewusst, aber wir glauben, es müsse so sein. Oder es erscheint uns unmöglich, den Status quo zu verändern. Wenn wir offensichtlich nicht einmal die Zeit haben, richtig zu atmen, wie in aller Welt sollen wir da die Zeit aufbringen, eine neue, bessere Lebensweise zu planen und umzusetzen?

Genau hier kommen dir die Pausen, um zur Ruhe zu kommen zu Hilfe. Sie sind eine sanfte Strategie, egal in welcher Situation einen Gang herunterzuschalten, einen Schritt zurückzutreten, um besonnen zu reagieren und dann bewusst und zielstrebig handeln zu können. Solche kurzen Momente des Innehaltens können ohne Planung jederzeit in den Tagesablauf eingeschoben werden. Sie erinnern uns daran, dass wir nicht nur funktionieren, sondern uns auch entfalten wollen. Die Pausen, um zur Ruhe zu kommen holen uns aus unserem Gedankenkarussell und schaffen Raum für klügere und kreativere Ideen. Sie erden uns. Sie ermöglichen es uns, mehr zu erreichen, ohne uns komplett auszupowern, und den klaren Kopf nicht zu verlieren. Die Pausen, um zur Ruhe zu kommen sind genau das, was du suchst, um bewusster und intensiver zu leben. Versuche es. Du wirst von der Wirksamkeit dieser kurzen, einfachen Pausen überrascht sein.

Kaffee

Trinke deinen Tee langsam und andächtig, als ob er die Achse wäre, um die die Welt sich dreht – langsam und gleichmäßig, ohne in Gedanken in die Zukunft zu stürmen. Lebe den Moment. Nur dieser Moment ist Leben.
Thich Nhat Hanh, buddhistischer Mönch und Lehrer

Als ich vor über einem Jahrzehnt begann, morgens zu meditieren, war ich fest entschlossen, diese erste halbe Stunde des Tages ohne Kaffee, Facebook und Gespräche zu verbringen. Der Wecker klingelte, ich schlurfte ins Bad, spritzte mir eiskaltes (aber irgendwie wohltuendes) Wasser ins Gesicht und war recht schnell wach und einsatzbereit. Trotzdem kam es vor, dass ich den Wunsch verspürte, vor der Meditation eine Tasse Kaffee zu trinken. Aber ich blieb standhaft. Die Regelbefolgerin in mir sagte: Was würden die großen Meditationslehrer davon halten? Also wirklich! Auch wenn ich noch so verschlafen oder mein Terminkalender so voll war, dass ich in aller Herrgottsfrühe aufstehen musste, setzte ich mich diese halbe Stunde ohne Kaffee hin und begab mich erst danach schnurstracks zu meiner geliebten Kaffeemaschine.

Ich gebe es zu: Meine Meditationspraxis hat sich seitdem etwas geändert. Ich bin älter und – hoffentlich – ein wenig weiser geworden und breche diese Regel gelegentlich (manchmal sogar mit einem Anflug von Rebellion). Anfangs war es die reine Notwendigkeit – dringende Aufgaben oder eine schlaflose Nacht. Heute tue ich das, weil es mir Freude macht. Ja! Ich meditiere bei einer Tasse Kaffee. Ich liebe Kaffee. Er hat mir schon oft das Leben gerettet. Deshalb finde ich, dass Kaffee und seine wunderbaren Eigenschaften eine eigene Meditation verdienen. Egal, ob du auch ein Kaffeefreak bist oder lieber Tee trinkst, die achtsame Kaffeepause lässt sich auch mit Tee und/oder koffeinfreien Alternativen umsetzen.

Kaffeepause

Ein Tipp: Bevor du dich noch im Halbschlaf hinsetzt, solltest du einen sicheren Abstellplatz für die Kaffeetasse suchen, damit ihr Inhalt sich nicht über den gesamten Boden ergießt, wenn du sie nach der Übung abstellen willst. Ich spreche aus Erfahrung!

Sitze aufrecht und bequem, auf einem Stuhl oder einem Kissen auf dem Boden. Halte die Kaffeetasse mit beiden Händen, fühle die Wärme und ertaste die glatte oder strukturierte Oberfläche der Tasse. Führe sie langsam zu deiner Nase und rieche den Duft, als wäre es das erste Mal. Stelle fest, welche Gedanken in dir aufsteigen, aber bewerte sie nicht. Beobachte, wie deine Armmuskeln agieren, während du die Tasse zum Mund führst.

Auch wenn dein ganzer Körper nach dem Koffein giert (das hört sich verzweifelt an, aber ich weiß, wovon ich rede), halte einen Moment inne und spüre in dich hinein. Läuft dir das Wasser im Mund zusammen? Ruft alles in dir nach dem ersten Schluck? Stelle es einfach fest. Dann setze mit einer bewussten Geste die Tasse an die Lippen. Jetzt kannst du den ersehnten Schluck nehmen. Behalte das köstliche Getränk einen Moment lang im Mund, um sein Aroma intensiv zu schmecken. Nun schluckst du es herunter und spürst, wie die Wärme sich langsam vom Mund die Kehle hinunter bis in den Magen ausbreitet. Atme einmal ein und aus, bevor du den nächsten Schluck nimmst. Während du das tust, erforschst du, was in deinem Körper vorgeht. Hat sich dein Herzschlag beschleunigt? Fühlst du, wie deine Gehirntätigkeit angeregt wird? Sind die Empfindungen angenehm oder unangenehm? Das bewusste Wahrnehmen dieser körperlichen Reaktionen liefert uns Informationen, die wir sonst übersehen. Vielleicht genießt du den Zustand der geistigen Wachheit. Vielleicht bemerkst du, dass das Koffein innere Unruhe in dir auslöst, und beschließt, künftig auf Kaffee zu verzichten. Die Reaktionen und Empfindungen müssen nicht jedes Mal die gleichen sein. Bleibe wachsam. Bleibe neugierig. Genieße.

Pendeln

Oft ist der Weg das Ziel. Wir entscheiden uns für ein Verhalten und legen damit fest, wer wir sein werden. Der Weg, den wir wählen, um an unser Ziel zu kommen, bestimmt, wie es sein wird, wenn wir es erreichen.

Seth Godin, Autor und Unternehmer

Autos, Busse, Züge …! Bluetooth, Podcasts, Kindle …! So viele Angebote, um uns abzulenken. Die Berufspendelei kann uns einen beträchtlichen Teil unserer Lebenszeit kosten. Doch auch wenn es sich nur um eine siebenminütige Fahrt handelt (wie bei mir), kann man diese Zeit klug nutzen. Ich lade alle dazu ein, sie mit achtsamer Stille zu beginnen. Dadurch können wir den Moment bewusst wahrnehmen und unsere Gedanken zur Ruhe kommen lassen. So lenken wir unsere Aufmerksamkeit auf das, was vor uns liegt.

An Tagen, an denen ich versuche, so viel wie möglich zu erledigen, schwinge ich mich auf den Fahrersitz und schalte die Nachrichten ein. Wenn sie mich nicht sofort in ihren Bann schlagen, suche ich alle paar Sekunden hektisch nach einem neuen Sender. Eine Art Hypernervosität erfasst mich; ich suche dieses berauschende Gefühl, eine sensationelle Meldung oder einen skandalösen Ausschnitt aus einem Interview zu hören. Zum Glück kenne ich mich inzwischen gut genug, um rechtzeitig einzugreifen. Ich schalte das Radio aus, widerstehe dem Drang, es sofort wieder einzuschalten (ich könnte ja etwas Wichtiges verpassen), atme tief ein und lasse mich in der Stille nieder. Dieses Innehalten macht uns bewusst, wie sehr wir von dem Drang besessen sind, jede Leere zu füllen. Wir lernen, unsere Umgebung wahrzunehmen – den Sonnenaufgang, die Landschaft, die Ruhe. Wir bemerken, dass unser unablässig rotierendes Gehirn mit einem Körper verbunden ist; wir können Verspannungen aufspüren und sie lösen. Wir erinnern unseren Körper daran, dass keine Gefahr vorliegt, die eine Kampf-oder-Flucht-Reaktion erfordert. Dann, und nur dann, sind wir fähig, unsere Pendlerroutine sinnvoll zu gestalten und bewusst zu entscheiden, wie wir unsere kostbare Aufmerksamkeit und Energie einsetzen. Anstatt die Zeit in einem kaum bewussten Automatismus zu verdämmern, nutzen wir sie, um wach und erholt am Arbeitsplatz anzukommen, bereit für den neuen Tag.

Achtsamkeit auf dem Arbeitsweg

1 Widme zumindest einen Teil deines Wegs der Stille – idealerweise beginnst du ihn damit. Das fühlt sich vielleicht erst einmal unangenehm an, denn da ist dieser starke Drang, die Stille zu füllen: mit Musik, einem Podcast oder, wenn dich etwas stark beschäftigt, auch mit einem Selbstgespräch. Dieser Drang ist normal und wird mit der Zeit verschwinden. Nachdem diese Anfangsphase überwunden ist, finden fast alle die Stille überraschend erholsam. Gönne sie dir. Je länger, desto besser.

2 Beende die Phase der Stille mit einer Absichtserklärung, die zu diesem Tag passt. Zum Beispiel: Ich will geduldig sein. Ich will vorurteilsfrei zuhören. Ich will den ganzen Tag daran denken, tief durchzuatmen. Ich will gut drauf sein. Ich will Negatives an mir abgleiten lassen.

3 Nachdem die Stille dein Bewusstsein geweckt hat, kannst du den Rest deines Wegs nach Lust und Laune gestalten. Höre ruhig Musik, Nachrichten, einen Podcast oder ein Hörbuch, aber triff eine bewusste Wahl.

4 Überprüfe, was deine Wahl bewirkt. Bist du aufmerksam und entspannt? Oder hat sich wieder Ruhelosigkeit eingeschlichen? Verändere dein Verhalten entsprechend.

5 Du bist am Ziel. Wie fühlst du dich? Auf welchem Level stehen deine Energie, deine Stimmung, deine Achtsamkeit? Beglückwünsche dich und nimm den Tag in Angriff.

6 Für den Heimweg gelten dieselben Anweisungen. Jetzt erleichtert die achtsame Pause den Übergang von der Arbeitswelt ins Privatleben. Spürst du so etwas wie Vorfreude? Schüttle alles Negative des Tages ab. Sei dankbar, dass ein freier Abend, Zeit zu Hause und mit der Familie vor dir liegen.

Das Dreieck des Bewusstseins

Wenn wir ein Ziel anstreben oder uns weiterentwickeln wollen, starten wir immer da, wo wir gerade stehen. Wenn wir unseren Standort nicht kennen, gehen wir vielleicht nur im Kreis.

Jon Kabat-Zinn, Achtsamkeits- und Meditationslehrer

Lisa, eine 36-jährige Englischlehrerin an einer turbulenten Highschool im Stadtzentrum, buchte bei mir ein Achtsamkeits-Coaching, um besser mit Überforderung, Reizbarkeit und Fokussierungsproblemen umgehen zu können. Sie erinnerte sich an Zeiten, in denen sie ihren Job liebte, seine Vielseitigkeit genoss und sich beim Aufwachen darauf freute, in einem Klassenzimmer zu stehen, das vor Energie und den Hormonen der Jugendlichen nur so vibrierte. Aber mittlerweile war ihr Arbeitstag ein permanentes Chaos aus Überstimulation und Notfallmaßnahmen. Zu Hause gelang es ihr kaum, genug Gelassenheit aufzubringen, um mit ihren beiden unermüdlich Aufmerksamkeit fordernden Kindern fertig zu werden.

Durch den Mangel an Energie, Zeit und Geduld bauten sich Spannungen auf, die sich auf Lisas Verhalten gegenüber ihren Schülern und ihrer Familie übertrugen. „Ich kann mein Gehirn nicht abschalten. Es läuft nonstop", klagte sie. Besonders stark machte sich das bemerkbar, wenn sie abends erschöpft ins Bett fiel und ihrem Körper zum ersten Mal an diesem Tag erlaubte, zur Ruhe zu kommen. Sie hatte das Gefühl, kaum den Kopf über Wasser halten zu können. Aber sie wusste nicht, was sie dagegen unternehmen sollte. Mit hängenden Schultern und Tränen in den Augen gestand sie mir, dass allein der Gedanke, sich auch nur die geringste weitere Aufgabe aufzuladen, abschreckend und lähmend war – selbst wenn eine solche sie davor bewahren würde, unterzugehen. Ich wusste, welche Pause der Achtsamkeit ihr Rettungsanker sein würde.

Wir betrachteten ihr Leben im Hamsterrad und ich erklärte ihr, dass die Pausen der Achtsamkeit nicht unbedingt zusätzliche Zeit oder Energie erfordern.

Sie sind vielmehr eine Unterbrechung, um unsere Aufmerksamkeit auf den Moment zu lenken. Lisa war bereit, es mit der Pause „Innerer Dreiklang" zu versuchen.

Sie legte drei Zeiten am Tag fest, in denen sie den Dreiklang praktizieren wollte: morgens an ihrem Pult, noch vor dem Abrufen der E-Mails und dem Eintreffen der Schüler. Zu Beginn der Mittagspause, bevor sie – mit den Gedanken schon wieder woanders – ihr Sandwich vertilgte. Und nach dem Unterricht, wenn die Schüler weg waren, sie ihre Sachen gepackt hatte und bereit für den Heimweg war.

Zwei Wochen später kam Lisa wieder in meine Praxis und berichtete erleichtert von den positiven Änderungen, die sich eingestellt hatten. „Der Dreiklang kommt mir genau im richtigen Moment zu Hilfe. Nämlich dann, wenn mir der Kopf schwirrt, wenn ich Angst verspüre vor dem, was auf mich zukommt, wenn ich mich verzweifelt frage, wie um Himmels willen ich das alles schaffen soll. Wenn ich dann innehalte und ein paarmal tief durchatme, erinnere ich mich daran, meine Muskeln zu entspannen. Ich fühle, wie sich Ruhe in mir ausbreitet. Es gibt immer noch viel zu tun. Aber es gelingt mir, die Dinge in die richtige Perspektive zu rücken und mich selbst davon zu überzeugen, dass alles klappen wird."

Dadurch, dass Lisa einen Weg gefunden hatte, mitten in einem stressigen Arbeitstag zur Ruhe zu kommen, entschleunigte sich ihr Gedankenkarussell. Sie konnte abends viel entspannter zu Bett gehen. Sie konnte auf die Anforderungen von Schülern und Familie gelassener reagieren. Spaß und Leichtigkeit kehrten in ihr Leben zurück. Sie empfand Belastungen nicht mehr als so schwer und ihre allgemeine Belastbarkeit nahm wieder zu.

Das Dreieck des Bewusstseins besteht aus unseren körperlichen Wahrnehmungen, unseren Gedanken und unseren Gefühlen. Diese drei Bereiche beeinflussen sich permanent gegenseitig. Indem wir uns dieses Dreieck bewusst machen, kehren wir in das Hier und Jetzt zurück. Das hilft uns in Situationen, in denen wir auf Autopilot laufen, uns wegen der Zukunft Sorgen machen oder über die Vergangenheit grübeln. (Mehr über das Dreieck des Bewusstseins findest du im Abschnitt „Achtsamkeit – was ist das überhaupt?" auf S. 24.) Bei Zeit- und Energiemangel kannst du diese Pause der Achtsamkeit einsetzen, um dich für einen Moment aus dem Chaos herauszuholen, das dein überfordertes Gehirn zu überwältigen droht. Du kannst den Reset-Knopf drücken, deinen Fokus finden und dich bewusst auf den Moment einlassen – mit der freundlichen Ermahnung, dich auf das Hier und Jetzt zu konzentrieren und eins nach dem anderen zu erledigen, anstatt alles auf einmal abarbeiten zu wollen.

Innerer Dreiklang

Halte ein, hole tief Luft und lenke deine volle Aufmerksamkeit auf die drei Punkte des Dreiecks des Bewusstseins (egal, in welcher Reihenfolge):

1 Körperliche Wahrnehmungen. Taste im Geiste deinen ganzen Körper ab. Beginne mit den Füßen. Beobachte, was du in dir spürst. Suche nach verkrampften Muskeln und lockere sie. Am Anfang ist es vielleicht schwierig, überhaupt etwas zu spüren. Aber mit etwas Übung wirst du sensibler und stellst beispielsweise fest: Ich spüre einen dumpfen Schmerz hinter der Stirn, den Augen und im Nacken. Meine Augen brennen, die Lider sind schwer. Meine Beine fühlen sich erschöpft und schwer an, vor allem die Waden. Oder aber: Ich fühle mich leicht und voller Energie. Ich spüre, dass meine Mundwinkel zu einem Lächeln hochgezogen sind, und habe ein Gefühl von Wärme in der Brust.

2 Gedanken. Was denkst du gerade? Planst du etwas, stellst du dir die nahe oder ferne Zukunft vor? Oder fragst du dich, ob das, was du hier tust, sinnvoll ist? Überlegst du, wie um alles in der Welt diese Achtsamkeitssache funktionieren soll? Stelle fest, ob du Dinge bewertest, verdrängst oder dich in etwas verstrickst. Du brauchst dich nicht schlecht zu fühlen, weil du beurteilende Gedanken hast. Aber ordne sie bewusst in diese Kategorien ein, ohne dich in eine Endlosschleife aus Warum? und Wie nur? ziehen zu lassen. Du denkst vielleicht: Ich spüre meinen Körper nicht wirklich. Was ist los mit mir? Kriege ich nicht einmal diese Übung hin? (wertender Gedanke). Oder: Ich habe Hunger. Oje, auf dem Heimweg muss ich noch Gemüse einkaufen (planender Gedanke). Oder: Ich muss noch die Agenda für das Meeting morgen schreiben. Stopp! Außerhalb der Arbeit nicht an die Arbeit denken! Bewerten, planen und grübeln vermeiden!

3 Gefühle. Nimm eine wohlwollende, neugierige Haltung ein und beobachte, welche Gefühle in dir vorhanden sind. Manche sind vielleicht neutral oder nur sehr schwach und deshalb umso schwerer zu identifizieren. Neulinge machen oft den Fehler, Gedanken und Gefühle zu verwechseln.

„Ich hätte das lieber nicht sagen sollen" halten sie für ein Gefühl. Aber es ist ein Gedanke. Er kann Gefühle auslösen, zum Beispiel Scham oder Bedauern. Das Gleiche gilt für „Ich wollte nur noch raus". Auch das ist ein Gedanke, aber aus Gefühlen wie Angst oder Wut geboren. Du musst also sorgfältig unterscheiden, was Gedanken und was Gefühle sind. Manchmal kämpfen verschiedene Gefühle miteinander. Es ist nichts Ungewöhnliches, gleichzeitig Liebe, Dankbarkeit und Trauer oder Wut, Enttäuschung und Eifersucht zu fühlen. Beurteile oder rechtfertige deine Gefühle nicht. Sie steigen in dir auf, du stellst sie fest und akzeptierst sie, so gut du kannst. Wie du mit ihnen umgehst, kannst du später entscheiden.

Der achtsame Dreiklang kann als Reset-Knopf dienen, wenn du dich überfordert fühlst (so wie Lisa, als sie zu mir kam). Er kann dir helfen, den ganzen Tag über ruhig und fokussiert zu bleiben. Je nachdem, wie viel Zeit du hast und in welcher Umgebung du bist, kann schon eine 20-Sekunden-Pause viel bringen. Oder du entscheidest dich dafür, dir volle zwei Minuten zu gönnen, um den inneren Dreiklang herzustellen. Wenn dir das gelungen ist, nimm dieses Bewusstsein mit in den nächsten Tagesabschnitt.

Bodyscan

Dein Körper formt deinen Geist. Dein Geist formt dein Verhalten. Dein Verhalten formt deine Zukunft.

Amy Cuddy, Sozialpsychologin

Jeder Körper reagiert auf seine Weise auf Stress. Bestimmte Muskeln verkrampfen sich, bestimmte Körperregionen sind verspannt. Bei manchen äußern sich Angstgefühle in einem stechenden Druck, als ob ihr Kopf in einen Schraubstock geklemmt würde. Andere klagen über permanente Schmerzen in Schultern und Nacken. Wieder andere leiden unter Magenbeschwerden und verschwinden auf die Toilette, sobald die Probleme überhandnehmen. Mit einigen Symptomen sind wir bestens vertraut, andere sind nicht so auffällig oder treten seltener auf, wir müssen regelrecht nach ihnen fahnden.

Kurz nachdem ich mit meiner Achtsamkeitsarbeit anfing, stellte ich im Bereich des unteren Rückens und des Gesäßes Verspannungen fest, sobald ich mich entmutigt und überfordert fühlte. Ich hatte Schmerzen wie bei einem Muskelkater. Hätte mir das wenigstens einen knackigen Po beschert, hätte ich vielleicht nichts gesagt. Aber nein. Die einzige Folgeerscheinung waren chronische Ischiasbeschwerden, die mich gnadenlos piesackten. Erst nach *Jahren* praktizierter Achtsamkeit begann ich zu realisieren, dass wachsender Stress mich dazu brachte, unbewusst meinen linken Wadenmuskel anzuspannen. Eines Morgens nach einer besonders anstrengenden Paartherapiesitzung wunderte ich mich, warum meine linke Wade so kraftlos war und schmerzte. Es dauert noch einige Zeit und einige ähnliche Situationen länger, bis ich erkannte, dass dies meine ureigene körperliche Reaktion auf Stress war. Inzwischen hat sich das Phänomen Richtung Schultern und Nacken verschoben – da machen sich wohl die vielen Stunden des Lesens und vor dem Computer bemerkbar. Es hört eben nie auf.

Vielleicht fragst du jetzt: Ist es wirklich notwendig, solchen Malaisen Beachtung zu schenken? Gute Frage. Danke für deine konstruktive Mitarbeit. Dass zwischen Körper und Geist komplizierte Wechselwirkungen bestehen, ist unbestritten, auch wenn viele von uns aus Bequemlichkeit dazu neigen, diese Tatsache zu ignorieren. Für unser körperliches und geistiges Wohlbefinden ist es daher unbedingt notwendig, diese Vorgänge zu beobachten. Und dafür gibt es den Bodyscan am Schreibtisch, der drei Ziele verfolgt.

Erstens: Er holt uns aus dem Autopilot-Modus zurück in die momentane Situation und lässt uns zur Ruhe kommen. Wir können klar denken und vernünftige Prioritäten setzen. Stell dir vor, wie viel offener, entspannter und kreativer du in die nächste Sitzung gehst, wenn du vorher einen Moment innehältst und deinen Körper entspannst. (Noch besser: wenn *alle* Mitarbeiter*innen das täten.)

Zweitens: Der Bodyscan lenkt unsere Aufmerksamkeit auf unsere *körperlichen Empfindungen.* Mach dir, deinem vollen Terminkalender zum Trotz, bewusst, was *in diesem Moment* in deinem Körper vorgeht. So wirst du daran erinnert, dass dein intellektueller, schöpferischer Kopf tatsächlich auf einem Körper ruht. Einem

Körper, den wir oft vernachlässigen, vergessen oder schlichtweg ignorieren. Du erkennst, wie sich die Empfindungen aufbauen, und stellst vielleicht fest, dass sie im Laufe der Zeit wandern – wie bei mir von der Wade zu den Schultern.

Drittens: Der Bodyscan macht uns mit den Reaktionen unseres Körpers auf Stress bekannt. Wie das Beispiel mit der Wade zeigt, ist das nicht immer gleich offensichtlich. Nur wenn wir achtsam sind, können wir etwas für uns tun. Wenn meine Schultern schmerzen, ist das eine Aufforderung, sie sinken zu lassen, tief einzuatmen, mich aufrecht hinzusetzen und etwas zu dehnen, etwa, indem ich den Kopf in den Nacken lege und an die Decke schaue. Es ist außerdem eine Gelegenheit, innezuhalten und in den Körper hineinzuhören auf der Suche nach weiteren Symptomen, die meinen momentanen Stresslevel anzeigen. So erhalte ich Informationen, die mir helfen, kleine, aber wirkungsvolle Korrekturen vorzunehmen.

Bodyscan am Schreibtisch

Je nach Umgebung und Situation kannst du diese Pause der Achtsamkeit mit offenen oder geschlossenen Augen praktizieren. Sitze aufrecht. Stell dir einen unsichtbaren Faden vor, der von deinem Steißbein aus an deiner Wirbelsäule entlang über den Hinterkopf bis zur Decke reicht, dich nach oben zieht und dabei deinen Rücken und deinen Nacken streckt. Senke die Schultern und lass die Hände auf den Armlehnen deines Bürostuhls oder in deinem Schoß ruhen. Konzentriere dich zunächst auf deine Füße: Sind sie warm oder kalt? Gibt es Stellen, an denen die Schuhe drücken? Nimm interessiert wahr, wie sich deine Knöchel, Waden, Knie, Oberschenkel anfühlen. Verweile in jedem Körperbereich ein paar Sekunden. Wenn sich Gedanken aufdrängen (Ach ja, ich brauche noch Schuhe für die Hochzeit meines Cousins! Wann kümmere ich mich darum? Meine Hose kneift. Ich sollte mal wieder ins Fitnessstudio. Kein Dessert heute Abend! Apropos … ich habe Hunger. Wo wir wohl heute zu Mittag essen?), schiebe sie sanft zur Seite und bringe deine Aufmerksamkeit zurück zu dem Körperbereich, wo dein Scan stehen geblieben ist. Lass deine Aufmerksamkeit langsam den Rücken hochwandern und weiter zu den Schultern, den Armen und den Händen. Versuche, die Körperteile, die du gerade scannst, komplett zu entspannen. Betrachte sie, als ob du sie noch nie gesehen hättest. Nun sind Bauch,

Brust, Hals und Kinn an der Reihe, danach Wangen, Lippen, Mundhöhle und Zunge. Konzentriere dich auf Augen, Augenbrauen, Stirn und Kopfhaut. Dann versuchst du, deinen Körper als Ganzes zu erfassen, wie er ruhig(er) dasitzt. Nimm dieses Körpergefühl mit in den nächsten Tagesabschnitt. Wann immer dir danach ist, kannst du mit einem Bodyscan zu deinem Körper zurückkehren, der dir jedes Mal ein bisschen vertrauter wird.

Passe den Ablauf des achtsamen Bodyscans an die Zeit an, die du zur Verfügung hast (vom 30-Sekunden-Schnelldurchgang bis zur entspannten, fünfminütigen Pause). Auch die Umgebung spielt eine Rolle. Zu Hause im Bett oder in deinem Auto auf dem Parkplatz hast du mehr Privatsphäre als am Schreibtisch im Großraumbüro. Dort setzt du dich ruhig hin und blickst ins Leere, daran wird sich niemand stören. Deine Kolleg*innen werden deine Pause der Achtsamkeit für ein intensives Brainstorming halten – was das positive Ergebnis voraussichtlich bestätigen wird. Mit der Zeit wirst du auch kleinste körperliche Empfindungen wahrnehmen und deine stressanfälligen Zonen genau kennenlernen. Bedanke dich für die Botschaften deines Körpers und lerne daraus. Komm zur Ruhe. Sei achtsam. Dehne dich. Erhole dich. Bewege dich. Atme. Dein Körper und dein Geist werden es dir danken.

Freundlichkeit

Wenn du gute Gedanken hast, werden sie wie Sonnenstrahlen aus deinem Gesicht scheinen und du wirst immer bezaubernd aussehen.

Roald Dahl, Schriftsteller

Ich hasse Menschen." Egal, wie oft ich jemanden diesen Satz ausstoßen höre, er bestürzt mich jedes Mal. Diese negative Aussage bringt mich dazu, mich kerzengerade in meinem Stuhl aufzurichten, weil ich sie einfach nicht nachvollziehen kann. Es stimmt, Menschen können uns enttäuschen, verletzen und wütend machen. Aber ich glaube, die große Mehrheit versucht ihr Bestes, um das zu vermeiden. Mir ist klar, dass viele dieser angeblichen Menschenfeinde einfach nur ihre Frustration zum Ausdruck bringen wollen. Oder glauben, damit gegen Verletzungen durch andere gewappnet zu sein. Aber da irren sie sich. So ein pessimistisches Weltbild führt nur dazu, dass sie in eine Verteidigungshaltung gedrängt werden, aus der sie nicht mehr herauskommen. Damit ist niemandem geholfen.

Diese Art von Zynismus kann auch als vorübergehendes Symptom eines Burn-outs auftreten. Wer in ständiger Zeitnot lebt und sich permanent überfordert fühlt, verliert seine eigentlichen Werte aus dem Blick, vergisst, wie wichtig zwischenmenschliche Beziehungen sind. Kontakte zu anderen Menschen werden als lästige, zeitraubende Verpflichtung empfunden. Das, was wir glauben, kann so stark sein, dass wir Gedanken für Tatsachen halten, ohne es zu bemerken. Ebenfalls unbewusst suchen wir unsere Umgebung nach Indizien ab, die beweisen, dass das, was wir glauben, richtig ist. Wenn wir darauf beharren, dass unsere Mitmenschen ätzend sind, werden wir Beweise finden, die diese Behauptung untermauern. Aber umgekehrt funktioniert es genauso: Wenn wir glauben, dass Menschen grundsätzlich gut sind, werden sich auch dafür genügend Indizien finden lassen. Ich ziehe eine Welt, in der Menschen ein positives Bild voneinander haben, auf jeden Fall vor.

Zum Glück können wir unseren Standpunkt in dieser Sache weitgehend selbst festlegen. Bereits mit kurzen Übungen können wir unseren Blick auf die Menschheit zum Positiven verschieben. Das ist wissenschaftlich bewiesen. Die Psychologin Barbara Fredrickson und ihr Team, die auf dem Feld der Positiven Psychologie arbeiten, fanden heraus, dass die Metta-Meditation (Meditation der liebenden Güte) unsere regelmäßige Wahrnehmung positiver Emotionen steigert. Wenn wir unser Augenmerk auf das Positive richten, werden wir empfänglicher für soziale Interaktion, bleiben gesünder, stärken unsere Achtsamkeit und unseren Lebensantrieb. Zusammengenommen führt das zu einem zufriedeneren Leben und kann Depressionen entgegenwirken.[6] Doch nicht nur das. Laut einer Studie, die in der Zeitschrift *Emotion* erschien, steigern nur wenige Minuten täglicher Metta-Meditation das Gefühl von Positivität und sozialer Zusammengehörigkeit gegenüber solchen Personen, die wir als Empfänger bestimmen.[7]

Ganz klar: Es ist schwierig, Freundlichkeit zu empfinden und zu zeigen, wenn man stark unter Druck steht. Aber mit dieser schnellen Pause können wir jederzeit ein wenig positives Lebensgefühl in unseren Alltag pumpen – und damit andere anstecken.

Pause der achtsamen Freundlichkeit

Egal, wo du dich befindest: Schau dich um, suche dir zwei Personen aus und denke still für dich: Ich wünsche diesen beiden Menschen Glück. Chade-Meng Tan, Autor von *Search Inside Yourself* (dt. *Search Inside Yourself: Das etwas andere Glücks-Coaching*) und früher Achtsamkeits-Coach bei Google, lehrt folgende 10-Sekunden-Übung als zuverlässigen Auslöser von Glücks-gefühlen.

1 Setz dich ein paar Minuten (mit offenen oder geschlossenen Augen) hin und wünsche dir selbst Glück. Nimm diesen Wunsch bewusst in dich auf.

2 Dann suchst du dir einen Menschen aus, dem du gerne etwas Gutes tun würdest (eine geliebte Person, eine gute Freundin), und wünschst ihm ebenfalls Glück. Achte darauf, welche körperlichen Empfindungen du dabei hast. Stell dir vor, wie die Person sich fühlt, die deine guten Wünsche empfängt.

3 Nun suchst du dir eine neutrale Person, die du kaum kennst. Wünsche ihr Glück.

4 Wenn du dich stark genug fühlst, suche dir jetzt eine Person aus, mit der du deine Schwierigkeiten hast, und schicke ihr gute Wünsche. Erinnere dich daran, dass auch dieser Mensch, genau wie du, glücklich sein will. Wenn du einen inneren Widerstand verspürst oder dein Körper sich an-spannt, atme tief ein und aus und versuche, dich zu entspannen. Das ist eine sanfte Übung, nichts soll erzwungen werden.

5 Zum Abschluss stellst du dir vor, wie du deine guten Wünsche an alle Menschen dieser Erde schickst, dich selbst eingeschlossen. Schicke sie in alle vier Himmelsrichtungen. Mach das eine Woche lang jeden Tag und be-obachte, wie deine Fähigkeit zu Freundlichkeit und liebender Güte immer weiter wächst.

Im Interview

Sarah Trimmer, ehemalige Krebspatientin und Bloggerin
für mehr Glück

Es ist wissenschaftlich erwiesen, dass wir alle unseren individuellen Maß-
stab dafür haben, was Glück ist. Er wird uns in die Wiege gelegt, und ohne
Einflüsse von außen bliebe er unser Leben lang relativ stabil. Das ist perfekt,
wenn du ein Optimist bist. Wer dagegen das Glas halb leer sieht, hat es nicht
ganz so einfach. Sonja Lyubomirsky, Psychologin und Glücksforscherin,
fand heraus, dass das Glücksempfinden eines Menschen in der Hauptsache
von drei Faktoren abhängt: von seiner genetischen Veranlagung (50 Prozent), seinen Lebensumständen (10 Prozent) und von glücksrelevanten
Handlungen und Aktivitäten (40 Prozent).[8] Die gute Nachricht ist: Wir können unser Glücksempfinden positiv formen.

So, wie wir unseren Geist durch Wiederholen trainieren, können wir
durch tägliche Übungen auch unser Glücksempfinden stärken. Wir haben es
in der Hand, unseren Glückslevel zu heben und eine optimistische Weltsicht
zu entwickeln, auch wenn uns das Schicksal Steine in den Weg legt.

Sarah Trimmers Leben war nicht einfach. Mit Anfang 30 verlor sie innerhalb eines Jahres erst ihren Vater, der an Lungenkrebs starb, dann ihre an
Bauchspeicheldrüsenkrebs erkrankte Mutter. Dazu kam die Scheidung von
ihrem Ehemann. Im Jahr darauf wurde sie von einem Auto angefahren, verlor ihren Job und erfuhr, dass sie Brustkrebs hatte. Sarah sagt, dass sie von
Natur aus nicht unbedingt eine Frohnatur war: „Mit Anfang 20 hatte ich viel
Wut in mir. Ich würde sagen, ich habe mir antrainiert, das Gute zu sehen und
optimistisch zu sein." Um sich während ihrer Krebstherapie auf das Positive zu konzentrieren, vervollständigte Sarah tagtäglich die nachfolgenden
Halbsätze und schrieb sie auf:

- Heute bin ich dankbar für …
- Heute habe ich jemandem geholfen, indem ich …

- Heute war ich glücklich darüber, dass …
- Heute habe ich gelernt, dass …
- Morgen werde ich …

Über ihren Kampf mit dem Krebs postete Sarah in den sozialen Netzwerken. Unter dem Hashtag #startandendhappy ermutigt sie auch andere, ihre Erfahrungen zu teilen. In ihrem sehr inspirierenden TED-Talk (der millionenfach angeklickt wurde, nachdem die Schriftstellerin Elizabeth Gilbert ihn entdeckt und geteilt hatte) erklärt Sarah, dass es ihr nicht darum geht, schmerzvolle Erfahrungen, Ängste und Schicksalsschläge zu verleugnen. #startandendhappy sei kein Patentrezept gegen Depressionen oder Verzweiflung. Aber ein Hilfsmittel, um Erlebtes zu verarbeiten und einander dabei zu unterstützen. Sie ermuntert die Leser*innen, das Positive zu erkennen und zu schätzen, anstatt über das Negative zu klagen. Durch dieses mentale Training können wir unser Glücksempfinden allmählich steigern.

Sarahs Geschichte ist ein Beispiel dafür, dass wir selbst entscheiden, aus welcher Perspektive wir die Welt betrachten, und dass eine positive Sichtweise dazu beiträgt, uns glücklicher zu fühlen. Während ich diese Zeilen schreibe, ist Sarah weiterhin krebsfrei und empfiehlt uns allen, ein Jahr lang täglich fünf Minuten in den Aufbau eines positiven Lebensgefühls zu investieren. „Ihr könnt euch nicht vorstellen, was das ausmacht", sagt sie.

Sauerstoff

Wir können uns nur in den Momenten als lebendig bezeichnen, in denen unsere Herzen sich unserer Schätze bewusst sind.

Thornton Wilder, Schriftsteller

In meiner Praxis hängt ein Foto, das mein Bruder auf der griechischen Insel Santorin machte, die er während eines Auslandssemesters bereiste. Dunkelrote und goldene Farbreflexe lassen das Licht, das die untergehende Sonne auf den schwarzen Sandstrand wirft, besonders warm wirken. Dieses Bild wirkt beruhigend auf mich. Vielleicht, weil es mich daran erinnert, wie ich selbst an diesem Strand saß (drei Jahre vor meinem Bruder und schon eine Ewigkeit her). Aber auch, weil es die ganze Schönheit der Natur zeigt. Ich habe es absichtlich gegenüber der Couch platziert, auf der meine Klienten Platz nehmen, damit auch sie von seiner angenehmen Wirkung profitieren können.

Das Bild sollte rein dekorativen, keinen therapeutischen Sinn haben (außer für mich). Umso beeindruckter war ich, als ich Studien darüber las, wie wir Stress abbauen können, indem wir in die Natur eintauchen (schon kurze Ausflüge genügen).[9] Mehr noch: Bereits das Anschauen von *Bildern* mit Naturmotiven führt zu vergleichbaren Ergebnissen. Als Outdoorfan war mir die wohltuende Wirkung der Natur zwar bewusst, aber es tat gut, meine persönliche Wahrnehmung wissenschaftlich untermauert zu sehen. Je nachdem, wie und wo du aufgewachsen bist, wo du heute lebst und wie oft du im Freien bist (wenn überhaupt), findest du den Gedanken vielleicht absurd. Aber ich kann dir versichern: Die Schönheit der Natur auf dich wirken zu lassen ist Balsam für Körper und Geist.

Vielleicht gibt es an deinem Arbeitsplatz Kolleg*innen, die alle paar Stunden unauffällig verschwinden, um frische Luft zu tanken? Ich finde, das sollten wir alle tun – mindestens zweimal am Tag – und diese Zeit für eine Pause der achtsamen Sauerstoffaufnahme nutzen. Auch wenn du keine ausgesprochene

Frischluftfanatikerin bist, spricht viel dafür, ab und zu ins Freie zu gehen. Denn es wird dich daran erinnern, dass es da draußen noch eine andere, größere Welt gibt. Unseren Blickwinkel zu erweitern ist immer gut. Eine Portion frische Luft und der Blick ins Grüne verstärken den Effekt. Laut Robin Mejia, Dozentin an der Carnegie Mellon University, sind die ersten fünf Minuten eines Aufenthalts im Freien besonders wirksam.[10]

In einer idealen Welt hätte das Gebäude, in dem du arbeitest, große Fenster, die das Sonnenlicht hereinfluten lassen. Sie gäben den Blick frei auf eine unverbaute Landschaft mit sattgrünen Wiesen, mit Bäumen, in denen Vögel zwitschern und Eichhörnchen herumturnen, mit Spazierwegen und Picknickplätzen. Oder noch besser: Nur ein paar Schritte von deinem Arbeitsplatz entfernt läge ein kleiner Wald. Japanische Wissenschaftler haben nachgewiesen, dass eine bewaldete Umgebung die Produktion des Stresshormons Cortisol reduziert, die Pulsfrequenz und den Blutdruck senkt und den Parasympathikus stimuliert. Außerdem wird der Stoffwechsel angeregt und die Kampf-oder-Flucht-Reaktion läuft weniger schnell an, weshalb regelmäßige Waldspaziergänge eine wohltuende Wirkung haben.[11]

Die meisten Arbeitsplätze sind von einer Umgebung dieser Art leider weit entfernt, und frische Luft ist selten, vor allem in der Stadt. Glücklicherweise kann ich dir eine Variante der Pause der achtsamen Sauerstoffaufnahme anbieten, die auch dort funktioniert. Denn schon allein der Blick aus dem Fenster bzw. auf Natur hat positive Auswirkungen auf unsere Gesundheit. In der Zeitschrift *National Geographic* schreibt die Umwelt- und Gesundheitsspezialistin Florence Williams: „Messungen von Stresshormonen, Atmung, Herzschlag und Transpiration legen nahe, dass kurze Kontakte mit der Natur – oder auch schon Bilder von Natur – Menschen beruhigen und ihre Leistungsfähigkeit steigern." Was hält dich noch zurück? Lass dich von einer Landschaftsaufnahme bezaubern. Wie alle Naturerlebnisse wird diese Pause der Achtsamkeit deinen Stresspegel herabsetzen und dich ruhiger und freundlicher machen. Williams schreibt weiter: „Koreanische Forscher haben mithilfe der funktionellen Magnetresonanztomographie die Gehirntätigkeit von Probanden aufgezeichnet, während sie verschiedene Bilder betrachteten. Der Anblick urbaner Motive erhöhte die Aktivität in der Amygdala, die an der Furchtkonditionierung beteiligt ist. Szenen aus der Natur dagegen stimulierten die für Empathie und Rücksichtnahme zuständigen Areale des Gyrus cinguli im limbischen System."[12]

Die Pause der achtsamen Sauerstoffaufnahme funktioniert draußen im Freien genauso wie drinnen, wenn du die Natur durch das Fenster betrachtest oder ein Bild auf dich wirken lässt. Du wirst spüren, wie du ruhiger wirst und ihre heilenden Kräfte aufnimmst. Dann kannst du erfrischt, motiviert und mit einem besseren Überblick an die Arbeit zurückgehen.

Pause der achtsamen Sauerstoffaufnahme

Wo? Suche dir einen geeigneten Ort in der Nähe deines Arbeitsplatzes. Glückwunsch, wenn du tatsächlich ein Plätzchen im Grünen findest. Vielleicht musst du aus einem zehnstöckigen Büroturm in der Innenstadt ins Freie treten und nach oben schauen, um ein Stück blauen Himmel zu erspähen. Oder du stehst am Fenster mit Blick auf das Schauspiel der Wolken, auf einen Baum oder sogar eine Blumenwiese. Doch wie gesagt: Auch ein Foto erfüllt den Zweck. Richte es als Bildschirmschoner auf deinem PC ein. Tausche es hin und wieder durch ein anderes Motiv, damit es dir jeden Morgen, wenn du den Computer hochfährst, bewusst auffällt.

Wann? Erlaube dir am Anfang zwei Pausen der achtsamen Sauerstoffaufnahme pro Tag – am besten eine morgens und eine nachmittags. Setze die beiden Zeitpunkte fest und denke daran, dass sich ein neues Ritual am leichtesten einführen lässt, wenn man es zwischen zwei bereits bestehende Gewohnheiten legt. Lass dich durch Post-its, Handy-Wecker oder Terminplaner daran erinnern.

Wie? Beginne mit ein paar tiefen Atemzügen, gerne mit geschlossenen Augen. Nimm die Geräusche in deiner Umgebung wahr – sind sie weit weg oder ganz nah, natürlichen Ursprungs oder von Maschinen erzeugt? Öffne die Augen, versenke dich in dein Naturmotiv (Blick aus dem Fenster, Foto) und stell dir vor, welche Geräusche du hören würdest, wenn du dort wärst. Welche Farben, welche Strukturen siehst du? Wo ist Licht, wo Schatten? Entdecke Tiere, Pflanzen, Lebensräume. Was fällt dir besonders ins Auge? Vielleicht findest du eine Kollegin, der du davon erzählen kannst, ohne dass sie dich für übergeschnappt hält. Am besten erklärst du ihr, wie die Pause der achtsamen Sauerstoffaufnahme funktioniert. Dann wird sie begreifen, dass du ganz im Gegenteil sehr bewusst etwas für deine geistige Gesundheit tust.

Einen Schritt weiter gehen. Besonders Stadtmenschen empfehle ich nach der Arbeit oder am Wochenende einen Ausflug in den Wald. Wer eine tiefe Abneigung gegen Insekten, Matsch und andere Naturphänomene hat, sollte es zumindest mit einem Spaziergang versuchen. Nimm deine Umgebung mit allen Sinnen wahr. Wenn du Herausforderungen liebst, wage dich an eine Wanderung. Vielleicht beschert sie dir ja ein nie gekanntes Gefühl des Friedens. Wenn du ein Naturkind bist, es aber seit Jahren nicht mehr rausgeschafft hast, wirst du durch die Pause der achtsamen Sauerstoffaufnahme vielleicht dazu animiert, dir diese kostenlose Wellnesskur endlich wieder einmal zu gönnen. Trage gleich einen Termin in deinen Kalender ein!

Wohin geht unsere Energie?

Jeden Tag sind wir fast so weit, jene kleinen Veränderungen vorzunehmen, die so Großes bewirken würden.

Mignon McLaughlin, Schriftstellerin

Sicher kennst du die bleierne, aber befriedigende Erschöpfung nach Abschluss eines arbeitsintensiven Langzeitprojekts oder am Ende eines anstrengenden, konfliktgeladenen Meetings. Genauso fühle ich mich, wenn ich um die Kostenbewilligung für meine Klienten kämpfe – nur eben ohne die beglückende Befriedigung. Allein bei dem Gedanken daran, mich bei jedem Anruf durch ein konfuses automatisches Telefonmenü arbeiten zu müssen und niemals direkt mit einem Menschen sprechen zu können, möchte ich mich am liebsten auf meiner Klientencouch in Embryoposition zusammenrollen und ein längeres Schläfchen halten, das ich Krankenkassenkoma nenne. Ich bin überzeugt, auch deine Tätigkeit hat Aspekte, die dich total auslaugen.

Die meisten von uns würden ihren Energievorrat gern auf einen bestimmten Level heben und dort halten. Gelegentlich treffe ich zwar auf Frauen, die sogar einen gewissen Energieüberschuss (oft hervorgerufen durch Ängste oder Koffein) produzieren können, aber auch das ist nicht ideal, weil auf Dauer einfach nicht durchhaltbar. Wir wissen, dass Faktoren wie Stress, Schlaf und Ernährung unsere Ausdauer beeinflussen. Aber wir sind uns weit weniger darüber im Klaren, wie sich unsere täglichen Pflichten auf unseren Energiehaushalt auswirken. Manche Aufgaben sind Energiefresser und rauben uns viel mentale und körperliche Kraft. Andere sind Energielieferanten, die uns inspirieren und zur Hochform auflaufen lassen.

Meine Stimulanzien im Arbeitsleben sind die Zusammenarbeit mit anderen, meine Rolle als Mentorin, das Schreiben (auch wenn ich jedes Mal erst eine Blockade überwinden muss), intensive Therapiesitzungen, die Leitung von Achtsamkeitsworkshops und das positive Feedback von Menschen, die durch mich Achtsamkeit in ihr Leben integriert haben. Außerhalb der Arbeit wirken Outdooraktivitäten aller Art als Energiespender: Walken, Laufen, Radfahren, Kajakfahren, Gartenarbeit – allein oder mit Freunden und Familie. Ich genieße es, in Bücherregalen zu stöbern und mich in ein gutes Buch zu vertiefen. Mit meinem kleinen Sohn zu kuscheln und ihm etwas vorzulesen. Mit meiner Tochter und meinem Mann über Gott und die Welt zu reden.

Die Aufgaben, die mir im Beruf am meisten abverlangen, sind Krankenkassenabrechnungen, Berichte schreiben und Therapiesitzungen mit unkooperativen Klienten (was selten vorkommt). Zu Hause kosten mich ein paar Lieblingsbeschäftigungen meiner Kinder wie Lego-Bauen oder idiotische Videospiele Nerven.

Und dann sind da noch die energieneutralen Aufgaben, zum Beispiel die Wäsche. Mich darum zu kümmern finde ich weder inspirierend noch besonders anstrengend. Solchen Tätigkeiten können wir durch Achtsamkeit mehr Positives abgewinnen und sie so zu Energielieferanten machen.

Es gibt einen kleinen, feinen Unterschied zwischen erschöpft und ausgelaugt sein und erschöpft sein, aber mit dem Gefühl, die Zeit gut genutzt zu haben. Ich liebe den Muskelkater, nachdem ich den Garten umgegraben oder Schnee geschippt habe. Und am Freitagnachmittag bin ich nach einer Arbeitswoche voller Therapiesitzungen zwar geistig ausgepowert, aber euphorisch. Meine Familie weiß, dass ich am Freitagabend keine große Lust habe, zu reden. Doch es ist eine zufriedene Müdigkeit, keine Erschöpfung, die ich erlebe. Allerdings könnte sie leicht in Erschöpfung umschlagen, wenn ich mir zu viele Klienten pro Tag zumuten und nicht auf mich achten würde.

Wie sieht deine Energiebilanz aus? Bist du angespannt, kraftlos und läufst am Ende der Arbeitswoche auf Reserve? Oder ist die Erschöpfung unterschwelliger und äußert sich eher in einem leichten, aber permanenten Gefühl der Ermattung? Auch wenn du im Großen und Ganzen zufrieden bist, kannst du durch kleine Eingriffe in deinen Energiehaushalt dein Allgemeinbefinden verbessern und dafür sorgen, dass die Balance stimmt. Erinnere dich jetzt an deinen letzten Erholungsurlaub. (Wenn du dein Gedächtnis durchforsten musst und nichts findest, dann ist Alarmstufe rot angesagt! Nimm sofort deinen Terminkalender, trage ein paar freie Tage ein und/oder lies auf S. 181 unter „Mit Achtsamkeit blaumachen" weiter.) Ruf dir in Erinnerung, wie es mit deiner körperlichen und geistigen Energie am Ende dieser Auszeit aussah. Wahrscheinlich hast du dich ausgeruht, aber auch motiviert gefühlt, hattest Lust, etwas anzupacken. Vergleiche diesen Zustand mit deinem normalen Energielevel bei der Arbeit. Kannst du dir vorstellen, dein momentanes Karrieretempo über die nächsten fünf oder zehn Jahre zu halten? Manche Frauen verfallen bei dieser Vision in eine Art Schreckstarre. Sie stehen wie ein Reh im Scheinwerferlicht mit weit aufgerissenen Augen da und wissen nicht weiter. Tag für Tag pflügen wir unseren Weg durch das allgegenwärtige Chaos, immer in der stillen Überzeugung, dies sei nur vorübergehend. Doch wenn wir keine Änderungen vornehmen, werden wir uns in fünf Jahren in genau derselben Tretmühle wiederfinden (wenn wir nicht vorher durch Krankheit oder Burn-out die Waffen strecken mussten). Es ist unrealistisch, zu erwarten, dass sich die Arbeit anfühlt wie ein nie endender, unbeschwerter Urlaub. Aber wir können (und sollten) unsere momentane Situation so verändern, dass sich etwas Ferienstimmung auch im Arbeitsalltag einstellt.

Natürlich haben unzählige Faktoren, die wir oft nicht steuern können, Einfluss auf unseren Energiehaushalt: Menge und Qualität unseres Schlafs, Krankheit, Verantwortung für andere, Trauer und vieles mehr. Unser Energielevel schwankt ständig. Aber ob wir uns am Ende eines Tages völlig ausgebrannt fühlen oder mit uns und der Welt zufrieden sind, hängt entscheidend davon ab, wofür wir unsere Zeit und Energie eingesetzt haben.

Pause der achtsamen Energiebilanz

Mit dieser Pause der Achtsamkeit machst du dir bewusst, was dich energetisch auflädt und was dich Energie kostet. Behalte die Ergebnisse im Gedächtnis oder schreibe sie während des Tages mit bzw. abends im Rückblick nieder. Wenn du diese Pause intensivieren willst, kannst du eine Zeit lang (eine Woche oder einen Monat) jede halbe Stunde notieren, welche Aktivitäten dich energetisiert (+), erschöpft (-) oder energetisch gar nicht beeinflusst (0) haben.

1 Gehe morgens nach dem Aufwachen im Geist dein Tagesprogramm durch. Stell dir jede einzelne der anstehenden Tätigkeiten bildlich vor und prüfe, welche Aussicht ein resigniertes Seufzen hervorruft und welche dich mit Vorfreude erfüllt. Achte dabei auf deine körperlichen Reaktionen. Versteifen sich Rücken und Schultern? Atmest du flach, anstatt tief in den Bauch? Oder fühlt sich dein Körper gut an, bereit für einen neuen Tag? Wenn du dir das bewusst machst, kannst du vielleicht auch erkennen, inwieweit dein Energielevel nicht nur von der Tätigkeit an sich beeinflusst wird, sondern auch von anderen Faktoren wie Mitmenschen oder deinen Gedanken. (Merke dir diesen Aspekt, der auch für die Pause zum inneren Kritiker, S. 112, und den Umgang mit schwierigen Kolleg*innen, S. 126, relevant ist.)

2 Beobachte nun den Tag über, wie sich die verschiedenen Tätigkeiten tatsächlich auf deinen Energiehaushalt auswirken. Während du eine Aufgabe nach der anderen erledigst, hältst du jeweils fest, was dich Energie kostet, was dir Energie bringt und was energetisch neutral bleibt. Eine energetisierende Aufgabe erfordert vielleicht hohe Konzentration, schenkt dir aber auch Leichtigkeit und Elan, der noch lange nachwirkt. Aufgaben, die Energie kosten, machen uns geistig und körperlich müde. Energieneutrale Tätigkeiten lassen dir Spielraum, da sie keinen Einfluss auf deinen Energiehaushalt haben.

3 Gehe nun die Liste der Energiefresser durch und entscheide, was davon gestrichen oder delegiert werden kann. Wenn du meinst, beides käme nicht infrage, atme tief durch und prüfe die Liste noch einmal, aber mit etwas mehr Abstand und Weitblick. Es gibt immer etwas, das man verbessern kann, auch wenn es sich dabei nur um eine minimale Veränderung mit vermeintlich geringer Wirkung handelt. Achte darauf, dass du dich nicht von Gewohnheiten und überholten Ansichten behindern lässt. Vielleicht bittest du jemanden, dem du vertraust, um seine Meinung.

Es ist normal, dass man sich schwer damit tut, eine langjährige Tätigkeit zu delegieren (auch wenn man sie hasst). Du hast vielleicht Angst, damit Unruhe und Verwirrung auszulösen. Oder du denkst, es gäbe niemanden, der diese Aufgabe zufriedenstellend erledigen kann. Auch ich habe mit diesen Hindernissen gekämpft – und freue mich, dir mitteilen zu können, dass ich es nach Jahren endlich geschafft habe, die Abrechnung mit den Krankenkassen meiner wunderbaren Assistentin zu überlassen. Der Komaschlaf in Embryohaltung gehört der Vergangenheit an. Und ich kann dir versichern: *Es ist ein großartiges Gefühl!* Jetzt kann ich diese Zeit und Energie für etwas verwenden, das mir wichtig ist – zum Beispiel dafür, dieses Buch zu schreiben! Veränderungen sind anfangs fast immer unangenehm. Aber zum Glück sind wir Menschen sehr gut darin, uns anzupassen. Du kannst also ganz beruhigt sein: Dieses seltsame Gefühl wird schnell verschwinden. Und bis dahin sei dir gegenüber geduldig und verständnisvoll.

Wenn das Outsourcing von Aufgaben finanzielle Opfer verlangt, die du im Moment nicht aufbringen kannst, bietet sich vielleicht die Möglichkeit zum Tausch von Diensten. Oder du nimmst diesen Punkt in deine langfristige Planung auf. Vor ein paar Jahren gab ich mir selbst ein Versprechen: Sobald mein jüngstes Kind in die Ganztagsschule kommt und ich dadurch ein paar mehr Klienten annehmen kann, gebe ich meine Buchhaltung an einen Dienstleister ab. Schon mich ab und zu an dieses Ziel zu erinnern erleichterte es mir, mich durch die wöchentlichen Abrechnungen zu quälen.

Auch scheinbare Kleinigkeiten zu delegieren kann unsere geistige und körperliche Energie gewaltig boosten. Das Einkaufen dem Partner zu überlassen, den älteren Kindern Aufgaben im Haushalt zu übertragen oder eine Kollegin zu bitten, dir eine Arbeit abzunehmen, die du hasst (die ihr aber nichts ausmacht), kann einen wahren Schub auslösen.

Aber in manchen Dingen liegt die Entscheidung nicht bei uns. Wenn du erkannt hast, dass du bestimmte Pflichten nicht delegieren kannst, dann musst du deine *Einstellung* gegenüber diesen Pflichten ändern. Denn *wie* wir etwas betrachten, entscheiden wir selbst. Anstatt uns zu versteifen – sowohl körperlich, durch angespannte Muskeln, wie auch geistig durch negative Gedanken und ständiges Klagen –, können wir uns ungeliebten Aufgaben mit Achtsamkeit widmen. Versuche, sie neu zu entdecken, und bedanke dich bei dir selbst, dass du diese energieraubende, aber notwendige Arbeit verrichtest.

4 Lass mich an dieser Stelle noch einmal daran erinnern, wie lohnend es ist, verschiedene Pausen der Achtsamkeit in deinen Tagesablauf einzuflechten: Die Pause des achtsamen Wachens (S. 96) lässt dich zurück in den Schlaf finden, die Pause der achtsamen Freundlichkeit (S. 55) öffnet dich gegenüber anderen Menschen, die Blasebalgatmung (S. 137) erfrischt dich, wenn dich das Nachmittagstief einholt. Aber sieh auch diese Übungen nicht zu verbissen. Geh sie spielerisch an, experimentiere mit ihnen. Nimm dir die Zeit, sie auf deine Bedürfnisse abzustimmen und immer wieder zu verändern, damit sie dich ein Leben lang begleiten können.

Shondaland

Wenn wir denken, wir bräuchten mehr Selbstdisziplin, brauchen wir meistens mehr Selbstliebe – nicht Selbstliebe als innere Einstellung, sondern Selbstliebe, die sich in Ritualen und Gewohnheiten äußert, die wir entwickeln, um die Veränderungen, die wir uns wünschen, ganz natürlich und sanft geschehen zu lassen.

Tara Mohr, Empowerment-Coach

Die Shondaland-Pause verdankt ihren Namen meiner klugen und witzigen Klientin Christine. Sie hat nicht nur einen Hang zu Dramatik, sondern ist eine Weltmeisterin der Selbstkritik, wenn es um die Beurteilung der Lebensphasen und Probleme geht, die sie in letzter Zeit durchgemacht hat. Christine fühlte sich überfordert und kämpfte mit Ängsten. Sie brauchte ein paar schnell wirksame Tipps, um geistig und körperlich herunterzukommen. Ich empfahl ihr, die Hände auf ihr Herz zu legen. Diese körperliche Geste sollte sie daran erinnern, ihre ständigen Sorgen und Selbstzweifel loszulassen, tief durchzuatmen und sich selbst mit achtsamer Freundlichkeit zu begegnen. Gleichzeitig wird das Hormon Oxytocin freigesetzt, das Vertrauen und Geborgenheit vermittelt. Diese einfache Übung beruhigt und erdet dich, und du kannst sie jederzeit problemlos praktizieren.

Christine sprach im engeren Freundeskreis offen über unsere Sitzungen. Dabei erzählte sie auch von der Hand-aufs-Herz-Übung. Bald nannte die Clique ihre Besuche bei mir scherzhaft „ins Shondaland gehen" (nach der gleichnamigen Produktionsfirma der Drehbuchautorin und Produzentin Shonda Rhimes, Schöpferin der Serie *Grey's Anatomy*). Wenn Christine in einer Krisensituation einen ihrer Freunde anruft, bekommt sie inzwischen sofort den Rat, „ins Shondaland zu gehen", was so viel heißt wie: Hand aufs Herz und tief durchatmen. Ich musste lachen, war aber auch gerührt, als Christine mir das erzählte – und will nun auch dir, liebe Freundin, diese Pause der achtsamen Selbstliebe ans Herz legen. Mach einen Ausflug ins Shondaland, wann immer du es brauchst.

Shondaland-Pause

1 Erkenne in dir das Bedürfnis nach Ruhe oder einer Dosis Selbstmitgefühl und Selbstberuhigung.

2 Lege beide Hände auf dein Herz. Fühle die Berührung, die Wärme, deinen Herzschlag.

3 Atme ein paarmal tief ein und aus. Fokussiere deine Aufmerksamkeit auf das Heben und Senken deines Brustkorbs.

4 Wiederhole leise oder in Gedanken einen beruhigenden Satz. Etwa: „Ich bin okay, ich bin okay", „Ganz ruhig" oder „Auch das geht vorüber". Probiere verschiedene Formulierungen aus, bis du etwas gefunden hast, das auf dich wirkt.

5 Teile diese Pause der Achtsamkeit mit lieben Menschen, wenn du das möchtest.

Warten

Ein einziger Atemzug kann deinen Blick auf eine Sache sofort verändern.

Leah Weiss, Leadership-Coach

Nichts ist schlimmer als warten ... besonders, wenn du ein (an sich arbeitendes) Alphatier bist wie ich. Geduld ist wirklich nicht meine Stärke. Aber die Achtsamkeitsarbeit hat mir zweifellos geholfen, auf diesem Gebiet Fortschritte zu machen, auch wenn noch ein langer Weg vor mir liegt. Es kann jeden Moment passieren, dass ich fast unmerklich in meine alte Hyperaktivität zurückfalle, um meine To-do-Liste im Eiltempo abzuhaken. Wenn ich in diesem Modus bin, erwarte ich automatisch von allen anderen, dass sie genauso schnell und effizient arbeiten – meinen guten, alten Computer mit eingeschlossen. Am Ende einer besonders anstrengenden Therapiesitzung machte mich das Schneckentempo, in dem er arbeitete, einmal fast wahnsinnig. Als ich mit meiner Klientin darauf wartete, dass sich das Programm zur Terminbuchung öffnete, stieß ich einen lauten, resignierten Seufzer aus (ganze 90 vergeudete Sekunden!) und war alles andere als ein Vorbild in Sachen Achtsamkeit und Geduld!

Jede von uns ist eine ewige Baustelle, auch ein Empowerment-Coach. Das Schöne an Achtsamkeit ist, dass sie uns lehrt, unseren Schwächen mit Humor und Verständnis zu begegnen, anstatt uns wegen unserer un-achtsamen Reaktionen mit Selbstvorwürfen zu zerfleischen. Das Leben bietet dir endlos viele Gelegenheiten, es besser zu machen. Und keine von uns macht immer alles richtig. Zum Glück bedeutet Achtsamkeit auch, Nachsicht mit sich selbst zu haben.

Was meinen Computer betrifft, würde ich jetzt gerne schreiben: „Ich erkannte mein intolerantes Verhalten sofort." Aber ich musste noch einige Male frustriert aufstöhnen, bis mir bewusst wurde, dass ich die Wahl hatte: Ich konnte weiter nutzlose Klagen ausstoßen. Oder ich konnte die Wartezeit für eine wohltuende Pause des achtsamen Wartens nutzen.

Pause des achtsamen Wartens

Wann immer du dich zu Untätigkeit verdammt fühlst – während du auf den Beginn eines Meetings wartest, in der Supermarktschlange oder vor dem PC, der ewig braucht, um hochzufahren – und deshalb schnell deine Mails checkst, soziale Netzwerke durchstöberst oder deinem Unmut verbal Luft machst, kannst du diese Zeit auch mit Achtsamkeit füllen. Es ist schockierend, wie groß unser Drang ist, bei solchen Gelegenheiten zum Handy zu greifen. Aber keine Sorge: Der Wunsch, überall und jederzeit mit allen und allem verbunden zu sein, ist nicht ungewöhnlich – und kann unter Kontrolle gebracht werden. Der erste Schritt, um eine lästige Angewohnheit loszuwerden, ist, sich sein Verhalten bewusst zu machen. In diesem Fall gehört dazu auch die Erkenntnis, welches Unbehagen wir verspüren, während wir *nicht* auf das Handy gucken.

Beginne mit ein paar tiefen Atemzügen. Atme langsam ein und aus. Konzentriere dich ganz aufs Atmen. Mach einen Bodyscan (S. 52), vom Kopf an abwärts. Spüre Verspannungen auf. Lockere die Stirnmuskeln, die kleinen Muskeln rund um die Augen und den Mund, die Kiefermuskeln. Lass die Schultern fallen. (Meine befinden sich oft fast auf Höhe meiner Ohren!) Die Arme locker hängen lassen. Entspanne die Muskeln von Rücken, Bauch und Beinen. Vielleicht wandern deine Gedanken jetzt zum Handy oder werden anderweitig abgelenkt. Das ist nicht schlimm. Mach dir diese Ablenkung bewusst und konzentriere dich wieder auf deinen Atem. Lass einfach zu, dass dies eine kurze Auszeit ist, in der nichts geplant, verbessert, analysiert oder erledigt werden muss.

Ich lade dich ein, wo immer du bist, nach Gelegenheiten zu suchen, um eine Pause des achtsamen Wartens einzuschieben. Sie kann knackige 30 Sekunden, aber auch mehrere Minuten lang sein. Sei nachsichtig mit dir. Du musst erst wieder lernen, zur Ruhe zu kommen und eine kurze Zeit lang einfach nur zu *sein*. Anfangs fühlt sich das nicht immer gut an. Aber wenn du neugierig bleibst und Übung bekommst, ändert sich das. Irgendwann wirst du dich vielleicht sogar freuen, wenn du irgendwo warten musst. Es ist eine Einladung, dich mit einer Pause des achtsamen Wartens zu entschleunigen.

Stilles Örtchen

Tara, Grundschulkoordinatorin, Ehefrau und Mutter in ihren Vierzigern, wandte sich an mich, weil Stress und Überforderung so unerträglich geworden waren, dass sie etwas unternehmen musste. Tara war sehr pflichtbewusst und gewissenhaft, stellte ihre eigenen Interessen stets hinter denen der anderen zurück. Oft rutschte sie ohne es zu wollen bei Lebenskrisen ihrer Kolleg*innen in die Rolle der Helferin. Sie machte Überstunden, um die Projekte anderer zu unterstützen. Kein Wunder, dass sie immer unflexibler wurde, häufig die Geduld verlor und ein Gefühl der Unzufriedenheit in ihr aufkeimte. Ihre Kolleg*innen empfand Tara als hektisch, chronisch überarbeitet und ständig gestresst. Negative Stimmung übertrug sich von einer auf die nächste.

Tara begann, morgens fünf Minuten lang unter Anleitung zu meditieren. Schon bald konnte sie die verschiedenen subtilen Anzeichen von Stress und Überforderung besser erkennen, vor allem am Arbeitsplatz. Die Ruhe, die sich durch die Meditation in ihr ausbreitete, tat ihr so gut, dass sie sich während ihres hektischen Arbeitstags immer öfter nach kleinen Auszeiten dieser Art sehnte. Gemeinsam suchten wir nach Pausen der Achtsamkeit, die zu ihrer Arbeitssituation passten.

Mehrmals pro Woche besucht Tara verschiedene Schulen, wo sie kein eigenes Büro hat und ein endloser Strom von Mitarbeiter*innen ihre Aufmerksamkeit braucht. Wie viele von uns ist sie also nicht in der glücklichen Lage, die Bürotür zumachen zu können, wenn sie einen Moment lang allein sein will. Deswegen mussten wir nicht nur herausfinden, *wann* sie eine Pause der Achtsamkeit einlegen konnte, sondern auch, *wo*. Nach einem intensiven Brainstorming fanden wir die Lösung: Tara würde ihre Pausen der Achtsamkeit in der Personaltoilette einlegen! Sicher nicht die attraktivste Umgebung, aber besser als nichts. Wenn es darum geht, achtsam mit uns selbst zu sein, dürfen wir nicht zimperlich sein. Hier können wir beweisen, wie kreativ, flexibel und – nun ja – vorurteilsfrei wir sind. Wenn Tara merkte, dass sie wieder einmal total verspannt war oder ihre

Gedanken nicht fokussieren konnte, entschuldigte sie sich und trat den Gang zur Toilette an. Dort schloss sie sich ein, nahm ein paar tiefe Atemzüge, machte ein paar Dehnübungen und sammelte sich.

Nachdem Tara ein paar Wochen lang morgens meditiert und tagsüber Pausen der Achtsamkeit praktiziert hatte, stellten ihre Familie und ihre Kolleg*innen positive Veränderungen an ihr fest. Sie war nun fähig, innezuhalten und in aller Ruhe zu beurteilen, ob tatsächlich Alarmstufe Rot angesagt war oder ob sie sich lediglich von der Panik der anderen anstecken ließ. Sie war körperlich und geistig fitter. Und das Beste: Sie konnte wieder lachen, hatte wieder Spaß an ihrer Arbeit und genoss die Zeit mit der Familie. Tara selbst meinte, sie fühle sich wie die weibliche Version von Clark Kent, die in der Toilette verschwindet und als Supergirl der Achtsamkeit wieder herauskommt. Wer hätte gedacht, dass ein paar gestohlene Momente der Achtsamkeit in einer WC-Kabine derartige übernatürliche Kräfte verleihen können?

Rückzug

1 **Stilles Örtchen finden.** Wenn du dir keine kleinen Auszeiten an deinem Arbeitsplatz nehmen kannst, weil es dir dort an Privatsphäre fehlt, fahnde nach Ausweichmöglichkeiten. Das kann ein Abstellraum, ein Treppenabsatz oder eben auch eine Toilette sein.

2 **Abschalten.** Steh aufrecht und atme ein paar Mal tief ein und aus. Konzentriere dich auf deine momentanen körperlichen Empfindungen und vergiss das Chaos hinter der Tür.

3 **Dehnen.** Wenn du etwas mehr Zeit hast, versuche, dich von Kopf bis Fuß zu lockern und Körperteile und -partien zu dehnen.

4 **Gut zureden.** Wenn du aus einer besonders stressigen Situation kommst, kannst du dich beruhigen und aufbauen, indem du dir bestimmte Worte oder Formulierungen vorsagst. Zum Beispiel: Auch das geht vorüber. Ich kann das. Eins nach dem anderen.

5 **Zurückkommen.** Bevor du dich wieder in das Chaos da draußen stürzt, kontrolliere deine Körperhaltung: Aufrecht stehen, Schultern zurück, tief Luft holen – und nichts wird dich erschüttern können.

Meetings

Ruhe ist ansteckend.

Rorke Denver, Schauspieler

Nach ein paar Monaten praktizierter Achtsamkeit hatte Tara (du weißt schon: die Frau, die sich durch eine Achtsamkeitsübung in den gekachelten Räumen in Superwoman verwandelt) eine Idee. Sie sah, wie gestresst ihre Kolleg*innen waren, und beschloss, das Konzept der Achtsamkeit an ihrem Arbeitsplatz einzuführen. Wie sie genau vorgehen wollte, war ihr noch nicht klar. Aber einen Versuch war es wert. Erster Schritt: eine kurze Achtsamkeitsübung während einer Mitarbeiterversammlung. Da die meisten Kolleg*innen entweder apathisch und desinteressiert oder aber hektisch und spürbar angespannt waren, wollte Tara das Meeting auf diese Weise interessanter und produktiver machen. Darüber hinaus wollte sie den Teilnehmenden Raum für persönlichen Austausch geben. Sie hoffte, dass sich das Arbeitsklima dadurch verbessern und jede/r die positiven Auswirkungen der Achtsamkeit spüren würde – genau so, wie sie es erlebt hatte.

Tara erklärte kurz, was Achtsamkeit ist und welche positiven Erfahrungen sie selbst gemacht hatte. Wie erwartet, gab es Skeptiker*innen. Tara betonte, dass sie niemanden zum Mitmachen zwingen wolle. Aber sie erwarte, dass alle die Ruhe respektierten, um den Interessierten die Achtsamkeitsübung zu ermöglichen. Dann begann sie die Übung, eine geführten Meditation per Video. Zu ihrer Überraschung saßen alle Anwesenden die ganzen zwei Minuten lang still da. Manche veränderten gelegentlich ihre Haltung, andere schienen wie zu Stein erstarrt, aber die meisten beteuerten hinterher, wie gut es ihnen getan hätte, eine kurze Zeit lang einfach innezuhalten. Mir erzählte Tara, dass die Person, von der sie den größten Widerstand erwartet hatte, am eifrigsten bei der Sache gewesen sei. Das hatte ich in meinen Kursen auch schon erlebt: Auch wenn wir glauben unsere Pappenheimer zu kennen, können wir nicht voraussagen, wer für Achtsamkeit empfänglich ist und wer nicht.

Tara fährt fort, Achtsamkeitsübungen in ihre Meetings zu integrieren. Ob und welche weitreichenden Veränderungen das haben wird, bleibt abzuwarten. Aber die Reaktionen sind mehr als positiv. Das und ihre eigenen, durch praktizierte Achtsamkeit erzielten Erfolge sind ihr zunächst Motivation genug.

Je nach Unternehmensstruktur und Arbeitssituation kann ein achtsames Meeting verschiedene Formen annehmen. Von ein paar gemeinsamen tiefen Atemzüge zu Beginn einer Besprechung angefangen bis zum täglichen gemeinsamen Meditieren der Belegschaft an einem eigens dafür vorgesehenen Ort. In hippen Büros beginnen Meetings vielleicht mit einer fünfminütigen geführten Meditation und anschließender Begrüßung – so wird es angeblich bei Eileen Fisher praktiziert.

Wenn allerdings die Atmosphäre an deinem Arbeitsplatz so ist, dass deine Kolleg*innen schon bei der bloßen Erwähnung des Wortes „Achtsamkeit" komisch gucken, ist es wohl im Moment am sinnvollsten, wenn du dich auf Solo-Pausen der Achtsamkeit beschränkst. So kannst du mitten im üblichen Tumult zur Ruhe kommen. Nein, ich meine damit nicht, dass du die Augen schließen und die anderen ausblenden sollst (auch wenn dir das verlockend erscheint). Hol stattdessen ein paar Mal tief Luft, lockere Schultern und Kiefermuskulatur und lenke deine Aufmerksamkeit, sobald sie andere Wege geht, zurück auf die vor dir liegende Aufgabe. Das dauert nur ein paar Sekunden und wirkt sofort. Wenn wir in einem achtsamkeitsresistenten Umfeld arbeiten, bleibt uns oft nichts anderes übrig, als unsere Achtsamkeitsübungen allein zu machen und durch die Ruhe und Effizienz, die sie uns verleihen, den anderen ihre Wirksamkeit zu demonstrieren. Missionarische Predigten bringen nichts, wenn deine Kolleg*innen nicht aufgeschlossen sind.

Achtsamkeit in Meetings

1 **Beobachte dein Arbeitsumfeld.** Wie sehen eure Meetings normalerweise aus? Sind die anderen aufmerksam und engagiert oder eher abwesend und gelangweilt? Hetzen sie von einer Besprechung zur nächsten, immer mit dem Kaffeebecher in der Hand und nach einem Müsliriegel kramend?

2 **Erkläre, um was es geht.** Beschreibe, was passieren würde, wenn alle kurz still werden, ein paar Mal tief durchatmen, ihre verspannten Muskeln lockern, sich sammeln und den Fokus auf das anstehende Thema richten. Mitten im Chaos innezuhalten kann unglaubliche Kräfte freisetzen und die Leistungsfähigkeit erheblich steigern.

3 **Belege deine These.** Wenn deine Mitarbeiter*innen Achtsamkeit am Arbeitsplatz skeptisch, aber doch mit einer gewissen Neugier gegenüberstehen, gib ihnen wissenschaftlich fundierte Informationen an die Hand (siehe S. 210).

4 **Suche einen Coach.** Besonders effektiv wäre es, wenn du einen Achtsamkeits-Coach für die Firma engagieren könntest, der in regelmäßigen Abständen kommt, um euch auf dem Weg der Achtsamkeit zu führen, und hilft, eventuelle Hürden zu überwinden. Wenn dein Team motiviert ist, aber kein Budget zur Verfügung steht, könnt ihr es auch mit einer App versuchen.

Gehörst du zu den Glückspilzen, die in einem fortschrittlichen, etwa von Google inspirierten Unternehmen arbeiten, in dem Achtsamkeit kein Fremdwort ist? Dann hast du es leicht: Stütze dich auf dieses Buch, um die Achtsamkeitsarbeit an deinem Arbeitsplatz zu fördern.

5 **Schaffe eine persönliche Atmosphäre.** Vielleicht lädst du deine Kolleg*innen ein, sich zu Beginn kurz mit ein paar Daten aus ihrem beruflichen und privaten Leben vorzustellen. Lege ein paar Grundregeln fest, um zu verhindern, dass die Vorstellung zu lang wird. Auch wenn du dich unbeliebt machst: Bestehe darauf, dass Handys und Tablets während des Meetings ausgeschaltet werden.

6 **Sei geduldig und beharrlich.** Das Zauberwort heißt Kontinuität. Schon bald werden deine Kolleg*innen sich auf diese Momente der Ruhe einstellen und sich darauf freuen, kurz entspannen und sich neu fokussieren zu können.

Mittagspause

Herunterzuschalten ist ein kraftvoller Schub.

Amy Cuddy, Sozialpsychologin

Wir alle wissen, dass Karrierefrauen sich nicht die Zeit für eine Mittagspause nehmen. Innerhalb von fünf Minuten ein Sandwich herunterzuschlingen, die Augen unbeirrt auf den Bildschirm geheftet, gilt als Zeichen von Ehrgeiz, Pflichtbewusstsein und Produktivität. Noch besser ist es, überhaupt nichts zu Mittag zu essen (abgesehen von den zwei Oreos auf dem Weg zum Meeting, gefolgt von einem Schluck Wasser als Munddusche, um verräterische Krümel zu beseitigen). Das klingt lächerlich, wenn du es hier liest. Aber wie viele von uns lassen sich regelmäßig dazu hinreißen, nur schnell nebenbei zu essen?

Ich gehöre zu den Menschen, die sich innerhalb von Sekunden von einer freundlichen Kollegin in eine knurrende Bestie verwandeln, wenn ihr Hunger zu groß wird. Nur im Notfall überspringe ich eine Mahlzeit. Aber ich muss zugeben, dass ich mein Mittagessen gelegentlich am Schreibtisch einnehme, ohne eine Spur von Achtsamkeit. Wenn ich unter Zeitdruck stehe, landet die Schüssel mit dem gesunden und hübsch bunten Salat neben dem Bildschirm, und während ich durch meine Dokumente scrolle, kaue ich abwesend auf dem rohen Gemüse herum. Genießen ist etwas anderes. Noch trauriger ist es, wenn ich mir einen Riegel dunkle Schokolade, ein paar frisch gebackene Kekse oder sonst eine Leckerei eingepackt habe und die dann genauso achtlos mampfe. Ich bin so darauf konzentriert, gleichzeitig eine E-Mail zu beantworten oder einen Artikel fertigzustellen, dass ich mich hinterher kaum daran erinnern kann, überhaupt etwas gegessen zu haben.

Sich ein Chocolate Chip Cookie mit Salzkaramell nicht auf der Zunge zergehen zu lassen ist ein Sakrileg! Apropos Cookie – mal dir einmal aus, wie unser un-achtsames Vertilgen von Oreos & Co als Animation aussehen würde.

„Essen im Anmarsch!", signalisieren die weit aufgerissenen Augen aufgeregt, als sich der heiß ersehnte Keks den erwartungsvoll geöffneten Lippen nähert. Aus der vor Speichel triefenden Mundhöhle melden sich die Geschmacksnerven mit einem genüsslichen „Hmmm", als die knusprig-cremige Köstlichkeit sie erreicht – aber nur für den Bruchteil einer Sekunde. Denn sofort befördert die Zunge den Keks in die Speiseröhre, er wird heruntergewürgt und landet mit einem Plumps im Magen, der schon seit Stunden vergeblich versucht hat, mit dumpfem Knurren und Grollen deine Aufmerksamkeit zu erregen.

„Na endlich", brummt er nun. „Wurde höchste Zeit, dass ich etwas Nahrhaftes bekomme! Oh! Das ist ja nur ein unzerkautes Stück Industriezucker! Und daran soll ich mich jetzt abarbeiten?"

„Du bist gut!", beschwert sich das Gehirn. „Woher soll ich denn sonst die Energie nehmen, brillante, kreative Gedanken hervorzubringen?"

„Wir sollten Beschwerde einlegen!", mischen sich die übrigen Organe ein. „Uns reicht es allmählich! Keiner honoriert, dass wir trotz der jämmerlichen Versorgungslage ununterbrochen perfekt funktionieren! Wenn unser Bedarf an gesunder Nahrung weiterhin ignoriert wird, streiken wir! Das wird spürbare Folgen haben! Vielleicht nicht sofort. Aber die Zeit wird kommen, das können wir jetzt schon sagen!"

Ist die Botschaft angekommen? Hast du erkannt, wer in dieser Geschichte der Übeltäter ist? Und mit welchen Strafen er rechnen muss? Anstatt dich nun zu schämen, dass du deinen Körper so vernachlässigst, solltest du diese Worte als freundliche Aufforderung sehen, ihn als das Wunderwerk zu betrachten, das er tatsächlich ist. Und ihn entsprechend behandeln. Egal, welche Form er hat, welche Kleidergröße und welchen Fitnesslevel, egal, was du von ihm hältst – dein Körper tut alles für dich, unermüdlich. Höchste Zeit, dir das bewusst zu machen und deine Dankbarkeit zu zeigen, indem du ihm gibst, was er braucht.

Anstatt Mahlzeiten auszulassen, sie gedankenlos herunterzuschlingen oder uns mit ungesundem Kram vollzustopfen, von dem unser Körper nichts hat, können wir auch hier mit Achtsamkeit vorgehen. Achtsam zu essen bedeutet, auf unser Hungergefühl zu hören und es mit möglichst gesunden, ausgewogenen Mahlzeiten zu befriedigen. Konzentriere dich auf das Essen und höre auf, wenn du satt bist.

Keine Angst, ich werde dir weder Superfood vorschreiben noch Schlemmereien untersagen. Dafür liebe ich Eiscreme, Kekse und selbst gebackenen Schokoladenkuchen viel zu sehr. Das Leben ist zu kurz, um auf solche Köstlichkeiten zu verzichten. Zum Glück schmecken mir Gemüse, Obst und viele andere gesunde Lebensmittel genauso gut – und das liegt zu einem großen Teil daran, dass ich gelernt habe, achtsam zu essen.

Achtsame Mittagsmahlzeit

Wie immer empfehle ich, klein anzufangen und nicht zu viel auf einmal verändern zu wollen. Wenn es zur Situation passt, kannst du alle, die dir beim Essen Gesellschaft leisten, in deinen Plan, achtsam zu essen, einweihen. Lade sie ein, ebenfalls innezuhalten und durchzuatmen, bevor ihr mit dem Essen beginnt.

1 **Achte auf Hunger- und Sättigungsgefühle.** Bewerte deinen Hunger auf einer Skala von eins bis zehn (eins = überhaupt nicht hungrig, zehn = Bärenhunger). Am besten für unseren Körper ist es, bei Hungerstufe fünf bis sieben zu essen. Liegt der Wert unter fünf, ist der Körper nicht bereit für eine Mahlzeit, bei über sieben besteht die Gefahr, zu viel zu essen oder sogar in einen Fressrausch zu geraten. Wenn du beschließt, jetzt etwas zu essen, warte noch einen Moment und beobachte deinen Körper. Hast du ein leeres Gefühl im Magen? Oder ist er gereizt, knurrt, verursacht ein leichtes Unwohlsein? Es ist wichtig, zwischen echtem Hunger und emotional gesteuertem Essensdrang zu unterscheiden. Einsamkeit, Ängste oder Langeweile können hungerähnliche Gefühle hervorrufen. Wenn wir uns regelmäßig beobachten, werden wir den Unterschied immer besser erkennen – und feststellen, wie viele überflüssige Kalorien wir in der Vergangenheit durch unser achtloses Verhalten aufgenommen haben.

2 **Entscheide, wie viel und was du isst.** *Hara hachi bun me* ist eine konfuzianische Anweisung, die auf den japanischen Okinawa-Inseln praktiziert wird: Wenn der Magen zu 80 Prozent gefüllt ist, hört man auf zu essen. Das können auch wir lernen. Richte deine volle Aufmerksamkeit auf das Essen, damit du spürst, wann dieses Limit erreicht ist. Das ist viel angenehmer, als nach jeder Mahlzeit „Puh, bin ich satt!" zu stöhnen. (Forscher glauben, das *Hara hachi bun me* ein Grund dafür ist, dass die Okinawa-Inseln zu den sogenannten Blauen Zonen gehören, das sind Regionen, in denen die Bevölkerung überdurchschnittlich lange und krankheitsfrei lebt. Dan Buettner hat darüber berichtet.)

Wenn du fertig bist, stell den Teller außer Reichweite, damit du nicht in Versuchung bist, weiter zu essen. Wenn du trotz Sättigungsgefühl das Verlangen hast, mehr zu essen, frage dich, warum: aus Langeweile, aus Frust oder einfach aus Gewohnheit? Und dann sage dir „*Hara hachi bun me* – was die Japaner können, kann ich auch!"

Überlege gut, *was* du isst, und folge dabei locker der 80/20-Regel: 80 Prozent der Lebensmittel auf deinem Speiseplan sollten gesund und nährstoffreich sein. Die restlichen 20 Prozent darfst du einfach nur genießen – einen himmlisch süßen Brownie, ein Glas eiskalten Rosé, ein Stück sahnigen Brie.

Es gibt Menschen, die von Natur aus auf Gemüse abfahren. Andere hegen eine gewisse Abscheu vor allem, was aus der Erde kommt. Ihnen empfehle ich, klein anzufangen. Wenn du dich bisher eher in einem 20/80-Verhältnis ernährt hast, verfalle nicht gleich ins andere Extrem. 80 Prozent gesunde Nahrungsmittel sind das Ziel. Aber ob du dieses Ziel nächste Woche oder nächstes Jahr erreichst, ist nicht so wichtig. Irgendwann hast du die 80/20-Regel so verinnerlicht, dass du ganz automatisch danach lebst.

3 Iss bewusst. Bei jeder Mahlzeit sollten Achtsamkeit und Genuss im Vordergrund stehen. Iss mit den Augen, nimm Formen und Farben der Nahrungsmittel wahr. Überlege, wo sie herkommen. Sei dankbar. Atme den Duft ein, bevor du den ersten Bissen in den Mund nimmst. Kaue langsam und gründlich. Erforsche die Temperatur, die Konsistenz, den Geschmack der Nahrung. Was fühlst du beim Herunterschlucken?

Vielleicht ist es dir zu anstrengend, eine ganze Mahlzeit auf diese achtsame Weise zu essen. Dann konzentriere dich auf die ersten und letzten Bissen und versuche, den Punkt zu spüren, an dem es genug ist. Ich lade dich ein, die ganze Vielfalt an Lebensmitteln, die dir zur Verfügung stehen, kennenzulernen. Sei neugierig. Experimentiere mit Zutaten und Zubereitungsmethoden. Stelle fest, welche Auswirkungen verschiedene Lebensmittel oder Gerichte auf deinen Energiehaushalt haben. Du wirst bemerken, dass vieles dich eher belastet, während anderes dich für Stunden wach und leistungsfähig hält. Abgesehen davon, dass Achtsamkeit beim Essen uns helfen kann, unser Hüftgold unter Kontrolle zu halten, sorgt sie auf jeden Fall dafür, dass wir uns körperlich und geistig wohler fühlen. Du und dein göttlicher Körper, ihr seid es wert, dass man ihnen Aufmerksamkeit schenkt und auf ihre Bedürfnisse eingeht. In diesem Sinne: Guten Appetit!

5-Minuten-Spaziergang

Versenke dich in die Schönheit des Lebens. Schau zu den Sternen empor und stell dir vor, du würdest mit ihnen wandern.

Mark Aurel, Philosoph

Barbara ist Karriere-Coach in Vollzeit. Drei Tage arbeitet sie in ihrem Büro, an zwei Tagen von zu Hause aus. Sie kämpft mit dem Problem, dass die Grenze zwischen Beruf und Privatleben verwischt. Für den Übergang zwischen den verschiedenen Aufgabenbereichen hat sie sich eine eigene Version einer Pause der Achtsamkeit ausgedacht, die sie an Homeoffice-Tagen praktiziert (solange das Wetter mitmacht). Sie erzählte mir: „Meine Lieblingspause der Achtsamkeit ist, an warmen Tagen barfuß über eine Wiese zu laufen. Ich erde mich damit, denn alle meine Sinne werden angesprochen und ich fühle mich lebendig. Ich spüre das kühle Gras, höre die Geräusche der Natur und rieche die frische Luft. Das versetzt mich sofort in eine andere Stimmung und mein Stresslevel fällt. Ich kehre mit einer anderen Einstellung zu dem zurück, was ich zu tun habe."

Instinktiv hat Barbara hier etwas gefunden, das sich nachweislich positiv auf Stimmung und Produktivität auswirkt. Es ist wissenschaftlich belegt, dass ein 15 Minuten langer Spaziergang in der Mittagspause die Konzentrationsfähigkeit fördert und dem Nachmittagstief vorbeugt. Am Ende des Arbeitstags sind wir nicht so erschöpft. „Diese Ergebnisse untermauern die theoretischen Erkenntnisse über die positiven Auswirkungen von Arbeitspausen und unterstreichen die Wichtigkeit von Pausen im Berufsalltag."[13] Wenn du eine volle Viertelstunde erübrigen kannst, perfekt! Aber schon fünf Minuten zügiges Gehen werden dir neue Energie spenden.

5-Minuten-Spaziergang

Plane die Pause in deinen Tagesablauf ein. Es kostet manchmal Überwindung, eine Arbeit, die gerade gut läuft, für einen Spaziergang zu unterbrechen. Aber du wirst hinterher produktiver und leistungsfähiger sein, versprochen!

• Raus ins Freie. Wenn es das Wetter zulässt: Geh barfuß über eine Wiese und fühle das Gras unter deinen Fußsohlen.

• Bewege dich. Gehe zügig und fühle, wie dein Herz klopft, deine Muskeln sich erwärmen und dein Kopf frei wird.

• Beobachte dich. Welche Muskeln werden beansprucht? Woher kommen Gleichgewicht, Bewegung, Kraft in deinem Körper? Erforsche die zahllosen unbewussten Körperreaktionen, die ein einfacher Spaziergang hervorruft.

• Wenn du zu Hause arbeitest und einen Hund hast, nimm ihn mit. Barbara beteuert, dass die Apportierspiele mit ihrem vierbeinigen Liebling sie unheimlich entspannen.

• Die Pause des 5-Minuten-Spaziergangs ist im Freien natürlich besonders wirkungsvoll – aber sie funktioniert auch indoors! Wenn das Wetter oder andere Umstände Rausgehen nicht zulassen, läufst du eben ein paar Treppen auf und ab oder machst eine Tour durch das Gebäude. Hauptsache, dein Kreislauf kommt in Schwung. Das macht dich wieder wach, setzt Endorphine frei und gibt dir Selbstvertrauen.

• Nimm dir nach der Pause einen Moment Zeit, um den Veränderungen in deinem Körper nachzuspüren. Bist du geistig erfrischt? Welche Körperzonen sind besonders energetisiert?

• Um die Pause des 5-Minuten-Spaziergangs zu etablieren (und dich später zu loben!), solltest du sie protokollieren. Wo warst du? Wie lange warst du unterwegs? Was ist dir an deinem Körper aufgefallen? Wie hast du dich hinterher gefühlt? Wie hat sich die Unterbrechung auf deine Stimmung für den Rest des Tages ausgewirkt?

- Los geht's! Viel Spaß!

Schreckmomente

Die Scheune ist niedergebrannt. Jetzt kann ich den Mond sehen.

Mizuta Masahide, Dichter

Weißt du, wie lange ein Gefühl anhält? Wie lange es dich gefangen hält, nachdem es in dir erwacht ist? 90 Sekunden! Das solltest du mal meinen Gefühlen sagen, wirst du denken. Ich glaube nicht, dass sie schon davon gehört haben. Nur 90 Sekunden? Kaum zu glauben. Dachte ich auch.

Die Erkenntnis verdanken wir Dr. Jill Bolte Taylor, Neurowissenschaftlerin und Autorin von *My Stroke of Insight* (dt. *Mit einem Schlag*). Sie fand heraus, dass die Lebensdauer einer Gefühlsregung eineinhalb Minuten beträgt. Meiner Vorstellung nach entspricht das ungefähr der Dauer des Schmerzes, der durch unseren Körper fährt, wenn wir uns den großen Zeh anstoßen. Je nach Situation kann sich eine Emotion genauso heftig anfühlen. Und ich finde es unheimlich hilfreich und tröstend, mich in einer spannungsgeladenen Situation daran zu erinnern, dass so ein Gefühl sich aufbaut, seinen Höhepunkt erreicht und wieder abflaut. 90 Sekunden lang kann ich fast alles ertragen.

Die Sache hat allerdings einen Haken. Die Emotion wird nur abklingen, wenn wir kein Öl ins (sowieso schon lodernde) Feuer gießen. In der östlichen Philosophie sagt man dazu: den zweiten Pfeil abschießen. Der erste Pfeil entspricht der Herausforderung, vor die uns das Leben stellt. Darauf haben wir keinen Einfluss. Den zweiten Pfeil abzuschießen bedeutet, das ursprüngliche Leid durch unsere Reaktion darauf noch zu verstärken.

Beispiel gefällig? An einem klaren Wintersonntag setzte ich mich hin, um zu schreiben. Wir hatten gerade einen Jahrhundert-Schneesturm überstanden, der am Freitagabend begonnen hatte und nach über 24 Stunden langsam nachließ. Windgeschwindigkeiten von 65 km/h, Temperaturen um den Gefrierpunkt und eine ein Meter hohe Schicht Neuschnee machten Aktivitäten im Freien unmöglich. Die ganze Familie hatte sich im Haus verkrochen. Dazu gehörten drei Personen mit Erkältung, darunter ein Vierjähriger mit ungestilltem Bewegungsdrang und ein Teenager mit wenig Verständnis für den aufgekratzten Vierjährigen. Eine Person, die fast die ganze Zeit über mit Schneeschippen beschäftigt war. Und eine Person, deren Abgabetermin für ein Manuskript immer näher rückte. Tja.

Normalerweise gehe ich sonntags in die Praxis, um dort in aller Ruhe zu schreiben. Aber das konnte ich vergessen, als ich morgens aufwachte und die hohe Schneedecke vor dem Fenster sah. Nach einem gemütlichen Frühstück zog ich mich in mein Arbeitszimmer zurück (das leider im Zentrum meines turbulenten Hauses liegt), in der Hoffnung, dort konzentriert und produktiv arbeiten zu können. Wenn ich zwei Stunden bei der Sache blieb, so dachte ich, würde ich den Rest des Tages mit meiner Familie in unserem eingeschneiten Haus verbringen können. Theoretisch ein guter Plan. Aber ein paar Stunden und unzählige Unterbrechungen später war ich ein frustriertes, schlecht gelauntes Wrack. Es war bereits Nachmittag und ich hatte noch keinen einzigen stimmigen Satz zu Papier gebracht. Ebenso wenig hatte ich mit irgendeinem Familienmitglied einen intensiven Moment erlebt. Ich war in Gedanken woanders und für die anderen nur schwer zu ertragen. Das war mir klar. Aber ich konnte mich einfach nicht zusammenreißen, und das machte mich nur noch unzufriedener.

Der erste Pfeil war meine Unfähigkeit, mich angesichts des drohenden Abgabetermins, der äußeren Umstände und der Zwickmühle zwischen Arbeit und Familie auf mein Manuskript zu konzentrieren. Kein angenehmes Gefühl, zugegeben. Aber hätte ich mir klargemacht, dass diese Frustration nur 90 Sekunden lang dauern muss, hätte ich mir Stunden unproduktiver Übellaunigkeit ersparen können.

Leider war ich nicht so geistes-gegenwärtig und schoss den zweiten Pfeil ab (gefolgt von einem dritten, vierten und fünften). Der zweite Pfeil, das ist die Geschichte, die wir uns über die Situation erzählen. Dieser innere Dialog, in dem wir sie bewerten und Widerstände aufbauen. Das macht die ohnehin schwierige Lage noch bedrohlicher und wir werden von unserem Gefühlswirrwarr gefangen genommen. Als ich immer wieder gestört wurde, hatte ich Gedanken wie: Wie ungerecht, dieser Schnee! Ich war so darauf eingestellt, intensiv zu arbeiten! Das kann jetzt nicht sein! Wie soll ich rechtzeitig fertig werden? Nein, ich will jetzt nicht zum x-ten Mal Monopoly spielen, ich will arbeiten! Ist das so schlimm? Und so weiter, und so fort. Ich sagte nicht alles davon laut, aber die Botschaft kam trotzdem bei meiner Familie an.

Leider war... Leiden ist Schmerz mal Widerstand.

Shinzen Young, Meditationslehrer

War meine Reaktion lächerlich? Habe ich die Situation dramatisiert? Ja! Wir alle tun das. Ständig. Beobachte dich, wenn du das nächste Mal in eine ähnliche Lage kommst. Du wirst es genauso machen. Das ist menschlich. Aber wenn wir den zweiten Pfeil erkennen, ihn benennen können, ihn akzeptieren können (denn er ist bereits unterwegs), wenn wir ihn neugierig beobachten können, verliert er seine Wirkung. Heute weiß ich: Ich hätte mir meine Enttäuschung und meinen Ärger eingestehen, mich bedauern – und dann meine Schreibpläne für diesen Tag begraben sollen.

90 Sekunden, kein zweiter Pfeil: Es wäre so einfach gewesen.

Das geschilderte Beispiel war ein harmloser Vorfall, der mich nicht weiter belastete. Aber was, wenn wir in eine wirklich schwierige Situation kommen? Die uns in Panik geraten lässt, uns das Herz bricht oder uns unglaublich wütend macht? Wie geht man damit um? Was, wenn unsere Gefühle uns ganz und gar überwältigen? Dann ist es noch wichtiger, bewusst zu reagieren.

Egal, was passiert: Wir hören nie auf zu atmen. Deshalb fokussieren wir uns auf den Atem, wenn wir meditieren. Er ist wie ein Anker, an dem wir unsere Aufmerksamkeit festmachen. Nicht, um unsere starken Emotionen zu verdrängen. Sondern, um so ruhig zu werden, dass wir mit ihnen umgehen können. Wenn wir es schaffen, 90 Sekunden lang auf unseren Atem konzentriert zu bleiben, geben wir dem akuten Gefühl Zeit, abzuklingen. Damit haben wir ein wertvolles

Werkzeug in der Hand. Egal, wie furchtbar wir uns fühlen, wir wissen: Wenn wir bewusst atmen, den Körper entspannen und den Geist auf das Heben und Senken unseres Brustkorbs lenken, können wir der Überwältigung standhalten.

Beruhigung in Schreckmomenten

Wenn du dich in einer unangenehmen Situation wiederfindest, beobachte, was in deinem Körper vorgeht. Wir haben ein individuelles Verhaltensmuster, das in diesem Moment abläuft. Wenn wir es kennen und erkennen, kann es uns wie eine Art Frühwarnsystem auf das Kommende vorbereiten. Nimm die Signale deines Körpers wahr, beobachte sie aufmerksam, finde heraus, wie sie sich zusammensetzen und ob sie sich verändern. Das Unwohlsein wird dadurch zwar nicht beseitigt, aber dieser Moment des ruhigen Beobachtens erlaubt es uns, zu überlegen, wie wir mit der Situation umgehen wollen.

Erinnere dich daran, dass sie nur 90 Sekunden dauert, wenn es dir gelingt, dich ganz auf deinen Körper und das Atmen zu konzentrieren. Zwinge dich dazu, mehrmals lang und tief Luft zu holen. Richte deine gesamte Aufmerksamkeit auf den Atem. Erde dich, indem du dem Rhythmus des Aus- und Einatmens nachspürst. Viele Menschen neigen spontan dazu, in Extremsituationen ihre Gefühle zu unterdrücken, was bedeutet, sich ihnen zu widersetzen. Viel besser ist es, sie zu akzeptieren – auch wenn das schwierig ist. Verstehe, dass akzeptieren nicht bedeutet, sie gut und richtig zu finden. Aber sie sind nun mal da, ob du es willst oder nicht. Also versuche, sie hinzunehmen und anzuerkennen. Je bewusster und ruhiger du bist, desto schneller wird der Ansturm vorübergehen. Du wirst dich vielleicht nicht gleich wieder gut fühlen, aber ruhig genug, um bewusst zu reagieren.

Mit dieser Pause der Achtsamkeit kannst du dir Verständnis und Mitgefühl schenken. Sie wird dir ein treuer Helfer sein, daher lege ich sie dir ganz besonders ans Herz. Möge sie dich in schwierigen Momenten leiten. Auf dass der zweite Pfeil in deinem Köcher bleibt.

In Schokolade ertrinken

(oder: Zu viel des Guten)

———

Glück ist ein Ort zwischen zu viel und zu wenig.

Finnisches Sprichwort

In den Monaten November und Dezember bin ich immer schwer beschäftigt: Shoppen, Besuche auf Weihnachtsmärkten, Geschenke machen und erhalten, Feiern mit Kolleg*innen und im Verein, Familientreffen, Rituale und, und, und. Wenn so viele schöne Dinge auf einmal anstehen, verfallen wir leicht in einen unbewussten Taumel und verlieren aus dem Blick, was eigentlich Sinn und Zweck dieser ganzen Aktivitäten ist. Der Schriftsteller Dan Harris nennt das sehr anschaulich „in Schokolade ertrinken": Man freut sich über die vielen Begegnungen, man liebt die Traditionen, aber was zu viel ist, ist zu viel!

Das ist natürlich ein Luxusproblem. Aber wir alle kennen es, und fast alle leiden darunter. Auch wenn wir wissen, dass wieder Zeiten kommen werden, in denen wir uns sehnlichst wünschen, in Schokolade zu ertrinken. Diese Pause der Achtsamkeit soll eine freundliche Erinnerung daran sein, herunterzuschalten und Wertschätzung für all die guten Dinge zu zeigen, die wie eine Sintflut über uns hereinbrechen. Sie ist ein sanfter Appell an dich, einzuhalten, durchzuatmen, dich nicht mehr als Roboter zu fühlen, sondern dir die Zeit zu nehmen, die Fülle zu erkennen und zu genießen, damit du dich später mit Freude daran zurückerinnern kannst.

Wenn dir das Schokoladebad zu viel wird, mach dir keine Vorwürfe, du wüsstest das Gute nicht zu schätzen. Begrüße dieses Gefühl als Gelegenheit, all diese positiven Momente, die dir das Leben gerade schenkt, zu würdigen und Dankbarkeit zu empfinden.

Achtsames Schokoladebad

1 Beglückwünsche dich, dass du erkannt hast, wie sehr dich diese Fülle des Guten überwältigt und überfordert.

2 Atme mehrmals tief ein und aus, um Körper und Geist zur Ruhe zu bringen. Komm zurück in das Hier und Jetzt, anstatt an die vielen Termine in der nächsten Zeit zu denken.

3 Registriere bewusst deine körperlichen Reaktionen (entspannte Muskeln, ein Lächeln, ein Gefühl der Leichtigkeit), deine Emotionen (Zufriedenheit, Stolz, Glück) und deine Gedanken.

4 Finde das Gefühl der Dankbarkeit in dir wieder.

Bevor du weitere Einladungen annimmst, solltest du vielleicht die Kuchenpause (S. 177) kennenlernen. Sie ist eine gute Hilfe, wenn man dazu neigt, sich zu übernehmen. Halte Ausschau nach weiteren Gelegenheiten, vom bloßen Funktionieren auf bewusstes Erleben umschalten zu können – und genieße alles, so gut du kannst.

Partnerschaft

(oder: Was habe ich in letzter Zeit für dich getan?)

Wenn wir uns auf unsere Dankbarkeit konzentrieren, weicht die Flut der Enttäuschungen zurück und die Flut der Liebe strömt herein.

Kristin Armstrong, Radrennfahrerin

Willst du wissen, was für eine aufregende Idee mein Mann kürzlich hatte, um mich zu verwöhnen? (Jetzt bist du neugierig, wetten?) Nein, er hat mich nicht zu einem romantischen Dinner (ohne Kinder) eingeladen. Und auch kein Liebesgedicht für mich verfasst. Meine bessere Hälfte hat am Samstagvormittag dreieinhalb Stunden damit verbracht, den mehrseitigen Antrag meiner Tochter auf Studienbeihilfe auszufüllen. Ganz genau. Wenn du dieses wichtige Prozedere im Leben einer Highschool-Absolventin noch nie durchgestanden hast, sei gewarnt: Es ist ungefähr wie seine Steuererklärung machen, nur nicht so lustig … Ich kann dir gar nicht sagen, wie wundervoll es sich anfühlte, als mir diese Aufgabe abgenommen wurde.

Warum ich eine Pause der Achtsamkeit für Partner in dieses Buch aufgenommen habe? Wenn unser Privatleben leidvoll, konfliktreich oder unbefriedigend ist, lässt sich das nicht einfach abschütteln, wenn wir in unser Arbeitsleben wechseln. Unsere Reserven an Geduld und Toleranz sind angegriffen, unsere emotionale und geistige Energie ist erschöpft, und unsere Gedanken wandern ständig zu den Problemen zu Hause zurück. Wir sind vielleicht fähig, die Partnerschaftskonflikte zeitweise zu vergessen, wenn wir mit einem besonders anspruchsvollen Projekt beschäftigt sind. Doch eine stabile, glückliche Beziehung ist ganz sicher eine bessere Basis, um im Beruf sein Bestes zu geben. Außerdem macht sie unser Privatleben befriedigender und erfüllter, was wiederum zu einer ausgeglichenen Work-Life-Balance beiträgt.

Mit seiner guten Tat verdiente sich mein Ehemann ein paar Brownie-Punkte, dazu eine Rückenmassage und ein Sixpack seines Lieblingsbiers aus der Mikrobrauerei im Ort. Er meinte zwar, bei dieser Entlohnung hätte er nichts dagegen, so eine Aufgabe jede Woche zu erledigen, aber wir wussten beide, dass sie ihren Reiz bald verloren hätte.

Seine Beschäftigung mit dem quälenden Papierkram war ein Ausdruck von Liebe in einer der „fünf Sprachen der Liebe", die der Psychologe und Beziehungsexperte Gary Chapman in seinem gleichnamigen Buch beschreibt: Worte der Anerkennung (Ich liebe dich; ich danke dir für …, ich schätze an dir, dass …); Geschenke, die von Herzen kommen (und nicht teuer sein müssen – eine handschriftliche Botschaft oder ein Paar Ohrringe vom Flohmarkt genügen); Unterstützung (Ölwechsel an deinem Auto, Abendessen zubereiten) gemeinsame Zeit (das Handy bleibt aus) und körperliche Berührung (Zärtlichkeit, Sex).

Wir alle haben eine oder zwei bevorzugte Sprachen, in denen uns unser Partner seine Liebe bekunden soll. Leider erkennen wir oft nicht, dass das eben *unsere* Favoriten sind, aber nicht unbedingt die, die unser Partner am besten beherrscht oder am meisten schätzt. Ich finde zum Beispiel Geschenke wirklich toll. Folglich verwende ich viel Zeit darauf, für meinen Mann etwas Passendes zu finden – und bin dann enttäuscht und verletzt, wenn ich nur ein lahmes Dankeschön für etwas bekomme, das sich für mich wie ein großer Liebesbeweis anfühlt. Wenn ich mir nun klarmache, dass die bevorzugte Liebessprache meines Mannes Zeit für uns beide ist, verstehe ich, dass ich mir besser ein paar Stunden freischaufele, um etwas mit ihm zu unternehmen oder einfach nur zu reden. Wenn ich mich seiner Sprache der Liebe bediene, fühlt er sich besser verstanden, geschätzt und mit mir verbunden.

Unabhängig davon, wie wichtig uns die Karriere ist, müssen wir einen bestimmten Teil unserer Zeit, Energie und Aufmerksamkeit für unseren Partner reservieren. Wenn wir uns zu sehr auf uns selbst konzentrieren und ihn oder sie vergessen, ist die Gefahr groß, dass wir uns bald in einer Situation wiederfinden, wie sie Janet Jackson in *What have you done for me lately?* (Was hast du in letzter Zeit für mich getan?) besang. Mit der Pause der Achtsamkeit für den Partner drehen wir den Spieß um. Statt uns zu beklagen, fragen wir uns: Was habe *ich* in letzter Zeit für *dich* getan?

Wenn deine Beziehung noch frisch ist und sich wie ewige Flitterwochen an- fühlt, brauchst du diese Erinnerung vielleicht noch nicht, auch wenn man dem Partner nie genug Achtsamkeit entgegenbringen kann. Aber wenn ihr schon eine Weile zusammen seid, weißt du, dass sich das wahre Leben immer wieder in die Beziehung drängt. Die Pause der Achtsamkeit für den Partner eignet sich übrigens nicht nur für Herzallerliebste, du kannst auch Kolleg*innen, Freunde oder Familienmitglieder damit bedenken. Wir alle brauchen die Bestätigung, ge- schätzt und geliebt zu werden. Das Konzept der fünf Sprachen der Liebe hört sich simpel an. Aber die Anwendung hat eine unglaublich starke Wirkung, die dein Leben verändern kann.

Achtsamkeit für den Partner

Ich empfehle dir, deinen Partner in diese Pause einzubeziehen. Wer wird nicht gerne gefragt, wie man ihm Liebe zeigen kann? Ganz zu schweigen davon, dass du ihm damit auch auf die Sprünge helfen kannst, wenn es darum geht, welches deine Lieblingssprache der Liebe ist. Eine Win-win- Situation!

1 Überlege, welche Sprache der Liebe *dich* am meisten anspricht (oder welche beiden, wenn du dich nicht für eine entscheiden kannst).

2 Finde heraus, welches die Lieblingssprache deines Partners ist – ent- weder durch Nachfragen oder durch Einfühlung (ich empfehle Ersteres!).

3 Probiere aus, auf welche Weise du deinem Partner deine Liebe in sei- ner Sprache zeigen kannst. Beobachte seine Reaktionen und genieße die Befriedigung, die deine Liebesbeweise ihm und dir verschaffen. Freue dich darüber, wie eure Beziehung aufblüht.

4 Wenn dein Partner versucht, sich durch deine Lieblingssprache zu äu- ßern, würdige diese Absicht und bedanke dich für seine Bemühungen.

5 Lege diese Pause immer wieder einmal ein, um nachzuprüfen, welche Sprache der Liebe aktuell gefragt ist. Denn das kann sich je nach Lebensphase ändern. (Bevor ich Kinder hatte, war meine Lieblingssprache Zärtlichkeit, in- zwischen steht Hilfsbereitschaft eindeutig auf Platz 1.)

6 Wenn du diese Pause Freund*innen oder Kolleg*innen widmen möchtest, bemühe dich, ihre bevorzugte Sprache herauszufinden, und zeige ihnen dann auf diese Weise deinen Respekt und deine Zuneigung. Damit wirst du mehr Erfolg haben, als wenn du auf deine eigene Sprache zurückgreifst.

7 Gehe mit Spaß an die Sache heran und lass dir etwas einfallen! Ich habe das Gefühl, mein Mann wird wieder nach einer Gelegenheit suchen, mir Behördenkram abzunehmen – und damit ganz sicher bei mir punkten!

Fliegende Hitze

Frauen sind wie Teebeutel. Erst wenn du sie ins heiße Wasser wirfst, weißt du, wie stark sie sind.

Eleanor Roosevelt, Menschenrechtlerin

Diese Pause der Achtsamkeit soll uns abkühlen, wenn unser inneres Thermometer aus welchen Gründen auch immer verrückt spielt. Wir fühlen Hitze aufsteigen, wenn wir bei einem Vorgesetzten ins Fettnäpfchen getreten sind. Oder wenn wir uns während einer Präsentation selbst unter Druck setzen. Oder weil im Großraumbüro die Heizung ständig voll aufgedreht ist. Oder weil wir gerade von unserem 5-Minuten-Spaziergang (S. 80) zurückkommen. Vielleicht ist sogar der süße Barista schuld, der uns gerade einen Espresso serviert hat.

Diese Pause der Achtsamkeit ist grundsätzlich für alle geeignet. Aber besonders empfänglich sind vielleicht Frauen „reiferen Alters", wenn ich das mal so ausdrücken darf. Wenn du zu meinen jüngeren Leserinnen gehörst, lies trotzdem weiter! Auch wir Älteren konnten uns früher nicht vorstellen, dass wir einmal in diese Situation kommen würden. Ich bin noch immer überrascht und verwirrt, wenn es mich wieder einmal erwischt. Aber ich gewöhne mich langsam daran. Verstehe mich nicht falsch – abgesehen von Hüftgold, Winkearmen und unberechenbaren Stimmungsschwankungen ist diese sehr spezielle Lebensphase gar nicht so schlecht. Wir haben Erfahrungen gesammelt und daraus gelernt, wir haben Karriere gemacht, wir sind weise geworden und können unser Wissen weitergeben. Aber es gibt ein Phänomen, das uns die sonst so spannenden Wechseljahre etwas verdirbt: die berühmt-berüchtigten Hitzewallungen!

Falls du noch keine Bekanntschaft damit gemacht hast, hier eine kurze Erklärung, was dabei in unserem Körper abläuft: „Hitzewallungen werden gewöhnlich durch die abnehmende Östrogenproduktion während der Perimenopause ausgelöst. ... [Sie] beginnen meist mit einem Wärmegefühl, das sich zu einem Gefühl starker Hitze steigern kann, normalerweise in Kopfhaut, Gesicht und Brustbereich. Eine Wallung kann begleitet werden von Kribbeln, Übelkeit, Herzklopfen oder Schweißausbrüchen."[14] Hört sich verlockend an, oder? Jede Frau geht ihren eigenen Weg durch die Menopause. Doch laut Statistiken der Johns Hopkins University haben 75 Prozent Phasen, in denen sie regelmäßig mit diesen unangenehmen Attacken kämpfen.[15]

Bei mir und meinen Freundinnen ist die fliegende Hitze momentan ein heißes (!) Thema. Eine dieser wunderbaren Frauen wird davon so oft überwältigt, dass sie mittlerweile 20 Sekunden vorher spürt, wenn eine Hitzewelle im Anmarsch ist. Das gibt ihr gerade genug Zeit, um schnell ein paar Kleidungsstücke auszuziehen (ohne die Grenzen des Anstands zu verletzen), ein kühlendes Getränk zu sich zu nehmen oder sich unauffällig frische Luft zuzufächeln, um den Temperaturanstieg einigermaßen im Zaum zu halten. Die gute Nachricht ist: Ganz so schlimm muss es nicht kommen. Wir haben zwar keinen Einfluss darauf, ob wir betroffen sind oder nicht. Aber wenn wir unseren allgemeinen Stresslevel senken, können wir lernen, diesen unberechenbaren feurigen Attacken ihre Intensität zu nehmen. Häufigkeit und Stärke der Hitzewallungen können durch stressreduzierende Übungen beeinflusst werden.

Wenn unsere innere Temperatur aus welchen Gründen auch immer ansteigt, können wir sie wieder senken. Denn auch dafür, liebe Freundin, gibt es eine Pause der Achtsamkeit, die garantiert wirkt. *Sitali Pranayama*, die Technik des kühlenden Atmens, kann jederzeit und überall angewandt werden. Wenn wir sie regelmäßig praktizieren, werden wir weniger und seltener unter fliegender

Hitze leiden. Je mehr Übung du darin hast, desto schneller und effektiver kannst du im Bedarfsfall reagieren.

Achtsame Pause bei fliegender Hitze

1 Setze oder stelle dich bequem, aber aufrecht hin.

2 Entspanne dich und versuche, das Unausweichliche zu akzeptieren. Wenn du dich innerlich gegen die Hitzewallung, das rote Gesicht, den Schweißausbruch wehrst, verkrampft sich dein Körper und die Symptome werden nur schlimmer.

3 Öffne leicht den Mund und spitze die Lippen, als ob du pfeifen wolltest.

4 Atme langsam ein und spüre, wie die kühle Luft über die Zunge streicht und in die Lungen wandert.

5 Schließe den Mund und atme langsam durch die Nase aus.

6 Wiederhole das so oft wie nötig.

Schlafenszeit

Müde + wütend = mütend. Diesen Ausdruck hat meine Familie geprägt, zur Beschreibung jenes Furcht einflößenden Gemütszustands, in den ich gerate, wenn ich übermüdet bin. Nachdem ich meinen Sechsjährigen zu Bett gebracht habe, setze ich mich mit meiner Tochter und meinem Mann hin, um einen Film anzuschauen. Obwohl ich mich anstrenge, wach zu bleiben, kippt nach einer Weile mein Kopf nach vorn. Dann weiß ich, es ist höchste Zeit. Mit ersterbender

Stimme stöhne ich: „Ich muss jetzt *sofort* ins Bett!" Würde einer von ihnen es wagen, mich aufhalten zu wollen („Nur noch eine Viertelstunde bis zum Ende."), würde mein Kopf herumfahren, meine Augen begännen rot zu glühen und *zack!* wäre ich eine *mütende* Bestie! Rette sich, wer kann! Da ich meine Grenzen kenne und normalerweise rechtzeitig ins Bett gehe, kommt das zum Glück selten vor. (Auch wenn meine Familie hier einhaken und sagen würde: Einmal ist einmal zu viel!) Wenn dir dieser Zustand bekannt vorkommt, weißt du jetzt wenigstens, wie du ihn nennen kannst.

Für manche von uns hat Zubettgehen nichts mit Müdigkeit zu tun, sondern mit Ängsten, die aufsteigen, und Gedanken, die durcheinanderwirbeln. Der Körper kommt vielleicht zum ersten Mal an diesem Tag zur Ruhe, der Geist dagegen kann immer noch nicht abschalten. Andere sind total erschöpft, schieben aber die Schlafenszeit immer weiter hinaus, obwohl ihnen bewusst ist, dass das auf lange Sicht nicht gut sein kann. Wie oft opfern wir aktiven Frauen unseren Schlaf für berufliche oder gesellschaftliche Verpflichtungen (FOMO – *fear of missing out*, die Angst, etwas zu verpassen – lässt grüßen). Doch das Opfer ist vergeblich, im Endeffekt leidet unsere Work-Life-Balance nur darunter. Ein Erwachsener braucht täglich zwischen sieben und neun Stunden Schlaf. Aber viele von uns meinen, auch mit weit weniger auszukommen. Um der Arbeit willen riskieren sie ihre Gesundheit – oder reden sich ein, dass es nicht anders geht.

Aber mit Schlafmangel ist nicht zu spaßen. Er kann unserer körperlichen, geistigen und emotionalen Gesundheit ernsthaft schaden. Ein Schlafpensum von weniger als sieben Stunden hat negative Auswirkungen auf unser Reaktionsvermögen, unsere Leistungsfähigkeit und unsere Kreativität. Chronischer Schlafmangel, so heißt es auf der Website von Medical News Today, kann das Immunsystem schwächen, unser Hungergefühl steigern (was zu Gewichtszunahme führt), reizbar machen, die Konzentrationsfähigkeit herabsetzen und langfristig Depressionen und Herz-Kreislauf-Erkrankungen verursachen.[16] Eine ansehnliche Liste! Jetzt bist du sicher hellwach!

Zugegeben, einen tiefen, erholsamen Schlaf kann man nicht erzwingen. Aber wir können die Voraussetzungen dafür schaffen und sollten das auch so oft wie möglich tun. Meine Pause des achtsamen Zubettgehens wird dir helfen, sanft ins Reich der Träume hinüberzugleiten.

Achtsames Zubettgehen

Nutze nur die Tipps, die dich ansprechen.

• Versuche mit allen Kräften zu vermeiden, *mütend* zu werden. Mein dringender Rat: Wenn du müde wirst, wehre dich nicht dagegen, sondern geh schlafen!

• Lege dir ein Notizbuch auf den Nachttisch, um Gedanken festzuhalten, To-do-Listen zu schreiben oder zu notieren, was du nicht vergessen willst. Indem du diese Dinge aus deinem Kopf auf das Papier bringst, leerst du dein Gehirn und es kann besser abschalten.

• Schreibe drei Erfolgserlebnisse und drei Dankbarkeiten auf, die dir der Tag beschert hat.

• Nimm ein paar tiefe Atemzüge. Dehne und strecke deinen Körper, aber sanft, sodass er nicht angeregt, sondern ruhig wird und sich entspannt.

• Verbanne Arbeit und Bildschirm aus deinem Schlafzimmer, halte es kühl und sorge für eine intime Atmosphäre. Nimm in den Stunden vor dem Zubettgehen möglichst wenig Nahrung und Alkohol zu dir.

• Meditiere fünf Minuten lang (siehe „Meditation – ganz anders, als du denkst", S. 27).

• Mach einen Bodyscan im Liegen (S. 52).

• Lies ein inspirierendes Sachbuch oder einen stimmungsvollen Roman. Das ist nicht der richtige Zeitpunkt für den neuesten Thriller. Finde eine Lektüre, die dich friedlich einschlummern lässt.

• Wenn du nicht einschlafen kannst, versuche es mit der Pause des achtsamen Wachens (S. 96).

Ich wünsche dir einen tiefen, erholsamen Schlaf – und dass du nie mehr mütend bist!

Hellwach

(oder: Die 4-7-8-Atmung)

Ich liebe meine Frauenärztin! Hm. Hört sich irgendwie seltsam an. Was ich damit meine, ist: Sie hat mich viele Jahre lang und durch verschiedene Phasen meines Lebens aufmerksam begleitet und ist mir ans Herz gewachsen. Ihre Freundlichkeit und unsere Vertrautheit machen die jährlichen Kontrolluntersuchungen weniger unangenehm. Seitdem die Wechseljahre eingesetzt haben, erkundigt sie sich auch nach der Qualität meines Schlafs. „Leiden Sie unter Schlaflosigkeit?", fragt sie. Ich habe das Gefühl, sie wartet nur darauf, dass ich diese Frage mit „Ja" beantworte. Nicht, dass sie mir das wünschen würde. Aber sie scheint davon auszugehen, dass auch ich früher oder später zu den Frauen reiferen Alters gehören werde, die mit Schlafschwierigkeiten kämpfen.

„Nicht, wenn die anderen mich schlafen lassen", lautet meine Antwort. Was auch stimmt. Wenn meine jugendliche Tochter nicht um elf Uhr abends in der Küche herumfuhrwerkt, mein kleiner Sohn nicht von Monstern träumt und der Hund nicht vor dem nächsten Morgen Gassi gehen muss, dann kann ich schlafen. Einzuschlafen ist nie ein Problem. Aber wenn ich durch irgendetwas geweckt werde und länger als vier Sekunden wach bleibe, werde ich mit an Sicherheit grenzender Wahrscheinlichkeit die nächsten paar Stunden die Zeiger auf dem Zifferblatt verfolgen, bis ich wieder einschlafen kann. Manchmal empfinde ich diese Wachphase als friedlich. In der Stille der Nacht kann ich meine Gedanken schweifen lassen. Aber es kommt auch vor, dass sich mein Gedankenkarussell zu drehen beginnt, immer schneller wird und ich keine Gewalt mehr darüber habe. Dann werden all die kleinen Sorgen des vergangenen Tages hochgewirbelt, plustern sich auf und ballen sich zu immer größer werdenden Ängsten zusammen. Wenn ich an diesem Punkt angekommen bin, ist meine Vernunft völlig außer Kraft gesetzt und die entfesselte Dramaqueen in mir lässt sich nicht mehr beruhigen. Das ist der Moment, in dem ich die Pause des achtsamen Wachens, auch 4-7-8-Atmung genannt, aus der Schublade zaubere. Sie nimmt – bildlich gesprochen – das oben erwähnte hysterische Wesen bei der Hand und führt es in das Reich der Träume zurück. Wenn auch du trotz aller Bemühungen mitunter mitten in der Nacht nicht (wieder) einschlafen kannst, wird diese Pause der Achtsamkeit auch dir zu Hilfe kommen.

Pause des achtsamen Wachens

- Nimm dir einen Moment Zeit und lenke deine Aufmerksamkeit auf deinen Körper. Mach einen kurzen Bodyscan und lockere verspannte Muskeln.

- Lege deine Zunge hinter die Zähne des Oberkiefers und lasse sie dort.

- Atme langsam durch die Nase ein und zähle dabei bis vier. Halte den Atem an und zähle dabei bis sieben. Nun atmest du durch den Mund aus und zählst dabei bis acht. Wiederhole diesen Vorgang, so oft du willst.

- Kehre zwischendurch zu deinem Körper zurück und versuche, alle Muskeln zu entspannen.

- Die 4-7-8-Atmung ist nicht zu vergleichen mit einem chemischen Schlafmittel, das dich innerhalb von Minuten ins Reich der Träume schickt, ohne dass du etwas dafür tun musst. Aber sie kann das Gedankenkarussell zum Stillstand bringen, das vielleicht auch in deinem Körper für Unruhe sorgt.

- Wenn Körper und Geist ruhig geworden sind, kannst du vielleicht ein paar Seiten (in einem passenden Buch) lesen. Oder du machst einen ausführlicheren Bodyscan im Liegen (S. 52).

- Denk daran, dass sich Schlaf nicht erzwingen lässt. Mach dir keine Vorwürfe, denn das würde das Einschlafen nur noch weiter erschweren. Ruf dir in Erinnerung, dass wir zäher sind, als wir glauben und auch dann noch einigermaßen funktionieren, wenn wir nicht unsere volle Schlafration gehabt haben. Tu alles, was du dazu beitragen kannst, dass der Schlaf zu dir kommt.

Träume süß, liebe Freundin!

KAPITEL 2

Sammle Kraft

Sobald es uns gelungen ist, durch Achtsamkeit zur Ruhe zu kommen, können wir auch wieder Visionen entwickeln, das Leben intensiver genießen und an unserer Work-Life-Balance arbeiten. Dabei sollten wir vor allem darauf achten, dass wir uns nicht selbst im Weg stehen. Wir haben uns vielleicht wunderbare Ziele gesetzt, die auch gut auf uns zugeschnitten sind. Doch wenn wir gewisse, ebenfalls von uns selbst errichtete Hindernisse in Form von Selbstzweifeln und ungeeigneten Denkmustern nicht beseitigen, werden diese Ziele unerreichbar bleiben. Nach diesen Hindernissen müssen wir fahnden und sie aus dem Weg räumen. Nur dann können wir aufblühen, uns weiterentwickeln und unsere Pläne verwirklichen.

Hier kommen die Pausen zum Kraftsammeln ins Spiel, kurze Übungen, die dich sanft auf Dinge aufmerksam machen, die dich daran hindern, dich selbst zu verwirklichen. Das können Vorurteile sein, Unsicherheit und Selbstzweifel oder mangelndes Durchsetzungsvermögen. Daran musst du arbeiten, wenn deine Pläne von Erfolg gekrönt sein sollen. Die Pausen in diesem Kapitel werden dir in kleinen Schritten zu mehr Energie verhelfen, dein Selbstvertrauen stärken und deine kommunikativen Fähigkeiten verbessern. Du wirst auf einfache und spielerische Weise lernen, Bestform zu erreichen, effizient zu arbeiten, effektiv zu kommunizieren und deine Komfortzone zu verlassen. Die Pausen zum Kraftsammeln verleihen dir die Extraportion Achtsamkeit, die du brauchst, um es mit der Welt da draußen gelassen und voller Selbstvertrauen aufzunehmen.

Keine Angst vor Fehlern: Es gibt keine!

Wenn du keine Ahnung hast, was du tust, passieren großartige Dinge.

Dave Grohl, Rockmusiker

K eine Angst vor Fehlern: Es gibt keine!" Zu schön, um wahr zu sein, denkst du? Nein, gar nicht. Einer meiner größten Fehler führte im Endeffekt dazu, dass ich mein erstes Buch veröffentlichte. Das berühmte Zitat von Miles Davis hängt gerahmt in meinem Büro und erinnert mich daran, dass vermeintliche Fehler Lektionen in Sachen Lebenserfahrung sind. Auch wenn du sie im Moment als katastrophal empfindest, als schmerzlich und nicht wiedergutzumachen. Natürlich gibt es auch in meinem Leben Entscheidungen, die ich im Nachhinein zurücknehmen würde, wenn das möglich wäre. Trotzdem können wir aus allen Verirrungen lernen, vieles noch korrigieren und unsere neuen Erkenntnisse in künftige Entscheidungen und Handlungen einfließen lassen.

Achte darauf, mit welchen Worten du das, was du Fehler nennst, beschreibst. Oft halten wir Gedanken für Tatsachen, ohne es zu merken. So kann sich ein einfacher Fehltritt schnell in totales Versagen verwandeln, wenn unsere Beurteilung ohne Achtsamkeit erfolgt. Versagen hat etwas Endgültiges. Wie oft habe ich beobachtet, dass jemanden die Angst, erneut zu versagen, vollkommen lähmt. Deshalb lasse ich das Wort nur zu, wenn es gedanklich in Anführungszeichen gesetzt wird, und habe mir angewöhnt, es „das V-Wort" zu nennen. Der Versuch, Begriffen „Fehler" und „Versagen" einen neuen Sinn zu geben, nämlich sie als Gelegenheit zu sehen, etwas zu lernen, ist produktiver, motivierender und gesünder, als sich mit Selbstvorwürfen zu quälen.

Die Bereitschaft zum Risiko, Fehler zu machen oder zu versagen, ist bei uns allen unterschiedlich ausgeprägt. Manche schrecken vor dem kleinsten Wagnis zurück, andere sind geradezu süchtig nach diesem Thrill. Meistens liegen wir irgendwo zwischen diesen beiden Extremen, mit einer deutlichen Tendenz zur einen oder anderen Seite. Ideal wäre es, genau in der Mitte zu liegen: Wir würden überlegte Entscheidungen treffen und uns nicht von Ängsten behindern lassen.

Als ich jünger war und immer besorgt, alles richtig zu machen, ging ich gewöhnlich auf Nummer sicher. Inzwischen bin ich fähig, mir immer mal wieder einen Ruck zu geben und mich in Richtung Mitte zu bewegen. Wie alles Neue machte mir das zu Anfang ziemlich Angst. Aber je öfter ich es tat, desto leichter fiel es mir. Und noch etwas: Selbst als ich noch eine absolute Risikovermeiderin war, ist mir nicht alles gelungen. Unsere Misserfolge verdienen genauso viel (wenn nicht sogar mehr) Beachtung wie unsere Erfolge. Denn Erfolg ist alles andere als linear. Colin Jost, Stammmitglied der Comedyshow *Saturday Night Life,* bringt es (besser, als ich es je könnte) auf den Punkt: „Wir müssen damit rechnen, dass Fortschritt keine kontinuierlich ansteigende Gerade ist, sondern eine Achterbahn, die uns vor Freude aufschreien lässt und im nächsten Moment den Magen umdreht." Wie wahr!

Ein paar Jahre nachdem ich meine Psychotherapiepraxis eröffnet hatte, bekam ich das Angebot, einer Praxisgemeinschaft beizutreten. Besonders verlockend fand ich, dass dort eine groß angelegte Kampagne für Achtsamkeitsarbeit geplant war und dass sich mein Verwaltungsaufwand merklich verringern würde. Nach langem Überlegen sagte ich zu. Die Gelegenheit schien zu gut, auch wenn die neue Situation es mit sich brachte, dass ich meine Lehrtätigkeit an einem bekannten Institut für Achtsamkeit aufgeben musste. Das tat weh, denn zu vielen Kolleg*innen hatte ich ein inniges, freundschaftliches Verhältnis aufgebaut. Meine Kündigung wurde dort nicht gut aufgenommen und beschädigte einige dieser Beziehungen spürbar.

Das Räderwerk kam in Bewegung, als ich begann, die vielen Aufgaben in Angriff zu nehmen, die so ein Wechsel mit sich bringt. Kurz vor dem Umzug bekam ich ernsthafte Zweifel, ob ich dieser Praxisgemeinschaft wirklich beitreten wollte. Ich weiß noch, wie ich nach einer langen Radtour nach Hause kam und eine Beklemmung fühlte, die mir die Luft abschnürte. Vorsichtig sprach ich das Thema bei meinem Mann an. Ich war mir nicht sicher, ob es sich nur um normale Ängste vor einem Umbruch handelte oder ob mir meine Intuition sagen wollte, dass hier ein größeres Problem vorlag. Durch das Gespräch mit ihm bestärkt, blieb ich bei meinem Entschluss – außerdem hatte ich ja bereits unterschrieben. Ich verbannte mein ungutes Gefühl und versuchte, mich auf die Vorteile zu freuen, die ich mir erhoffte. Doch wie vorauszusehen war, dauerte es nicht lange, bis ich erkannte, dass meine Intuition recht gehabt hatte. Diese Praxisgemeinschaft und ich, wir passten einfach nicht zusammen.

Liebe deine Fehler genauso wie deine Erfolge.
Ohne Fehler gäbe es keine Erfolge.

Verfasser unbekannt

In der Anfangszeit hatte ich nicht sehr viele Klienten. Die Lücken in meinem Terminkalender nutzte ich zum Bloggen. Ursprünglich wollte ich damit unser Achtsamkeitsprogramm bekannt machen. Ich schrieb über Themen, die meinen Klienten am Herzen lagen: über meine Erfahrungen als Mutter von zwei Kindern und darüber, wie mir die Achtsamkeitsarbeit half, mental gesund zu bleiben. Ich schrieb und schrieb, die Ideen sprudelten nur so aus mir heraus, und irgendwann stellte ich fest, dass das angesammelte Material locker für ein ganzes Buch reichte. Ich fasste den Plan, außerhalb meiner Psychotherapie- und Achtsamkeitsarbeit in der Praxis Workshops anzubieten. Das kam bei meinen Kollegen überhaupt nicht gut an. Sie erklärten mir klipp und klar, dass Workshops auf eigene Faust nicht infrage kämen. Damit war die Sache entschieden. Wenn ich nur einen Funken Selbstrespekt hatte, konnte ich nicht länger bleiben. Auch wenn ich nicht im Geringsten darauf vorbereitet war, ging das Ganze von vorne los: Ein Wust an lästigen Formalitäten, um wieder eine eigene Praxis zu eröffnen. Ängste. Kein sicheres Einkommen. Ein Neubeginn, wieder einmal.

Ich habe es überlebt! Nach ein paar schwierigen Monaten sah ich Land. Ich fand wunderschöne, lichte, Zen-artige Praxisräume, die viel näher an meinem Zuhause lagen als die alten. Ich klärte einige Dinge und brachte auch die angeschlagenen Beziehungen zu meinen Ex-Kolleg*innen wieder in Ordnung. Ich bloggte weiter, fand einen Literaturagenten und konnte einen Vertrag mit einem renommierten Verlag abschließen. Mein „Versagen" hatte mich aus meiner Selbstzufriedenheit gerissen und dazu gezwungen, etwas Neues in Angriff zu nehmen, was mir sonst nie eingefallen wäre. Davon profitiere ich bis heute. Ich bin dankbar, dass ich unabhängig bin, dass ich mit Menschen zusammenarbeite, die ich mir gesucht habe, dass ich selbst über meine Zeit bestimmen kann, dass ich meiner Neugier folgen und alles ausprobieren kann, was mich inspiriert.

Achtsamer Umgang mit „Fehlern"

1 **Finde heraus, wie groß deine Risikobereitschaft ist.** Bist du eher ängstlich und überlegst lange hin und her, bevor du eine Entscheidung triffst? Bedauerst du manchmal, die Gelegenheit zu einem kleinen oder großen Abenteuer nicht am Schopf gepackt zu haben? Oder kommt es häufiger vor, dass du eine impulsiv getroffene Entscheidung bereust? Bist du süchtig nach dem Adrenalinkick spontaner Aktionen? Egal, was für ein Typ du bist, verurteile dich nicht und mache dir keine Vorwürfe für frühere Entscheidungen. Nicht Selbstkritik ist hier gefragt, sondern wohlwollende Selbsteinschätzung. Erst wenn wir uns akzeptieren, können wir einen achtsamen, positiven Wandel bewirken.

Wenn du eher risikoscheu bist, solltest du versuchen, mit kleinen, überschaubaren Schritten aus deiner Komfortzone zu kommen. Sicher wirst du dabei mehr Fehltritte machen, als wenn du weiter deinem Sicherheitsbedürfnis folgen würdest. Aber du wirst auch mehr erleben und deine Fähigkeiten besser entfalten können.

Wenn du zu den Risikofreudigen gehörst, rate ich dir, kurz innezuhalten und auf die Signale deines Körpers zu achten, bevor du einen Sprung ins Ungewisse tust. Was wollen sie dir sagen? Versuche, dein Bauchgefühl zu analysieren, und beziehe es in deine Entscheidungen mit ein.

2 **Soll ich oder soll ich nicht?** Egal, ob du das Risiko liebst oder fürchtest, der erste Schritt ist immer: zur Ruhe kommen. Nur dann kannst du die wertvollen Informationen, die dir dein Körper gibt, erkennen. Bleib stehen, sitzen oder liegen und suche im Geist deinen ganzen Körper ab. Sei neugierig auf seine Zeichen und merk dir deine Beobachtungen.

Lass dich nicht entmutigen, wenn es dir schwerfällt, körperliche Reaktionen zu erkennen. Mit jeder Wiederholung dieser achtsamen Pause wirst du deinen wunderbaren Körper besser kennenlernen und herausfinden, was „normal" ist und was nicht. Starke Emotionen machen sich vor allem in den Bereichen Kopf, Magen und Unterleib bemerkbar. Vielleicht entdeckst du verspannte Muskeln. Oder du fühlst dich, als ob ein Elefant auf deiner Brust Platz genommen hätte. Oder es kribbelt im Bauch. Diese unangenehmen Empfindungen sind meistens ein Hinweis auf eine unkluge Entscheidung. Wenn dir dein Körper dagegen Wohlbefinden signalisiert und deine Muskeln entspannt sind, bist du wahrscheinlich auf dem richtigen Weg.

Auch wenn du keine Schwierigkeiten hast, die Signale deines Körpers wahrzunehmen, wirst du nicht immer gleich erkennen, was sie dir sagen wollen. Oder du willst es – wie in meinem Fall – nicht wahrhaben (aus Angst, Bequemlichkeit oder Sturheit). Wir wissen, dass fast jede Veränderung Angst mit sich bringt. Deshalb geht es nun darum, zu unterscheiden, ob dein Körper dir lediglich diese „Grundangst" signalisiert (dann tu's!), oder ob hier deine Intuition am Werk ist, die „Nein!" schreit (dann überleg's dir gut!). Keine leichte Aufgabe, aber mit der Zeit bekommst du Übung. Auch wenn du nicht immer ins Schwarze triffst, hast du zumindest dein Bestes getan. (Anmerkung: Es ist immer gut, auf deinen Körper zu hören, nicht nur, wenn du vor einer wichtigen Entscheidung stehst. Den Bodyscan beim Krisenmanagement einzusetzen ist hilfreich, aber es wäre schade, ihn darauf zu beschränken. Siehe dazu auch „Bodyscan am Schreibtisch", S. 52.)

3 **Wie du dich von einem „Fehler" erholst.** Atme tief ein und schenke dir selbst Mitgefühl für dein Leid (mehr zum Thema Mitgefühl erfährst du im Abschnitt zur „Pause der achtsamen Freundlichkeit" auf S. 55). Erinnere dich daran, dass du nicht allein bist. Jede von uns hat schon Ähnliches erlebt. Das hört sich im Moment wenig tröstlich an, hilft aber. Egal, ob du die Signale deines Körpers nicht erkannt, falsch interpretiert oder einfach ignoriert hast, du wirst auf jeden Fall etwas aus der Situation lernen, auch wenn nicht gleich klar ist, was. Manchmal kannst du auch einfach nichts anderes tun, als tief durchatmen, einen Fuß vor den anderen setzen und versuchen, dich nicht von deiner Angst überwältigen zu lassen. Eines ist sicher: Du wirst eine Erfahrung machen, daraus lernen und bei künftigen Entscheidungen auf das Gelernte zurückgreifen können.

Im Interview

Abbie Smith, Offiziersanwärterin an der US Military Academy

Abbie ist eine aufgeweckte, motivierte, 20-jährige Kadettin an der berühmten US-amerikanischen Militärakademie in West Point. Nur 23 Prozent der Studentenschaft sind Frauen. In den sechs Wochen Sommertraining zu Beginn, das den unmissverständlichen Spitznamen „Beast Barracks", kurz „Beast", trägt, wird ausgesiebt. Die Kadetten werden psychisch unter Druck gesetzt, um sie zu Höchstleistungen anzutreiben. Sämtliche Kontakte zur Außenwelt sind untersagt, Reden ist nur nach Aufforderung durch die Ausbilder erlaubt. Die Neuankömmlinge werden mit zahlreichen physischen und psychischen Herausforderungen konfrontiert, damit sie lernen, zu funktionieren. Sie gewöhnen sich an Stress und verändern dadurch ihr Stressempfinden. Mit der Zeit verwandelt sich Angst, die hemmend wirkt, in Begeisterung, die anspornt.

Abbie kennt ihre Stärken: ihr Glaube und Visualisierungstechniken, die sie erlernt hat. Außerdem hat sie gelernt, wenn nötig, um Hilfe zu bitten. Jede noch so schwierige Herausforderung ist für sie ein Teil von Gottes Plan, und sie versucht, so viel wie möglich daraus zu lernen. Sie hat herausgefunden, wie sie mit zielgerichteter Visualisierung ihr Leistungsvermögen positiv beeinflusst. Dabei geht sie schrittweise vor: Zuerst visualisiert sie ihren momentanen Zustand. Dann stellt sie sich vor, sie geht eine Treppe hinauf. Mit jeder Stufe entfernt sie sich weiter von der Realität und nähert sich einem Zustand maximaler Gelassenheit und Leistungsfähigkeit. Sobald sie völlig ruhig und fokussiert ist, stellt sie sich vor, die Treppe wieder hinunterzugehen, zurück in das Hier und Jetzt. Besonders hilfreich findet Abbie die Treppen-Visualisierung vor körperlichen Strapazen und in beängstigenden Situationen.

Abbie hat das Gefühl, als Frau in West Point besser sein zu müssen als ihre männlichen Kollegen. Besonders am Anfang wollte sie sich unbedingt beweisen, doch mittlerweile fühlt sie sich von allen respektiert. Ihre (männlichen) Ausbilder legen großen Wert auf Teamfähigkeit und achtsame Kommunikation. Spannungen und Probleme unter den Offiziersanwärter*innen werden angesprochen und geklärt. (Siehe dazu „Achtsame Kommunikation", S. 118.)

Das übergeordnete Ziel der Militärakademie von West Point ist es, Führungskräfte mit einer passenden Einstellung und entsprechenden Fähigkeiten auszubilden. Die Ausbilder, die den Kadett*innen in einem unterstützenden Lernumfeld zur Seite stehen, wissen, dass aus jedem Fehler wertvolle Lehren gezogen werden können, und ermuntern daher ihre Schützlinge sogar, solche zu machen. Abbie hat auch gelernt, eine Aktion nicht nur nach ihrem Erfolg zu beurteilen, sondern den gesamten Prozess zu schätzen und sich davon inspirieren zu lassen. Eine Haltung, die ich *achtsames Bewusstsein* nennen würde. Nach meiner Unterhaltung mit Abbie fühlte ich mich energiegeladen und optimistisch im Hinblick auf die Zukunft. Ihre innere Stärke war überzeugend.

———

Kleidung und Persönlichkeit

Du hast das Gefühl, nackt durch die Straßen zu laufen und zu viel von deinem Herzen, deinen Gedanken, deinem Inneren preiszugeben? Möglicherweise ist endlich der Moment gekommen, in dem du alles richtig machst.

Neil Gaiman, Schriftsteller

An mehreren Tagen der Woche arbeite ich zu Hause. In letzter Zeit hat sich dort ein ungewöhnlicher Dresscode etabliert: mein Halbtags-Kindergartenkind kommt vom Bus, stürmt ins Haus und reißt sich von seinen Star-Wars-Boxershorts abgesehen die Kleider vom Leib. Aber wenn ich darüber nachdenke, haben wir alle unsere Angewohnheiten und nicht wenige haben mit unserer Kleidung zu tun. Wir kommen von der Arbeit nach Hause, legen das Berufs-Outfit ab und schlüpfen in bequeme Sachen. Nach einem anstrengenden Tag gibt es nichts Schöneres. Ich kann nur empfehlen, sich etwas von diesem Komfort auch während der Arbeit zu gönnen.

Wahrscheinlich wird dir das, was du zur Arbeit trägst, niemals das gleiche Wohlbehagen vermitteln können, das mein Sohn in seinen Boxershorts verspürt oder du in deiner Jogginghose. Aber Extreme sind auch nicht notwendig. Worauf es ankommt, ist, dass dein Outfit gut aussieht und geeignet ist und dass du dich darin wohlfühlst. Für mich bedeutet das zum Beispiel, nicht auf zwölf Zentimeter hohen Absätzen zu balancieren. Ich sehe dabei aus wie ein Giraffenbaby, das zum ersten Mal auf seinen wackeligen Beinen steht. Da ist mir eine elegante, geschmeidige Gazelle als Vorbild schon lieber – ohne High Heels. Wir sollten uns achtsam kleiden, denn unsere Garderobe beeinflusst unsere Stimmung, unser Selbstvertrauen und unser Körpergefühl. Meine Pause zu Achtsamkeit in Kleidunsfragen ist keine Stilberatung – in Sachen Mode bin ich alles andere als ein Trendsetter. Es geht mir nicht um Marken, Kleidergrößen, Shoppingratschläge oder darum, mit fortschreitendem Alter gewisse Körperpartien zu kaschieren.

Auch wie wir in den Augen der anderen wirken, finde ich nicht so wichtig. Mir kommt es darauf an, was unsere Kleidung mit uns macht.

Ob wir selbstbewusst auftreten oder uns unscheinbar fühlen, hängt zum großen Teil von unserem Aussehen ab. Wir alle sind uns bewusst, dass wir mit unserem Styling unsere Persönlichkeit zum Ausdruck bringen. Deshalb brauche ich gar nicht zu schreiben, dass du zur nächsten Vorstandssitzung selbstverständlich nicht in deinem geliebten Hausanzug erscheinen sollst. Ich werde dir auch nicht raten, deinen kompletten Kleiderschrank zum Container zu bringen. Arbeite mit dem, was du hast. Aber wenn du etwas Neues kaufst, mach dir bewusst, wie du dich darin fühlst, anstatt nur auf die Optik zu achten. Vor dem Shoppingtrip – wie morgens vor dem Anziehen – kannst du eine Pause zu Achtsamkeit in Kleidunsfragen einlegen.

Achtsamkeit in Kleidungsfragen

Welches sind deine Lieblingsklamotten? Woran liegt es, dass du fast automatisch nach ihnen greifst, wenn du vor dem geöffneten Kleiderschrank stehst? Sind sie dir einfach vertraut, sind sie besonders bequem? Kaschieren sie einen Teil deines Körpers, auf den du nicht besonders stolz bist? Oder gehörst du zu den Frauen, die Klamotten tragen, in denen sie sich schön fühlen? Ich gratuliere dir!

Beobachte, wie du dich in deinen Kleidern fühlst. Verraten sie, was für ein wundervoller, einzigartiger Mensch du bist? Stehst du in ihnen aufrecht und selbstbewusst da? Und – die entscheidende Frage: Hast du in ihnen das Gefühl, es mit allem und jedem aufnehmen zu können, wenn du vor die Haustür trittst (nicht auf Giraffenbeinen)?

Wähle deine Garderobe sorgfältig aus. Vertraue deinem persönlichen Geschmack und kaufe Kleidungsstücke, die deine Persönlichkeit unterstreichen. Wenn du unsicher bist, stelle dich hin und nimm eine selbstbewusste Pose ein: Rücken gerade, Schultern zurück – das gibt Selbstvertrauen. Und genau dasselbe tun auch unsere Lieblingskleidungsstücke. Zieh sie an, geh hinaus und zeige dich!

Dein innerer Kritiker

Jede Zelle deines Körpers belauscht deine Gedanken.

Deepak Chopra, Autor

M ein innerer Kritiker ist eine Zecke. Ein hartes Urteil, zugegeben. Aber es trifft absolut zu, glaub mir. Als ich ein junges, extrem ehrgeiziges Mädchen war, war diese innere Stimme eine ständige Begleiterin, die mein Aussehen überkritisch unter die Lupe nahm und mich gnadenlos auf meine vermeintlichen körperlichen Unzulänglichkeiten aufmerksam machte. Besonders fixiert war sie auf die Waage im Badezimmer, die einfach immer zu viel anzeigte. Ihre ewigen Sticheleien brachten mich dazu, viel zu viel Zeit für Diäten zu verschwenden, um meinem 58 Kilo leichten jugendlichen Körper meine Traumfigur zu verpassen. Erbarmungslos trieb sie mich dazu an, Bestnoten zu erreichen, mich mit allen gut zu stellen (auch wenn das Selbstüberwindung kostete) und zu lächeln, immer zu lächeln.

Meine innere Stimme gab mir ständig nur negatives Feedback. Um nichts in der Welt hätte sie mir ein kleines Lob gespendet oder mich aufgebaut. Es war ihre Aufgabe, mich kritisch zu beobachten und aufzuzählen, was alles an mir verbesserungsbedürftig war und woran es mir mangelte. Eine Zeit lang bin ich ihr treu und brav gefolgt. Das war anstrengend, brachte aber auch Erfolge. Doch irgendwann war ich dieser selbstkritischen Dauerberieselung nicht mehr gewachsen. Äußerlich war ich eine Schülerin, die alles bestens im Griff hatte und Top-Leistungen brachte, aber in meinem Inneren herrschte Chaos. Bis ich eines Tages im Hörsaal saß, um mich herum konzentrierte Stille, und mich ein seltsames Gefühl überkam, das sich als meine erste (und bis heute Gott sei Dank einzige) Panikattacke herausstellte. Das wurde mir allerdings erst Jahre später klar. Ich brauchte noch ein paar Jahre mehr, um meinen übersteigerten Ehrgeiz zu zügeln und meiner inneren Stimme beizubringen, alles etwas lockerer zu sehen.

Als ich mit Anfang 20 begann, auf eigenen Füßen zu stehen, lernte ich auch, diese ewig mäkelnde innere Stimme nicht mehr ganz so ernst zu nehmen. Das ging so weit, dass ich sie personifizierte und ihr einen Namen gab: Marge. Ich dachte dabei an die überfürsorgliche Mutter der Simpson-Familie mit ihrer blauen Hochfrisur, dem eng anliegenden Kleid und der Perlenkette. Aber im Unterschied zu ihrem Comic-Vorbild runzelte meine Marge immer die Stirn und kniff die Augen zusammen, um mir deutlich zu machen, wie unzufrieden sie mit mir war. Sie zeigte kein Verständnis für meine kleinen Schwächen und Spleens. Im Gegenteil: Ihre Lebensaufgabe war es, mich kleinzumachen, mir das Gefühl zu geben, ich sei nichts wert. Das machte ihr offensichtlich Spaß.

Es liegt in unserer Natur, ständig einen inneren Dialog mit uns selbst zu führen. Leider artet er oft in regelrechtes Mobbing aus, wenn wir nicht bewusst gegensteuern. Unsere innere Stimme kann eine mächtige Instanz sein, die uns negativ beeinflusst. Aber sie kann auch zu einer Randfigur werden. Manchmal erkennen wir in ihr einen überkritischen Elternteil oder eine andere Bezugsperson aus unserer Kindheit. Manchmal ist sie das Produkt von gesellschaftlichem Druck, von den Erwartungen, die an uns als Frau gestellt werden. Manchmal ist sie eine Kombination aus allem. Wie auch immer, das Vorhandensein dieser Stimme (oft sind es sogar mehrere) ist nicht das Problem. Damit bist du nicht allein. Ausschlaggebend ist, wie ernst du sie nimmst und wie du auf sie reagierst. Behandle sie so, wie du eine Klassenkameradin behandeln würdest, die dich mobbt. Sage ihr klipp und klar, dass du dieses Verhalten nicht akzeptierst. Nimm dieser fiesen inneren Stimme und ihren Worten die Macht.

Es hat mich viel Zeit und Geduld gekostet, aber mittlerweile meldet sich Marge nur noch selten. Nur wenn ich total erschöpft bin, in einem Gefühlschaos stecke oder meine Menstruation bevorsteht, spüre ich gelegentlich, wie sie sich anschleicht. Dann will sie meine gewöhnlich friedlich schlummernden Selbstzweifel wecken. „Willst du das wirklich anziehen?", fragt sie mit hochgezogener Augenbraue. Hmm. Interessante Wahl. Was hast du zu deiner Kollegin gesagt? Wow. Okay. Ich spüre förmlich, wie Hohn und Spott aus Marges Make-up-verklebten Poren triefen.

Dank der hier beschriebenen Pause der Achtsamkeit, die ich immer wieder angewandt habe, hat Marge ihre Macht über mich so gut wie verloren. Wann immer sie sich meldet, begrüße ich sie mittlerweile mit achtsamer

Freundlichkeit. „Oh, hallo Marge!", sage ich und winke ihr lässig zu. „Was gibt's?" Ich weiß zwar, wie hartnäckig sie ist, aber trotzdem habe ich sie irgendwie beinahe gern. So gnadenlos und sadistisch sie mich auch mobbt, ich habe Mitleid mit ihr. Wegen all dieser unnötigen Aufregung über unwichtige Dinge und unerfüllbare Ansprüche. Wegen all der Zeit und Energie, die dabei draufgeht.

Wenn sie in einem Moment auftaucht, in dem ich mich emotional stabil und empathisch fühle, kann ich mich sogar für ihre wohlgemeinten Bemühungen, mich auf den „richtigen Weg" zu bringen, bedanken. Auch wenn sie vergeblich sind. Marge will einfach nur das Beste in mir zum Vorschein bringen. Und wenn ich es genau betrachte, geht es ihr im Grunde genommen darum, mich vor möglicher Kritik von außen zu schützen.

Wenn dir meine Beziehung zu Marge auch nur annähernd bekannt vorkommt, ist es Zeit für diese Pause der Achtsamkeit. Sie wird dir überraschend Kraft spenden, und die hast du wirklich verdient!

Achtsame Pause zum inneren Kritiker

1 Wie stehst du zu deiner kritischen inneren Stimme? Ist sie dir vertraut? Für manche ist sie wie ein Zwilling, ein zweites Ich. Andere haben sie noch nie bewusst wahrgenommen. Beglückwünsche dich, dass du sie zur Kenntnis genommen hast. Denn das ist der erste Schritt in Richtung einer positiven Veränderung.

2 Gib dieser inneren Tyrannin einen Namen. Welcher wäre passend? Voldemortia? Kassandra? Frau Besserwisser? Wenn dir Marge gefällt, gerne. Meine hat sicher nichts dagegen.

3 Wehre dich nicht gegen deine innere Stimme, versuche nicht, sie zu verbannen. Ich empfehle dir, *sie einzuladen*, in dir Platz zu nehmen und zu plappern, solange sie Lust hat. Du musst ihre Ratschläge ja nicht befolgen. Lass ihr Gebrabbel zum Hintergrundgeräusch werden, so wie die Musikberieselung im Fahrstuhl. Du weißt, sie ist da. Aber sie steht nicht im Fokus deiner Aufmerksamkeit.

4 Auch wenn sie sich wie eine Zecke benimmt, sie ist ein Teil von dir. Aber ihre Meinung ist nicht maßgebend. Versuche, ihr Mitgefühl entgegenzubringen oder dich sogar bei ihr dafür zu bedanken, dass sie sich so um dich kümmert. Wenn du dich dazu noch nicht überwinden kannst, ist das nicht schlimm. Versuche es immer wieder einmal, ohne dich zu zwingen. So etwas braucht Zeit und Geduld.

5 Schenke auch dir (und nicht nur ihr) mitfühlendes Verständnis. Dafür, dass du dich mit dieser imaginären Person herumschlagen musst. Lege die Hände auf dein Herz. Finde ein paar freundliche Worte für dich, so, als ob du zu einer geliebten Person, einer guten Freundin sprichst.

6 Unsere kritische Stimme auf ihren Platz zu verweisen ist das eine. Das andere ist, ihre Negativität auszugleichen, indem wir uns für das loben, was wir gut und richtig machen. (Um das Positive in dir zu stärken, siehe „Dein innerer Mentor", S. 113.)

Dein innerer Mentor

Das beste Mittel, das Gute in einem Menschen zu stärken, sind Anerkennung und Ermutigung.

Charles Schwab, Unternehmer

Bei Monica wurde vor Kurzem eine chronische Lungenkrankheit festgestellt. Nach einem besonders schweren Anfall kam sie zu mir in meine Praxis. Sie ist 47 Jahre alt, Hausfrau und Mutter von zwei Kindern im Schulalter. Ihr Leben ist ausgefüllt mit Haushalt, ehrenamtlichen Tätigkeiten, Sport und Taxidienst für ihre Kinder. Die Diagnose war für sie als gesunde Nichtraucherin ein Schock, den sie erst noch verdauen muss. Außerdem muss sie darüber nachdenken, welche

Auswirkungen die Krankheit auf ihr weiteres Leben haben wird. Wir konzentrierten uns zunächst auf ihre Ängste. Der Gedanke, vielleicht bald sterben und ihre zwei Kinder zurücklassen zu müssen, versetzte sie in Panik. Ich machte sie mit einigen beruhigenden Pausen der Achtsamkeit bekannt, darunter das Achtsame Wachen, S. 96, und der Innere Dreiklang, S. 49. Sie halfen Monica, die Panikwellen zu überstehen, ohne völlig unterzugehen.

Monica ist eine intelligente, aufgeschlossene Frau und war auch bereit, zu erforschen, welche Erkenntnisse sie aus dieser gesundheitlich schwierigen Phase gewinnen konnte. Sie erklärte mir, dass sie in ihrem bisherigen Leben immer auf Nummer sicher gegangen war. Komfort und Geborgenheit waren ihr wichtiger gewesen als Abenteuer und Nervenkitzel. Dann erzählte sie mir eine Geschichte, die sie seit Jahrzehnten mit sich herumgetragen hatte.

Als Teenager stand Monica mit Begeisterung auf der Bühne der Schulaula. Aber wenn es ums Tanzen ging, fühlte sie sich unsicher und unbeholfen. Eines Tages wurde sie von ihrer geliebten Schauspiellehrerin Frau H. ermuntert, eine Tanzeinlage zu übernehmen. Frau H. war ein warmherziges, impulsives, rothaariges Energiebündel und konnte andere leicht mitreißen. Nur ihr zuliebe kaufte Monica ihr erstes und einziges Paar Tanzschuhe und begann, die Tap-Dance-Nummer einzustudieren. Große Sorgen machte ihr auch der alte, abgewetzte Bühnenboden aus Holz, der mit den Jahren spiegelglatt geworden war. Das Risiko, darauf auszurutschen, war groß – besonders in Steppschuhen. Zur Generalprobe erschien Monica total nervös, stolperte auf die Bühne und steppte mit kleinen, kontrollierten, vorsichtigen Schritten. Frau H., die aufmerksam zuschaute, rief beschwörend: „Tanz, Monica! Tanz!" Monica ließ alle Vorsicht fahren, fühlte sich plötzlich frei und unbezähmbar und tanzte sich ihr Teenagerherz aus dem Leib.

Genau so, sagte Moncia, wolle sie künftig ihr Leben leben. Sie würde auf Frau H.s „Tanz, Monica! Tanz!" hören. Sie nahm sich vor, der Welt zu zeigen, dass es sie gab. Sie würde aus ihrem sicheren, bequemen Nest kommen und das Leben da draußen ausprobieren und genießen. Frau H. war eine Mentorin im besten Sinne. Sie brachte Monica dazu, alles zu vergessen und *mit Leib und Seele zu tanzen*, als ob es das einzig Wichtige im Leben wäre.

Wir alle haben eine Frau H. in uns. Einen inneren Mentor, einen klugen und weisen Ratgeber, der unser Bestes will und uns voranbringt. Wir müssen uns nur die Zeit nehmen, ihn zu suchen und anzuhören. Unser innerer Mentor kann fiktiv sein oder ein reales Vorbild haben – eine weise Frau (oder einen Mann), der man irgendwann im Leben begegnet ist. Oder gerne begegnet wäre. Er ist ein Teil von dir. Ein Teil, den wir leider viel zu oft ignorieren oder abweisen, sofern wir ihn überhaupt zur Kenntnis nehmen. In dieser Pause der Achtsamkeit geht es um die Fähigkeit, seinen inneren Mentor zu finden und ihm zu folgen. Wir geben uns selbst die Erlaubnis, Wünsche zu äußern, sie zu verwirklichen, zu tanzen. Monica fand ihre innere Mentorin in Frau H. Hast du Lust, deinen inneren Mentor zu suchen?

Achtsame Pause zum inneren Mentor

Stelle dir deinen inneren Mentor vor und hauche ihm Leben ein. Sei dabei unverkrampft und neugierig, betrachte es eher als ein Experiment oder eine Entdeckungsreise. Wenn dir das zu Anfang schwerfällt, gib nicht gleich auf. Es braucht vielleicht ein bisschen Übung, bis es dir gelingt, deinen Mentor vor deinem inneren Auge heraufzubeschwören. Vielleicht hast du ja das Glück, auch eine Frau H. zu kennen, und kannst dir ihr Gesicht, ihren Ausdruck, ihre Stimme vorstellen. Lass sie so deutlich in deiner Erinnerung aufleben, wie du kannst. Wenn du eine fiktive Person wählst, versuche, sie dir so genau wie möglich auszumalen. Wie sieht ihr Gesicht aus? Ihre Haare? Ihr Lächeln? Wie ist sie angezogen? Wie bewegt sie sich? Stell dir ihren Gesichtsausdruck vor, wenn sie dich anschaut. Und egal, ob sie real oder fiktiv ist: Gestehe ihr zu, nicht perfekt zu sein. Ihre Ecken und Kanten zu haben. Hauptsache, sie bewundert dich, glaubt an dich und ist dir so wohlgesinnt, dass du ihr volles Vertrauen schenken kannst.

Stell dir vor, sie säße dir bei einer Tasse Tee gegenüber. Was möchte sie dir gerne sagen? Was glaubt sie, wer du bist, welche Richtung du im Leben einschlagen solltest, und was das Beste für dich wäre? Wie fühlt es sich an, ihre Meinung zu hören? Was lösen ihre Ratschläge in dir aus? Womit kannst du dich identifizieren?

Wenn du dieses Experiment weiter verfolgst und deinen inneren Mentor immer besser kennenlernst, kannst du ihm mit der Zeit alle Fragen stellen, die dir auf den Nägeln brennen. Was willst du von ihm wissen? Welche Antworten bekommst du?

Vergiss nicht, dass diese Person nur ein Bild deiner eigenen inneren Weisheit ist. Lass dich von ihr bestärken, beraten und führen.

Kommunikation

Jeder ist interessant. Wenn dich ein Gespräch langweilt, liegt das an dir,
nicht an deinem Gesprächspartner.

Matt Mullen, Journalist

Rufe dir eine Begegnung in Erinnerung, bei der du das Gefühl hattest: Da ist jemand, der mich hört, sieht und akzeptiert. Die Situation selbst war vielleicht gar nicht so angenehm, aber dein Gesprächspartner war bereit, voll und ganz auf dich einzugehen. Vielleicht bist du jetzt gerührt, denn die meisten von uns erleben so etwas nur selten. So selten, dass manche Schwierigkeiten haben werden, sich überhaupt an so eine Gelegenheit zu erinnern. (Unter „Blaumachen", S. 178, kannst du nachlesen, wie ich auf so einen intensiven Moment reagiert habe.)

Wir alle kennen Gespräche mit desinteressierten, unkonzentrierten Menschen, die uns das Gefühl vermitteln, dass wir nicht wirklich wahrgenommen, geschätzt oder respektiert werden. Zweifellos kann es in der Alltagshektik gelegentlich Überwindung kosten, sich Zeit zu nehmen und jemandem seine ungeteilte Aufmerksamkeit zu schenken. Denn da sind all die Geräte, Aufgaben und Menschen, die ebenfalls nach dir rufen. Es kann einen beinahe physischen Schmerz auslösen, sich vom Computerbildschirm wegzudrehen, wenn eine Kollegin hereinschneit und unseren Flow unterbricht. Wenn ich beim Schreiben gestört werde, fühle ich mich, als ob ich aus einer anderen Welt weggezerrt würde. Ich brauche ein paar Sekunden, um in meinen Körper zurückzukehren und mich in der Realität zurechtzufinden.

So etwas passiert Tag für Tag. Wenn wir überfordert und gestresst sind, blockiert der Teil des Gehirns, in dem die exekutiven Funktionen ablaufen (zu denen Aufmerksamkeit und gedankliche Flexibilität gehören). Unsere Konzentration lässt nach und wir sind nicht so aufnahmefähig. Wenn ich mich unter Zeitdruck fühle, halte ich die Kontakte zu meiner Familie so knapp und effizient wie möglich. Darauf bin ich nicht stolz. Sobald ich dieses Verhalten an mir bemerke, weiß ich:

Jetzt muss ich aufpassen. Ich spüre meine verkrampften Muskeln und meine Ruhelosigkeit. Ich zwinge mich dazu, durchzuatmen, die Muskeln zu lockern und mir bewusst zu machen, wie wichtig die betreffende Person für mich ist. Das ist eine freundliche, aber bestimmte Aufforderung an mein auf Hochtouren laufendes Ego, herunterzuschalten. Leichter gesagt, als getan. Ich arbeite noch an mir.

Aber so sieht achtsame Kommunikation aus. Wir richten unsere volle Aufmerksamkeit auf die betreffende Person und Situation. Wir akzeptieren sie, ohne sie zu bewerten. Wenn wir tief durchatmen, unsere Muskeln entspannen und uns ganz auf diesen Moment konzentrieren (wie beim Meditieren), können wir zu einer tiefergehenden Kommunikation finden. Jeder Mensch will gehört, gesehen und anerkannt werden, auch wenn das nicht jedem bewusst ist. Doch nicht nur unsere Gesprächspartner profitieren von unserer Achtsamkeit. Auch wir, als aufmerksame Zuhörerin, fühlen uns dieser Person näher und können sie besser verstehen.

In Führungspositionen ist achtsame Kommunikation eine Voraussetzung. Sie trägt zu einer positiven, produktiven und kreativen Arbeitskultur bei. Wer sie praktiziert, fördert das, was Wissenschaftler relationale Energie nennen: „Energie, die du gewinnst, wenn du mit jemandem interagierst, der dich energetisiert."[17] Bei Untersuchungen an der zur Universität von Michigan gehörenden Ross School of Business erwies sich relationale Energie „als großer Förderer von Leistungsfähigkeit im Job und persönlichem Wohlbefinden. Je mehr relationale Energie eine Führungskraft ausstrahlt, desto bessere Werte erreichen die Mitarbeiter ihres Teams in Bezug auf Produktivität, Fehlzeiten, Einsatzbereitschaft und Dauer des Arbeitsverhältnisses."[18] Du musst dazu keine Show abziehen; es geht nicht darum, deine Gesprächspartner zu umgarnen. Relationale Energie ist das, was in den anderen zurückbleibt, nachdem sie mit dir kommuniziert haben.

Fällt dir eine Person ein, die dir relationale Energie gespendet hat? Ein Mensch, der eine positive Grundhaltung hat und andere damit ansteckt? Mit solchen Menschen sind wir gerne zusammen und suchen unbewusst ihre Gesellschaft. Noch wichtiger und aufregender ist jedoch die Erkenntnis, dass wir lernen können, relationale Energie zu produzieren und zu verschenken, indem wir achtsam kommunizieren. Die Bürgerrechtlerin Maya Angelou sagte: „Ich habe gelernt, dass Menschen vergessen, was du gesagt hast. Sie vergessen, was du getan hast. Aber sie werden nie vergessen, welche Gefühle du in ihnen ausgelöst hast." Lass uns deshalb so viel relationale Energie wie möglich verteilen.

Achtsame Kommunikation

Praktiziere achtsame Kommunikation, wenn du mit anderen Menschen zusammenkommst. Jeder sollte das tun.

1 Lass bewusst einen Moment der Stille zu, bevor du ein Gespräch beginnst. Atme ein paar Mal tief durch. Wenn dein Gegenüber nicht weiß, dass du achtsame Kommunikation praktizierst, kannst du das auch ganz unauffällig tun. Entspanne dich und suche den Augenkontakt. Erinnere dich daran, dass das bewusste Atmen die Kampf-oder-Flucht-Reaktion eindämmt und dich toleranter und geduldiger macht und dich überlegter reagieren lässt.

2 Öffne dich der Situation. Akzeptiere die Atmosphäre, das Gespräch, dein Gegenüber, ohne sie zu beurteilen. Wenn du bewertende Gedanken hast, nimm sie zur Kenntnis und versuche, deine Aufmerksamkeit auf das Gespräch zurückzulenken.

3 Höre aufmerksam zu, gib dem Gesprächspartner Zeit und Raum. Halte dich zurück! Verzichte darauf, mit deinen Vermutungen, deinen brillanten Erkenntnissen aufzutrumpfen. Sei ehrlich interessiert, versuche zu verstehen, was dein Gegenüber dir sagen will, und versetze dich eventuell in seine Lage, um dich zu fragen, wie du dich an seiner Stelle fühlen würdest.

4 Wenn deine Gedanken abschweifen, atme tief durch und fokussiere deine Aufmerksamkeit erneut auf das Gespräch.

5 Trag deine Meinung ehrlich, aber einfühlsam vor. Verbiege dich nicht. Vermeide es, dir den Gesprächsverlauf schon vorher vorzustellen. Nur wenn es um sehr komplizierte Themen oder Angelegenheiten geht, kann es manchmal angebracht sein, sich vorab ein paar Gedanken über das Gespräch zu machen.

Es ist normal, dass du im Laufe eines Gesprächs mehrmals von Neuem zu dieser Übung ansetzen wirst. Vergiss nicht, dich hinterher für deine Bemühungen zu loben – und einen Blick darauf zu werfen, was noch besser laufen könnte.

Auf laut stellen

Du wirst eine Revolutionärin sein. Denn jede Frau, die in ihrem Beruf authentisch handelt, wird Ideen und Arbeitsweisen entwickeln, die dem Status quo in ihrer Firma, ihrer Branche, ihrem Umfeld entgegenlaufen. Einem Status quo, der durch männliche Werte und männliche Arbeitsweisen bestimmt wird.

Tara Mohr, Empowerment-Coach

Beth, Angestellte im mittleren Management einer staatlichen Organisation, verbringt große Teile ihres Arbeitstages im Austausch mit Kolleg*innen per Videochat und in Konferenzschaltungen. Sie hatte immer Schwierigkeiten, öffentlich aufzutreten und ihre Meinung zu sagen, besonders in Anwesenheit von Vorgesetzten oder vor einer großen Zuhörerschaft. Obwohl ihr oft genug kluge Kommentare auf der Zunge lagen, sagte sie selten von selbst etwas, ja sie stellte sogar ihren Computer auf stumm. Sie befürchtete, nicht intelligent zu wirken bzw. über zu wenig Hintergrundwissen zu verfügen.

Jahrelang lebte Beth in dem falschen Glauben, ihre hohe Arbeitsmoral und ihre Erfolge würden für sich selbst sprechen, würden ausreichen, um ihre Vorgesetzten auf sie aufmerksam zu machen. Doch ihre Karriere stagnierte und Beth war enttäuscht – sowohl von ihrem Arbeitgeber als auch von sich selbst. Eine weibliche Führungskraft, mit der sie über ihre Lage sprach, riet ihr zu lernen, „sich damit wohlzufühlen, sich nicht wohlzufühlen". Mit diesem Ratschlag im Ohr kam Beth zu der Erkenntnis, dass sie ihr Schweigen aufgeben musste, wenn sie beruflich weiterkommen wollte. „Jetzt bin ich fast die ganze Zeit hörbar. Ich stelle Fragen und gebe Feedbacks, auch wenn ich manchmal immer noch nervös bin. Seit ich die Stummschaltung aufgehoben habe, ist meine Karriere wieder in Gang gekommen und viele Türen haben sich geöffnet", erzählte sie mir.

Frauen werden besonders oft auf stumm gestellt bzw. in Gesprächen unterbrochen oder übergangen, und wir lassen uns das gefallen. Wir lassen bereitwillig anderen den Vortritt oder beschließen sogar wie Beth, gar nichts zu sagen, weil wir uns unsicher fühlen oder für unwissend halten. Deaktivieren wir die Stummschaltung am Computer, erheben wir unsere Stimme, auch wenn uns das Überwindung kostet. Wir sind aufgefordert, mit ehrlichen, klugen Worten unseren individuellen, wertvollen Beitrag zu leisten.

> *Das Gefühl der Verbundenheit ist Energie, die zwischen Menschen entsteht, wenn sie sich gesehen, gehört und geschätzt fühlen, wenn sie im bewertungsfreien Austausch miteinander stehen.*
>
> **Brené Brown**, Autorin

Achtsames Lautstellen

1 Überlege, ob, wann und wie du auf stumm stellst. Wenn du diese Neigung bereits an dir beobachtet hast, weißt du sicher schon, wo du ansetzen musst. Wenn nicht, gehörst du vielleicht zu den (wenigen) Frauen, die sich völlig ungezwungen zu Wort melden, wann immer sie etwas zu sagen haben, oder du arbeitest vielleicht schon mit deiner eigenen Methode dagegen an, ähnlich wie Beth. Vielleicht hast du aber auch noch nie genauer darüber nachgedacht?

Wenn dem so ist, rufe dir jetzt eine Situation in Erinnerung, in der du aus Unsicherheit darauf verzichtet hast, einen eventuell wertvollen Diskussionsbeitrag zu leisten. Überlässt du in Gesprächen lieber anderen die Führung? Beteiligst dich wenig oder nicht und beobachtest nur? Dann bist auch du auf stumm gestellt. Willkommen im Club.

2 Mache dir deswegen keine Vorwürfe, sondern beglückwünsche dich, dass du es erkannt hast, dich damit auseinandersetzt und dich bemühst, es zu verändern.

3 Beobachte, was in deinem Körper passiert, wenn du dich zu Wort meldest. Hast du Herzklopfen? Feuchte Achselhöhlen? Wirst du rot? Auf laut zu stellen kann solche Symptome hervorrufen, das ist völlig normal. Sage

trotzdem deine Meinung! Der Adrenalinschub, der diese körperlichen Reaktionen auslöst, hat auch *positive* Auswirkungen: Er macht dich präsenter und fördert deine Artikulationsfähigkeit.

④ Je öfter es dir gelingt, desto leichter wird es dir fallen, die Stummschaltung aufzuheben. Irgendwann wirst du dich wie befreit fühlen und es genießen, deine Ideen und Meinungen, die du der Welt bis jetzt vorenthalten hast, mit anderen zu teilen.

⑤ Atme tief durch und drücke die Taste. Stelle auf laut. Bring deine Argumente vor. Gib dein Feedback. Vertritt deinen Standpunkt. Du kannst das.

Du bist einmalig

Versprich mir, immer daran zu denken: Du bist mutiger, als du glaubst. Du bist stärker, als du scheinst. Du bist schlauer, als du denkst.

Christopher Robin in *Winnie Puuh auf großer Reise*

Ich kenne viele kluge, einfallsreiche, starke Frauen, die an ihren (für alle anderen offensichtlichen) Fähigkeiten zweifeln, wenn sie einen neuen Schritt auf der Karriereleiter planen. Zum Beispiel Carrie, eine Ivy-League-Absolventin mit MBA-Diplom in ihren Dreißigern. Sie sprach mich vor ein paar Jahren nach einem Vortrag über Achtsamkeit für Mütter an. Als Mutter von drei Kindern hatte Carrie die letzten Jahre zu Hause verbracht und stand jetzt kurz davor, sich als Achtsamkeits-Coach selbstständig zu machen. Ich hatte gerade begonnen, meine *„Breathe, Mama, Breathe"*-Workshops anzubieten (mein erstes Buch, *Achtsamkeit für Mamas*, existierte noch nicht einmal in Gedanken). Wir waren uns sofort sympathisch und begannen, uns alle zwei Wochen zu treffen, um über unsere Karriereziele und deren Verwirklichung zu reden. Carrie hatte sage und schreibe 40 Bücher zum Thema „Wie mache ich mich selbstständig?" gelesen und viele kluge Fragen und Anmerkungen zu meinen Plänen parat. Aber wenn es um sie selbst ging, verfiel die Person, die mir in unserem gemütlichen Stammcafé gegenübersaß, in tiefe Selbstzweifel und überlegte ernsthaft, eine teure, zeitintensive Coaching-Ausbildung zu machen, bevor sie es wagen konnte, der Welt ihre Talente anzubieten.

Ähnlich war es bei Greta, die ein abgeschlossenes College-Studium in Marketing und Business vorzuweisen hat. Ich arbeite seit zehn Jahren immer wieder mal mit ihr. Greta ist klug, stark und weiß, was sie will: ihre eigene Agentur … irgendwann. Nach dem Abschluss wog sie Aussichten und Möglichkeiten ab, besprach sie mit vertrauenswürdigen Ratgeber*innen (die geteilter Meinung waren) und kam zu der Ansicht, sie müsse zuerst Berufserfahrung sammeln. Mit einem Anflug von Resignation nahm sie einen langweiligen, aber sicheren Job in einer kleinen Firma an. Ich verstehe und respektiere ihre Vorsicht und ihre Ausdauer. Aber ich bin überzeugt, dass sie längst mehr als qualifiziert ist, um ihr eigenes Unternehmen zu gründen. Irgendwann wird sie es tun.

Carrie und Greta haben etwas gemeinsam: eine gewaltige Portion Selbstzweifel und die unbegründete Überzeugung, sie seien noch nicht so weit. Noch ein Kurs, noch ein Diplom, noch ein (was immer dir einfällt) sind nötig, um endlich das Karriereprojekt zu beginnen, für das sie nicht nur längst die erforderliche Qualifikation haben, sondern das ihnen auf den Leib geschnitten ist.

Wenn wir vor einer Herausforderung stehen, für die wir unsere Komfortzone verlassen müssen, machen wir uns nachvollziehbarerweise Gedanken darüber, ob wir ihr gewachsen sein werden – Frauen üblicherweise mehr als Männer (siehe dazu „Warum nicht?" auf S. 186). In ihrer berühmten Analyse von Personalakten bei Hewlett-Packard schrieb die britische Journalistin und BBC-Reporterin Katty Kay, dass Frauen, denen eine Aufstiegsmöglichkeit geboten wird, diese nur wahrnehmen, wenn sie zu 100 Prozent sicher sind, die Anforderungen zu erfüllen, während Männern eine 60-prozentige Überzeugung genügt, um sich der Herausforderung zu stellen.[19] Selbstzweifel und Ängste sind Selbstschutzmechanismen, die jedoch oft fehlgeleitet oder übertrieben sind. Deshalb müssen vor allem wir Frauen darauf achten, solche Mechanismen nicht unhinterfragt greifen zu lassen. Mangelndes Selbstbewusstsein in Bezug auf unsere Talente und Fähigkeiten hindert uns daran, Chancen wahrzunehmen und uns zu entfalten.

Kay unterstreicht, wie wichtig Selbstvertrauen ist: „Es ist der Glaube an deine Fähigkeit, etwas zu erreichen. Ein Glaube, der dich anspornt, zu handeln. Umgekehrt unterstützt dein Handeln deinen Glauben daran, etwas erreichen zu können. Auf diese Weise wächst dein Selbstvertrauen – durch harte Arbeit, durch Erfolge und auch durch Niederlagen." Die folgende Übung soll dein Selbstvertrauen stärken. Sie lenkt deine Aufmerksamkeit auf bereits erzielte Erfolge, die beweisen, dass du alles hast, was du brauchst, um neue Ziele zu erreichen. Nutze die Kraft dieser Pause, wenn dein Selbstvertrauen schwindet. (Einen weiteren Beweis für deine Einmaligkeit liefert die Übung „Superkräfte erkennen", S. 192.)

Pause der achtsamen Anerkennung für dich selbst

Diese Pause ist am wirksamsten, wenn du sie schriftlich machst. Nimm dir Bleistift und Notizbuch.

Erinnere dich an einen Erfolg. Das muss keine olympische Medaille und auch kein Nobelpreis sein. Nimm einfach etwas, auf das du stolz bist. Vielleicht ein Projekt, das du trotz anfänglicher Zweifel erfolgreich zu Ende geführt hast. Oder dein Verhalten als Mutter in einer besonders schwierigen Phase deines Kindes. Vielleicht hast du auch jahrelang gespart und ein Haus, dein erstes eigenes Heim, gekauft.

Wenn bewertende Gedanken aufsteigen (Das hätte ich besser machen können. Da habe ich versagt.), nimm sie zur Kenntnis und schiebe sie sanft zur Seite. Im Moment bist du an negativen Kommentaren nicht interessiert. Kehre jedes Mal zu den positiven Gedanken zurück.

Jetzt beginnst du zu schreiben. Und zwar so, als ob du eine Laudatio halten würdest. Schildere deinen Erfolg in leuchtenden Farben. (Ich habe Tag und Nacht mit Feuereifer an dieser Präsentation gearbeitet …) Erinnere dich auch an Momente des Zweifelns oder der Erschöpfung, die es auf dem Weg zum Erfolg gab. Wie hast du sie überwunden? Welche Eigenschaften und Fähigkeiten haben dir geholfen, diesen Erfolg zu erreichen? Mach dir das alles bewusst.

Schreib auch eine kurze Erinnerung für dich selbst, warum dieser Erfolg ein Beweis dafür ist, dass du Träume verwirklichen kannst. (Trotz der Horrorvorstellung, vor der Geschäftsleitung sprechen zu müssen, habe ich eine spannende und informative Präsentation ausgearbeitet. Ich habe meinen ganzen Mut zusammengenommen, tief durchgeatmet und bin dann ans Mikrofon getreten. Alle Augen waren auf mich gerichtet. Und ich habe sie mitgerissen! Hinterher war ich so stolz auf mich! Das ist eine Bestätigung dafür, dass ich in kritischen Situationen zur Hochform auflaufen kann.)

Vielleicht überzeugt dich das nicht sofort. Aber je mehr Dinge du findest, die dir in der Vergangenheit gelungen sind, desto mehr wächst dein Selbstvertrauen, während du deinem Ziel langsam, aber unbeirrbar näherkommst.

Kolleg*innen, die Nerven kosten

Nutze auch die teflonbeschichtete Seite deines Gehirns, nicht nur die mit dem Klettband.

Lama Surya Das, Buddhist und Dichter

Sicher gibt es auch in deinem Leben eine Person, deren bloßer Anblick Unwohlsein auslöst. Deine Nackenhaare sträuben sich und du stößt einen stillen Hilferuf aus: Oh nein, nicht schon wieder! Kommt eine Nachricht oder Anruf von ihr, spannen sich deine Kiefermuskeln an und dir wird flau im Magen. Wenn dir noch kein solcher Mitmensch begegnet ist, lebst du entweder das Leben einer Eremitin, oder du hast großes Glück. (Wenn du dagegen sogar mehrere solcher Personen kennst, mein Beileid! Tu dir etwas Gutes mit einer Pause der achtsamen Selbstachtung, S. 140.) Die meisten werden wissen, wovon ich rede: von dieser

Person, die uns wie der Kuss eines Dementors die Seele aussaugt, sobald wir uns länger als 30 Sekunden mit ihr beschäftigen müssen.

Vielleicht ist die Person eine entfernte Bekannte oder eine Kollegin, mit der du nur gelegentlich zu tun hast. Damit kannst du leben, denn du weißt, dass die Begegnungen selten und zeitlich begrenzt sind. Die selbstverliebte, aufdringliche Schwägerin, der überkritische Vorgesetzte oder der chronisch depressive Nachbar sind da schon schwerer zu ertragen. Wenn wir uns nicht scheiden lassen, den Job kündigen (was vielleicht besser wäre) oder umziehen, werden wir mit diesen Menschen auskommen müssen. Und dann ist es am besten, diese Koexistenz so harmonisch wie möglich zu gestalten.

Manchmal spüren wir es sofort, wenn wir es bei unserem Gegenüber mit einem Vampir zu tun haben, der unsere Energie anzapft. Manchmal ist die Wirkung subtiler und wir müssen erst einige deprimierende Begegnungen über uns ergehen lassen, bevor wir ein Muster erkennen und schließlich zu der (erleichternden) Erkenntnis kommen: Es liegt nicht an mir, anderen ergeht es mit dieser Person genau so. Eindeutig liegt der Fall, wenn du nach einem Gespräch wie vor den Kopf gestoßen zurückbleibst und dich fragst: Was war das denn gerade? Du gehst die Szene im Geiste noch einmal durch und kommst zu dem Schluss: Das ist ein ziemlich komplizierter Mensch. Andere Anzeichen, das eine Begegnung mit einem Spezialfall vorliegt, sind eine deutliche Abnahme deines sonst gesunden Selbstbewusstseins sowie eine starke Kampf-oder-Flucht-Reaktion deines Körpers.

Nicht nur eindeutig unsympathische Personen sind Energieräuber. Auch eine Freundin kann dich mit ihrer Hyperaktivität an den Rand der Verzweiflung bringen, wenn du zu viel Zeit mit ihr verbringst. Und auch Menschen, bei denen wir ständig in leichter Verunsicherung schweben, kosten uns viel Energie – zum Beispiel ein kontrollbesessener Vorgesetzter, eine Kollegin, die mit dir konkurriert, oder ein Partner, der ständig für emotionalen Wirbel sorgt. Diese Kontakte erfordern erhöhte

Wenn es uns gelingt, nur einen Funken Mitleid für jemanden aufzubringen, den wir nicht mögen oder sogar zutiefst ablehnen (uns selbst eingeschlossen), erleben wir einen wunderbaren spirituellen Moment und gewinnen eine neue Perspektive, die uns erstaunen wird.

Anne Lamott, Schriftstellerin

Aufmerksamkeit, Einfühlungsvermögen und Diplomatie – und eine große Portion Freundlichkeit für uns selbst.

Wenn dir nun beim Lesen der Gedanke kommt: Könnte es sein, dass sie mich damit meint? Rufe *ich* solche Gefühle in anderen hervor?, dann kann ich dir versichern, dass allein das Aufwerfen dieser Frage beweist, dass du *nicht* zu diesen Personen gehörst. Denn sie zeichnen sich unter anderem dadurch aus, dass sie keinen Gedanken darauf verschwenden und folglich keine Ahnung davon haben, wie sie auf andere wirken. Du kannst also beruhigt sein.

Ich bemühe mich grundsätzlich, Menschen vorurteilsfrei zu begegnen, das Positive in ihnen zu erkennen und ihre Eigenarten zu akzeptieren. Es ist meine tiefe Überzeugung, dass die große Mehrheit der Menschen es gut meint. Deshalb (und vielleicht auch, weil ich einfach Glück habe) kann ich die Personen in meinem Bekanntenkreis, die zur oben beschriebenen Kategorie gehören, an einer Hand abzählen. Doch jedes Mal, wenn ich so jemanden treffe, bin ich erstaunt, welche negative Wirkung er oder sie auf mich hat.

Nimm dich davor in Acht, in eine verächtliche, ablehnende Haltung zu verfallen. Versuche, die schwierige Person nicht als Paria abzuqualifizieren, nach dem Motto: „Ich (die Weisheit und Achtsamkeit in Person, haha!) würde mich niemals so egozentrisch benehmen." Jede von uns tut es gelegentlich. Die unten beschriebene Übung ist nicht auf das ausgerichtet, was uns an ihnen stört. Sie lehrt uns vielmehr, Haltung zu bewahren, gelassen zu reagieren und unsere Selbstachtung nicht zu verlieren, wenn wir diesen Menschen begegnen. Ich praktiziere diese Pause, wann immer ich Hilfe brauche, um authentisch zu bleiben und Verständnis für mein Gegenüber aufzubringen. Ich hoffe, sie kann auch dir dabei helfen.

Achtsamer Umgang mit schwierigen Kolleg*innen

1 Registriere, dass du auf eine Person getroffen bist, die Nerven kostet. Du erkennst es vielleicht daran, dass sich deine Muskeln anspannen, dass du verwirrt bist oder Selbstzweifel in dir aufsteigen. Vielleicht verspürst du sogar einen leichten Schock (vor allem bei der ersten Begegnung). Wenn du

bereits weißt, dass diese Person dich stresst, versteift sich dein Körper möglicherweise so, als ob er sich auf eine Konfrontation vorbereite. Auch leichter Schwindel, ein flaues Gefühl im Magen oder ein beschleunigter Puls können Anzeichen sein.

2 Atme, liebe Freundin, atme! Die Atmung ist dein Verbündeter. Ziehe die Luft ein. Und lasse sie wieder heraus. Wenn irgendwie möglich, *warte unbedingt* mit einer Reaktion, bis deine Atmung dich ruhig gemacht hat. Lockere alle verspannten Muskeln. Gut. Jetzt kannst du handeln.

3 Nimm es hin, dass es diese Person in deinem Leben gibt. Zumindest in diesem Moment. Dein Ziel ist, dein Unbehagen abzubauen – nicht es zu unterdrücken, zu ignorieren oder dich dagegen zu wehren.

4 Mitgefühl ist das oberste Gebot. Spende zunächst dir selbst eine tüchtige Portion davon. Dann kannst du dich auf die Suche nach dem Menschen in deinem Gegenüber machen. Wir wissen nicht, was in ihm vorgeht, was ihn dazu bewegt, sich so zu benehmen. Schenke nun auch dieser Person dein Mitgefühl, gib ihr positive Energie für die inneren Kämpfe, die sie vielleicht auszustehen hat. Das bedeutet *nicht*, dass du ihr erlaubst, dich respektlos zu behandeln, oder Ungerechtigkeiten hinnimmst. (Unterstützung für diesen Schritt bietet die Pause der achtsamen Freundlichkeit auf S. 55.)

5 Jetzt schlüpfst du in deinen imaginären Teflon-Schutzanzug. Er ist überraschend leicht und luftig, gibt dir genug Raum zum Atmen und schirmt dich ab. Besonders im Umgang mit schwierigen Personen müssen wir uns physisch und emotional abgrenzen. Ich stelle mir vor, wie alle negativen Pfeile, die diese Person auf mich abschießt, an meiner Hülle abprallen, während ich in ihr geborgen bin. Der Schutzanzug verhindert auch, dass du dich für emotionale Probleme anderer verantwortlich fühlst, selbst wenn sie versuchen, sie bei dir abzuladen.

6 Kannst du aus dieser Begegnung Lehren ziehen? Im Moment mag es dir unmöglich erscheinen. Aber wenn wir kurz innehalten und bewusst beobachten, können wir uns das Unfruchtbare unserer Ablehnung und Antipathie bewusst machen und eine neue Perspektive gewinnen. Jede Situation kann uns wertvolle Erkenntnisse vermitteln – wir müssen nur bereit sein, danach zu suchen. Wie auch immer, du hast diese Begegnung überlebt. Ich gratuliere dir. Gut gemacht!

Ich-Zustände

Es ist einfacher, durch Handlungen zu neuen Denkweisen zu kommen, als durch Denken zu neuen Handlungsweisen.

Millard Fuller, Mitbegründer von Habitat for Humanity

Wenn ich meinen Mann telefonieren höre, kann ich mit hundertprozentiger Sicherheit sagen, wer am anderen Ende der Leitung ist. Nach über 20 Jahren kann ich Tonfall und Wortwahl bestens unterscheiden: formelle Sprache oder das vertraute, testosterongetränkte „Was geht?". Als Therapeutin bin ich natürlich darin geschult, auf Vokabular und Ausdruck zu achten und meine Schlüsse daraus zu ziehen. Aber viele andere Menschen können das auch. Dass mein Mann verschiedene Persönlichkeiten annimmt, ist ein normales Phänomen. Es bedeutet nicht, dass er sich verstellt oder unter einer dissoziativen Identitätsstörung leidet (früher hätte man Schizophrenie gesagt). Sie sind Teil von ihm. In der Psychologie werden sie Ego States oder Ich-Zustände genannt.

Die verschiedenen Ich-Zustände beinhalten jeweils Muster aus Verhaltensweisen, Gedanken und Gefühle und Erfahrungen, die wir in der Kindheit und auch später im Laufe des Lebens gemacht haben und die unser Verhalten und unsere Einstellungen jetzt prägen. Je nach Situationen und Gegenüber kommen unterschiedliche Muster zum Vorschein. Zusammengenommen bilden sie unser Wesen. Wenn ich mit meinem sechsjährigen Sohn zusammen bin, verhalte ich mich anders, als wenn ich eine Klientin in meiner Praxis empfange oder mit Freundinnen ausgehe. Ich bin in allen drei Fällen authentisch. Aber je nach Situation ist mein Verhalten eher liebevoll, respektvoll oder übermütig. Wir alle wechseln ständig unbewusst zwischen verschiedenen Ich-Zuständen, um uns an die Situation anzupassen, in der wir uns befinden. Solange wir dabei echt bleiben, ist das eine gute Methode, die den Kontakt und Austausch mit anderen Menschen erleichtert und uns ermöglicht, diesen zu vertiefen.

In manchen Ich-Zuständen fühlen wir uns wohl und sind voller Selbstvertrauen, während wir in anderen etwas erleben, das in der Psychologie Hochstapler-Syndrom genannt wird. Es tritt besonders häufig in Situationen auf, die uns mit etwas Neuem konfrontieren und uns verunsichern. Wir werden dann von starken Selbstzweifeln erfasst. Du dachtest, das ginge nur dir so? Sei beruhigt: Wenn das Phänomen nicht weitverbreitet wäre, hätte die Wissenschaft keinen Fachausdruck dafür geprägt. Typisch für das Hochstapler-Syndrom ist die innere Stimme, die uns einredet, wir seien hier fehl am Platz, wir hätten keine Ahnung, wären der Aufgabe nicht gewachsen, und wenn jemand herausfände, wie inkompetent und planlos wir seien, würden wir auf der Stelle gefeuert. Solche negativen Gedanken erzeugen natürlich Ängste und lähmen uns. Deshalb ist es wichtig, ihr Auftreten bewusst zur Kenntnis zu nehmen. Wenn wir uns nicht klarmachen, was hier passiert, wird unser Selbstwertgefühl so beschädigt, dass wir in der Entfaltung unserer Persönlichkeit behindert werden.

Wenn wir dagegen erkennen, in welchen Ich-Zuständen wir uns stark und selbstbewusst fühlen, können wir das nutzen, um dieses positive Gefühl auf Situationen zu übertragen, in denen es uns an Selbstvertrauen fehlt. Sobald sich die fiese Stimme des Hochstapler-Syndroms in uns meldet, können wir sie mit den gesammelten Kräften, die uns unsere positiven Ich-Zustände verleihen, zum Schweigen bringen. Das könnte beispielsweise helfen, wenn du im Privatleben selbstbewusst bist und deinem Partner gegenüber deine Position behaupten kannst, im Arbeitsleben aber genau damit Schwierigkeiten hast. Oder im umgekehrten Fall, der mir in meiner Praxis oft begegnet: Ich habe mehrere Klientinnen, die im Arbeitsleben perfekt organisiert, produktiv und effizient sind. Aber ihr Privatleben ist ein einziges Chaos. Wie hilfreich ist hier ein Krafttransfer.

Der Ich-Zustand, der mich am meisten beflügelt, zeigt sich im Gespräch unter vier Augen. Ich fühle mich wohl, wenn ich mit einer einzelnen Klientin arbeite. Auch wenn ich alles andere als perfekt bin und immer noch dazulerne, habe ich doch ein gewisses Maß an Erfahrung, Mitgefühl und Wissen, das es mir ermöglicht, mich auf mein Gegenüber einzustellen und ihm zu helfen. Wenn ich dagegen vor einer großen Zuhörerschaft sprechen muss, fühle ich mich unsicher.

Die folgende Pause ermöglicht es, Stärke aus deiner Komfortzone in Bereiche zu übertragen, in denen du dich unsicher und schwach fühlst. Für mich heißt das: Ich kann das Selbstvertrauen, das mir mein Ich-Zustand als Therapeutin verleiht, mit auf die Bühne nehmen, wenn ich eine Rede halten muss. Wie in einem Therapiegespräch fokussiere ich meine Aufmerksamkeit auf eine einzelne Person im Publikum und spreche direkt zu ihr. Damit stelle ich eine Situation her, die meiner Komfortzone ähnelt: Ich bin in einem Zwiegespräch und teile mit dieser Person ein Gefühl von Stress und Überforderung. Natürlich sind deswegen nicht alle Ängste auf einen Schlag verschwunden. Aber ich gewinne zumindest genug Selbstsicherheit, um die Stimme in mir in Schach zu halten.

Wenn sich das Hochstapler-Syndrom anschleicht, während ich schreibe, begrüße ich es mit einem Achselzucken und nehme auch hier Zuflucht zu meiner Einzeltherapie-Situation. Oft überfordert mich die Vorstellung, mit meinen Texten *zu allen Frauen* zu sprechen. Dann stelle ich mir vor, mich an eine bestimmte Frau zu wenden, sie persönlich anzusprechen. Und schon sieht mein Vorhaben nicht mehr so überwältigend aus. (Im Kampf mit Selbstzweifeln hilft dir auch die Pause der achtsamen Betrachtung der U-Kurve, S. 174, weiter.)
Auch wenn ich die Stimme in uns jetzt äußerst unsympathisch dargestellt habe – und sie dadurch womöglich in eine tiefe Identitätskrise stürze (leidet sie jetzt unter dem Hochstapler-Syndrom??) – muss ich einräumen, dass sie ihr Gutes hat. Sie bringt uns nämlich dazu, den Boden, auf dem unsere Selbstzweifel gedeihen, genauer unter die Lupe zu nehmen. Vielleicht gibt uns das ja den Anstoß, unser Wissen und unsere Fähigkeiten tatsächlich zu erweitern oder nach Mitteln und Wegen zu suchen, unser Selbstbewusstsein zu stärken. Ich könnte zum Beispiel zur Verbesserung meiner rhetorischen Fähigkeiten und um mehr Selbstvertrauen zu gewinnen, einen Kurs bei den Toastmasters belegen, mir einschlägige Literatur beschaffen oder einen Coach engagieren.

Bei der Einschätzung und Beurteilung unserer (vermeintlichen) Defizite ist es hilfreich, eine vertraute Person um ihre Meinung zu bitten. Frauen neigen dazu, ihre Kompetenzen zu unterschätzen und kleinzureden, das ist wissenschaftlich erwiesen. Die Übung hilft uns, produktiv und selbstbewusst zu bleiben und zu erkennen, welche Wissens- und Erfahrungslücken wir tatsächlich füllen sollten.

Es ist wichtig, zu unterscheiden, wann wir tatsächlich Kraft aus uns vertrauten Ich-Zuständen schöpfen und wann wir in eine Rolle verfallen, die uns nicht entspricht. Der Krafttransfer zwischen den Ich-Zuständen funktioniert nur, wenn wir uns treu bleiben, zu unseren Fehlern stehen und im Verhalten unseren Mitmenschen gegenüber authentisch bleiben. Je ehrlicher wir sind, desto weniger

Energie brauchen wir, um vermeintliche Makel zu verbergen. Wenn wir die negative Stimme in uns erkennen und uns zu ihr bekennen, spart das viel Energie, die wir statt in den Kampf gegen die Selbstzweifel als Kreativität und Engagement direkt in unsere Arbeit fließen lassen können. Das mitzuerleben ermuntert nicht selten andere, es auch so zu machen.

Achtsames Betrachten der Ich-Zustände

1 Überlege, in welchen Lebensbereichen oder Situationen du dich selbstsicher fühlst. Das sind deine Komfortzonen.

2 In welchen Ich-Zuständen agierst du dort? Was gibt ihnen Kraft? Vielleicht bist du für Freund*innen ein besonders aufmerksamer, geduldiger und verständnisvoller Zuhörer? Oder dein Team schätzt dich als zuverlässige, kooperative Kollegin, die man gerne bei komplizierten Aufgaben zurate zieht?

3 Erkenne, wann das Hochstapler-Syndrom auftritt: Wenn man dir bei der Arbeit bestimmte Aufgaben überträgt? Wenn du im Privatleben mit einer bestimmten Person konfrontiert wirst? Wenn Selbstzweifel aufkeimen, erinnere dich an das, was du über das Hochstapler-Syndrom gelesen hast. Lass nicht zu, dass du diese kritischen *Gedanken* als *Tatsachen* ansiehst (was wir unbewusst tun).

4 Stelle dir vor, wie das Selbstvertrauen, das dir die Ich-Zustände deiner Komfortzone spenden, in Bereiche fließt, wo es dir an Selbstvertrauen fehlt. Erinnere dich daran, dass *alle* Ich-Zustände zu deiner Persönlichkeit gehören und du sie einsetzen kannst.

5 Du kannst diese Pause der Achtsamkeit mit Menschen an deinem Arbeitsplatz teilen. Wenn sie ihre Ängste und Selbstzweifel benennen, wird bald klar, dass alle dieses Phänomen kennen. Der oder die Einzelne fühlt sich nicht mehr als Versager*in und wird gleichzeitig ehrlicher und sensibler im Umgang mit den anderen. Wenn du dich dafür entscheidest, gehe mit Bedacht vor und überlege, was und wie viel du wem erzählst. Und das Wichtigste: Sei zuallererst ehrlich, freundlich und mitfühlend mit dir selbst!

Unser Spieltrieb

Das Gegenteil von Spiel ist nicht Arbeit, sondern Depression.

Jane McGonigal, Computerspieleentwicklerin

Erwachsenwerden ist hart. Und anstrengend. Wir aktiven Frauen konzentrieren uns oft so stark auf unsere Arbeit, dass für reines Vergnügen kaum noch Zeit übrig bleibt. Manche haben ihre Liebe zum Spielen zumindest noch nicht vollständig verloren. Aber die meisten können sich kaum noch an das erinnern, was ihnen früher so viel Spaß gemacht hat.

Die Wissenschaft definiert den Spieltrieb als eine Wesensveranlagung, „die von Kreativität, Neugier, Freude, Humor und Spontaneität geprägt ist. Diese Veranlagung ist in allen Lebenssituationen vorhanden und beeinflusst unsere Wahrnehmung, Beurteilung und Bewältigung von Situationen." Da haben wir es schwarz auf weiß: Unser Spieltrieb ist ein ständiger Begleiter, der es uns ermöglicht, „Situationen vorurteilsfrei zu begegnen, um originelle Lösungen für Probleme zu finden, Schwierigkeiten in Angriff zu nehmen und Niederlagen zu akzeptieren"[20]. Auch für Erwachsene ist Spielen wichtig für das Wohlbefinden. Selbst wenn wir keine ausgesprochene Spielernatur sind, können und sollten wir den Spieltrieb lebendig halten, indem wir so oft wie möglich spielen. Humor, Leichtigkeit und Spaß sind nicht nur ein unverzichtbares Gegengewicht zu unserer erwachsenen Ernsthaftigkeit. Sie helfen uns, die Work-Life-Balance in Richtung Life zu justieren, Stress zu bewältigen und Langeweile zu vertreiben.

Aber wie? Für die Rutschbahn sind wir zu groß und unsere Fantasiewelten sind verblasst. Nehmen wir Jen: Sie arbeitet als Kundenberaterin von zu Hause aus, was nicht sehr spannend ist, aber zumindest die Ratenzahlungen für das Haus abdeckt und ihr Flexibilität schenkt, die für sie als alleinerziehende Mutter sehr wichtig ist. Nach einer eher langweiligen Arbeitswoche belohnt sich Jen mit

Unternehmungen am Wochenende. Zusammen mit ihrer Tochter im Schulalter und Freunden geht sie wandern und Kajakfahren. Die Keramikmalerei ist ein großes Hobby von ihr.

Ich tobe mich am liebsten im Freien aus. Wenn das Kind in mir rausdarf, fällt aller Stress von mir ab. Vor Kurzem nahm ich bei Colleen Cannon, ehemalige Weltmeisterin im Triathlon und Gründerin von Women's Quest, an einem Abenteuer-Retreat teil. Zusammen mit einer Gruppe enthusiastischer Frauen wanderte ich durch die Herbstlandschaft. Nie zuvor war ich auf einem Mountainbike über von Wurzeln und Felsbrocken übersäte schmale Waldpfade geprescht. Ich lernte, dass es mir sehr guttut und mich erdet, wenn ich meine Komfortzone verlasse (und auf einem schwarzen Singletrail lande, mit einer vor Begeisterung jauchzenden Colleen vor mir). Endlich konnte ich meine steifen Schultern bewegen. Die Tour ließ mich mit allen Fasern spüren, wie wichtig es ist, etwas Neues zu lernen und dabei *Spaß zu haben* (selbst wenn man gleichzeitig Todesängste aussteht). Ich hatte mich einer Herausforderung gestellt, die furchterregend und berauschend zugleich war. Als ich nach Hause kam, fühlte ich mich wie eine Kriegerin, die nichts und niemand aufhalten kann.

Unsere Komfortzone zu verlassen, um neue Spielplätze zu entdecken, verleiht ungeahnte Kräfte, die unser Selbstvertrauen in allen Lebensbereichen stärken. Es gibt unendlich viele Möglichkeiten, Spaß zu haben und Abenteuer zu erleben, auf Wunsch auch ohne Todesängste und Adrenalinschübe. Uns Zeit für Dinge zu nehmen, die uns erfüllen und begeistern, ist unglaublich wichtig. Sie sind es, die unserem Alltagsleben Glanzlichter aufsetzen. Also, geh raus und spiele!

> *Beim Spielen stellen wir Zusammenhänge her, aus denen wir unsere Erkenntnisse gewinnen.*
>
> **Anne-Marie Slaughter,**
> Politikwissenschaftlerin

Freude am Spielen

Wenn du Hobbys hast, die dir regelmäßig Spiel und Vergnügen bieten, brauchst du diese Pause der Achtsamkeit nicht. Schön für dich! Genieße diese Aktivitäten und erweitere dein Repertoire.

1 Vielleicht weißt du nur zu gut, was dir Spaß machen würde, hast aber Schwierigkeiten, im Terminkalender Platz dafür zu finden? Wenn das der Fall ist, suche dir zwei Aktivitäten aus und plane jetzt sofort, wann, wo und mit wem du sie realisieren willst.

2 Lass das Kind in dir heraus! Du bist vielleicht etwas aus der Übung, aber wenn du als Kind gern gespielt hast, schlummert diese Fähigkeit immer noch in dir und wartet nur darauf, wiedererweckt zu werden.

3 Wenn du keine Ahnung hast, wo du beginnen sollst, überlege dir irgendeine Aktivität und probiere sie aus. Experimentiere. Geh ohne Vorurteile an die Sache heran. Wenn es dir nicht gefällt, musst du es nie wieder tun.

4 Gibt es etwas, was du schon immer ausprobieren wollest? Oder etwas, das du unheimlich gerne können würdest? Hier ein paar Anregungen: Zip-Lining (Seilrutschen), *Paint and sip*, *Drink and draw* (Mal- oder Zeichenstunden mit Wein-Begleitung), ein Instrument spielen lernen, Tanzunterricht nehmen, Schlittschuhlaufen, Gartenarbeit, Geocaching, Schmuck basteln, Vögel beobachten …

5 Wenn du ein eher ernster Typ bist und sich schnell Verbissenheit zeigt, wenn du etwas Neues lernst, versuche umso mehr bewusst spielerisch und humorvoll an die Sache heranzugehen.

6 Versuche es auch an deinem Arbeitsplatz mal mit einer Prise Humor, wenn es die Situation erlaubt. Erzähle, wenn du etwas Lustiges erlebt hast. Lache, suche den Kontakt mit anderen. Zu einem guten Arbeitsklima gehört auch immer etwas Spielerisches.

7 Lehne dich zurück und betrachte die Welt mit anderen Augen. Halte Ausschau nach Leichtigkeit und Spaß. Sei ernsthaft, wenn nötig. Sei spielerisch, wenn möglich.

Im Interview

Colleen Cannon, Ex-Weltmeisterin im Triathlon und
Gründerin von Women's Quest

In ihrer aktiven Zeit in den 1980er-Jahren war Colleen eine der wenigen Athletinnen, die sich mit Sportpsychologie beschäftigten und Wert auf die Gesundheit von Körper *und* Geist legten. Zusätzlich zu ihrem harten Sporttraining meditierte sie, praktizierte Ayurveda, setzte Atmenübungen, Visualisierung und Mentaltraining ein. Sie brachte sich in Höchstform, indem sie ihre Gesundheit genauso wichtig nahm wie die reine körperliche Leistung. Sie meditierte zweimal täglich, um die Produktion von Wachstumshormonen anzuregen und sich von anstrengenden Trainingseinheiten besser und schneller zu erholen. (Siehe dazu auch „Achtsames Sportprogramm", S. 148.)

Colleen ist überzeugt, dass sportlicher Erfolg von der mentalen Einstellung abhängt. Zu Beginn eines Wettkampfs sang sie aus vollem Hals, um „die Perspektive zu verändern und von Nervosität auf Abenteuer umzuschalten". Um ihre Motivation aufrechtzuerhalten und negative Gedanken daran zu hindern, Macht über sie zu bekommen, sprach sie sich (jetzt lautlos) aufmunternde Worte wie ein Mantra zu.

Am Tag vor einem großen Rennen fuhr Colleen die Strecke ab und suchte nach solchen Stellen, an denen sie ihrer Einschätzung nach neue Energie brauchen würde. Dann stellte sie sich vor, wie alles, was es dort gab, sie vorwärtsziehen würde. Sie visualisierte Häuser oder Bäume, die ihr den entscheidenden Schub geben würden, um ins Ziel zu kommen. Wenn sich während des Laufs die erwartete Erschöpfung und damit Selbstzweifel einzustellen begannen, ging Colleen in diese Visualisierung zurück und fühlte sich plötzlich, als ob sie fliegen würde. Souverän überholte sie ihre Konkurrentinnen. Es funktionierte! Jedes Mal!

Colleen erzählt, wie sie schon in jungen Jahren lernte, mit Angst umzugehen, indem sie sie in einen engen Freund verwandelte: Erregung.

Bewusstes Atmen half ihr, die Kampf-oder-Flucht-Reaktion unter Kontrolle zu halten. Ein zur Ruhe gekommener Geist, so Colleen, gibt Raum zu wachsen. Sie warnt davor, sich ständig mit anderen zu vergleichen. Lieber sollten wir ab und zu innehalten und uns bewusst machen, wie weit wir gekommen sind. Wenn wir vor einer Herausforderung stehen, rät Colleen, sich zu fragen: Habe ich Angst davor oder bin ich gespannt und aufgeregt? – Und sie dann in Angriff zu nehmen. (Siehe dazu auch „Achtsames Wachen", S. 96, und „Innerer Dreiklang", S. 49.)

Colleen und ihr Team von Women's Quest organisieren seit 26 Jahren Körper-Geist-Seele-Retreats im In- und Ausland, in denen Normalsterbliche wie du und ich lernen, wie wir Empowerment-Techniken in unseren Alltag integrieren können. Sie ist der festen Überzeugung, dass alles mit allem verbunden ist und dass jede Begegnung mit einem Menschen oder einer Situationen uns weiterführt. Ihre „Superkräfte" heißen Glück und die Fähigkeit, das Glas halb voll zu sehen. Ihr inneres Gleichgewicht findet sie in der Natur, die sie energetisiert und erdet. Colleens Unternehmen ist ein Ort, an dem Frauen ihrer Vorstellung von Erfolg in kleinen Schritten näherkommen können. Sie selbst ist ein wanderndes, redendes Energiebündel, das Freundlichkeit und Güte ausstrahlt – und damit der lebende Beweis dafür, wie sehr ihre Praktiken eine Persönlichkeit dynamisieren.

Erfahre mehr unter www.womensquest.com.

———

Das Nachmittagstief

(oder: Blasebalgatmung)

Steh aufrecht und erkenne, wer du bist. Erkenne, dass du über deine Lebensumstände hinausragst.

Maya Angelou, Bürgerrechtlerin

Ist es dir schon einmal passiert, dass du in einem langweiligen Vortrag gesessen und verzweifelt gegen den Schlaf gekämpft hast, während der/die Vortragende unbeirrt dozierte? Oder hast auch du schon mit aller Gewalt versucht, deinen Kopf daran zu hindern, nach vorne zu kippen und auf dem Schreibtisch zu landen, weil die Mittagsmüdigkeit dich zu übermannen drohte?

Manchmal falle ich trotz aller Kämpfe, dem entgegenzuwirken, in ein Nachmittagsloch. Anstatt mir sofort eine rettende Tasse Kaffee zu holen, greife ich dann zuerst auf folgende Pause der Achtsamkeit zurück. Sie spendet Wachsamkeit und Energie, und genau das brauche ich, um dieses lästige Zwischentief zu überwinden.

Blasebalgatmung[21]

Bei dieser Pause kann es etwas lauter werden. Am besten ziehst du dich zurück, damit deine Kolleg*innen nicht glauben, du hast eine Panikattacke oder bist von allen guten Geistern verlassen. Wenn du kein eigenes Büro hast, findest du vielleicht im Treppenhaus, in den Toilettenräumen, im Materiallager usw. ein geeignetes Plätzchen.

1 Stell dich aufrecht hin. Halte einen Moment inne, um nach körperlichen Anzeichen von Müdigkeit zu suchen. Brennen deine Augen, sind deine

Augenlider schwer? Bereitet es dir Mühe, den Kopf aufrecht zu halten? Gibt es Körperregionen, die schmerzen? Welche? Stelle das alles fest, ohne es zu beurteilen.

2 Schließe locker die Lippen und beginne, durch die Nase ein- und auszuatmen, so schnell du kannst. Vielleicht spannen sich dabei deine Muskeln in Nacken, Brust und Bauch an. Versuche, durch rasche Bewegungen deines Zwerchfells einen Blasebalg zu imitieren, mit dem Ziel, pro Sekunde dreimal ein- und auszuatmen.

3 Beginne mit zehn bis 15 Sekunden. Mach eine Pause und steigere dich nun immer um fünf Sekunden, bis du schließlich bei einer Minute angekommen bist. Nach jedem Durchgang lässt du deiner Atmung Zeit, sich wieder zu normalisieren. Achte darauf, dich nicht zu überanstrengen (Anfänger neigen dazu).

4 Richte deine Aufmerksamkeit erneut auf deinen Körper. Was hat sich verändert? Fühlst du einen Energieanstieg? Wenn ja, wo?

5 Vielleicht brauchst du etwas Übung, bis du die Wirkung tatsächlich bemerkst. Bleibe geduldig und neugierig. Lobe dich dafür, etwas Neues auszuprobieren, das gesünder als die übliche Koffein-Therapie ist.

6 Kehre an deinen Arbeitsplatz zurück – hoffentlich mit neuem Elan.

Selbstachtung

Jedes Mal, wenn eine Frau für sich selbst einsteht, steht sie für alle Frauen ein.
Maya Angelou, Bürgerrechtlerin

Anne Lamott, eine meiner Lieblingsautorinnen, beschreibt, wie sie einmal Freunde zu sich nach Hause eingeladen hatte. Als es immer später wurde, erreichte sie irgendwann einen Punkt, an dem sie einfach nicht mehr konnte: „Okay, Leute. Zeit zum Aufbruch. Ich liebe euch alle, aber ich brauche jetzt Ruhe, mein Bett und Schlaf." Darin habe ich mich sofort wiedererkannt. Ich liebe es, Zeit mit Familie und Freunden zu verbringen und mit ihnen ein, zwei Gläser Wein zu trinken. Aber ich bin ein eher introvertierter Mensch und eine Frühaufsteherin. Deshalb gibt es auch bei mir diesen Moment, an dem ich zusammenbreche. Mein Gehirn streikt, meine Gesprächsbereitschaft sinkt auf null und ich sehne mich nur noch nach meinem Bett. Was uns beide unterscheidet (abgesehen davon, dass es sich bei ihr um eine Literatur-Ikone unserer Zeit handelt), ist, dass ich nur davon träume, den Abend zu beenden, während sie ihren Freunden sagt, wann es Zeit ist, zu gehen. *Laut und deutlich.* (Ich weiß!)

Du siehst: Anne Lamott gehört zu dieser wunderbaren Sorte Frau, die offen ihre Meinung sagt und keine Hemmungen hat, ihre Gäste hinauszuwerfen, wenn die Party für sie vorbei ist. Sie weiß, was sie braucht, und scheut sich nicht, es zuzugeben und einzufordern. Ihre Mitmenschen lieben und bewundern sie trotzdem – wahrscheinlich genau deswegen. Die Fähigkeit, seine Bedürfnisse zu erkennen, zu akzeptieren und zu befriedigen, indem man andere freundlich, aber bestimmt darauf hinweist (auch wenn man dafür vielleicht sogar Konventionen brechen muss), ist selten. Damit zollen wir uns Selbstachtung, wir akzeptieren uns als Individuum mit all seinen Facetten und erheben unsere Stimme, um seine Interessen laut und deutlich zu vertreten. Ich selbst bin noch nicht ganz so weit. Aber ich arbeite daran. Und ich kann dir verraten: Solltest du mich jemals an einem Samstagabend zu Hause besuchen, hören meine Gastgeberpflichten um 21.30 Uhr auf.

Pause der achtsamen Selbstachtung

Erkenne dich selbst. Halte in deinem täglichen Leben immer wieder einmal inne und nimm dir Zeit, festzustellen, was du magst und was du nicht magst. Manche von uns tun das fast automatisch, andere würden unaufgefordert nie darüber nachdenken. Resümiere: Was sind die Dinge, die deinem Alltag Glanzlichter aufsetzen, ihm Unbeschwertheit verleihen? Was sind deine Likes? Was verursacht ein Gefühl von Anspannung, Beklemmung und Schwere? (Diese Dinge solltest du vermeiden.)

Nimm alles bewusst zur Kenntnis und akzeptiere es. Akzeptiere und – auch wenn es schwerfällt – identifiziere dich mit allen Seiten deiner Persönlichkeit. Sie gehören zu dir. Solange du andere trotzdem mit Respekt behandelst, werden auch sie deine Eigenheiten mögen. Sie werden dich als authentische Person erleben.

Nimm dir, was du brauchst. Lerne, dich durchzusetzen. Setze deinen Körper ein, um Selbstvertrauen aufzubauen. Steh aufrecht, nimm die Schultern zurück, zeige dich, suche Blickkontakt. Sprich laut (aber nicht zu laut) und deutlich, langsam und mit Nachdruck. Strahle Selbstsicherheit aus (auch wenn du sie noch nicht fühlst).

Es geht um Achtung: Überlege, wie du sie anderen gegenüber zum Ausdruck bringst, und bringe dir selbst diese Portion positiver Energie entgegen.

Lob tut gut

Schaffe eine Umgebung, in der sich Menschen geschätzt und anerkannt fühlen für das, was sie sind. Nicht nur für das, was sie tun.

Mike Robbins, Psychoanalytiker

Ohne Ali, meine allererste Meditationslehrerin, die mittlerweile eine gute Freundin und Mentorin geworden ist, hätte ich vielleicht niemals angefangen, regelmäßig zu meditieren. Und ich hätte nie ihren Mann Roger kennengelernt, der Schriftsteller ist und sich viel Zeit nahm, mein erstes Manuskript Zeile für Zeile mit mir durchzugehen und mir wertvolle Ratschläge zu geben. Ohne die liebevolle Unterstützung der beiden wären all die wunderbaren Dinge, die sich nach dem Erscheinen von *Breathe, Mama, Breathe* (dt. *Achtsamkeit für Mamas*) ereignet haben, niemals passiert. Ich erinnere mich an das warme Gefühl, das mich überkam, als ich den Dank schrieb. Ich dachte an alle diese lieben Menschen und empfand tiefe Dankbarkeit für alles, was sie zur Entstehung des Buches beigetragen hatten, das für mich beruflich wie privat zu einem Meilenstein werden sollte. Natürlich nannte ich auch Ali und Roger.

Auch wenn es manchmal auf den ersten Blick so scheint, als hätten wir etwas im Alleingang geschafft, gibt es immer Menschen, die uns direkt oder indirekt dabei geholfen haben. Sobald wir darüber nachdenken, kommt schnell eine lange Liste zusammen. Die meisten von uns haben wahrscheinlich kaum Gelegenheit, eine Danksagung für ein Buch zu schreiben. Aber es wäre vielleicht keine schlechte Übung. Denn selbst kleine Zeichen der Anerkennung bewirken viel mehr, als wir denken.

Als Sara, Schulleiterin und frühere Grundschullehrerin, eines Tages im Gemüseladen Orangen aussuchte, wurde sie von einer lächelnden jungen Frau angesprochen. Sie stellte sich als ehemalige Schülerin von ihr vor, hatte gerade ihr Studium abgeschlossen und beteuerte, dass Saras leuchtendes Vorbild sie dazu bewogen habe, selbst Lehrerin zu werden. Als Sara mir das erzählte, hatte sie Tränen in den Augen. Ich war ebenfalls gerührt und fühlte Wärme in mir aufsteigen. Ein einfaches Lob kann so viel bewirken. Was für ein Geschenk!

Ich behaupte, Dank ist die höchste Form des Denkens. Und Dankbarkeit ein Glück, das sich durch Andacht verdoppelt.

G. K. Chesterton, Schriftsteller

Wann hast du es zum letzten Mal erlebt, dass sich jemand aus ganzem Herzen bei dir bedankt hat? Viel zu oft sind Feedbacks, die uns erreichen, allenfalls freundliche Kritik; wenn wir Pech haben, sind sie sogar ein Schlag in die Magengrube. Nun die Umkehrfrage: Wann hast *du* zum letzten Mal einem Menschen deine Dankbarkeit gezeigt, weil er dein Leben bereichert, dir geholfen oder eine Möglichkeit eröffnet hat, die du sonst nicht gehabt hättest? Nur sehr selten wird der Beitrag anderer zum eigenen Erfolg anerkannt.

Mit diesem Hinweis will ich keine Schuldgefühle verursachen. Anerkennung und Lob zum Ausdruck zu bringen ist wichtig – für die anderen *und für uns selbst*! Wenn wir freimütig einräumen, welchen Beitrag andere zu unserem Erfolg geleistet haben, verstärkt das die Bindung zu diesen Personen. Sie freuen sich und fühlen sich wertgeschätzt, was wiederum uns glücklich macht. Positive Unterstützung ist sehr motivierend. Laut wissenschaftlicher Studien führt Lob am Arbeitsplatz zu „positiveren Emotionen, weniger Stress, weniger Krankheit, höherer Zuversicht, gesteckte Ziele zu erreichen, und größerer Zufriedenheit mit unserer Arbeit und unseren Kolleg*innen"[22].

Ein Lob kostet uns kaum Zeit und Energie, hat aber oft weitreichende, positive Folgen. Es gibt so viele kleine Dinge, für die wir all jene, die mit uns leben und arbeiten, loben können. Was spricht dagegen, uns gegenseitig zu unterstützen und zu motivieren, indem wir uns loben und für Hilfe bedanken?

Pause des achtsamen Lobes

Ich brauche wohl nicht zu erwähnen, dass unser Lob ehrlich und aufrichtig sein muss. Wenn es dir schwerfällt, irgendwelche positiven Beiträge deiner Kolleg*innen zu erkennen, dann nimm dir etwas Zeit, darüber nachzudenken. Wenn wir lange genug suchen, finden wir fast immer etwas Positives. (Siehe dazu auch „Pause der achtsamen Freundlichkeit", S. 55.)

1 Denke an jemanden, den du schätzt. Überlege, welche Rolle diese Person in deinem Leben spielt und wofür du ihr dankbar bist. Schicke ihr eine E-Mail oder eine Nachricht, in der du sie lobst.

2 Nimm dir fünf Minuten Zeit, um drei Personen auszusuchen, und finde für jede drei Dinge, die du an ihr schätzt. Dann gehst du zu ihnen und sagst es ihnen.

3 Schreibe eine Danksagung – für die Durchführung eines Arbeitsprojekts, über den wichtigen Einfluss, den eine Person vor langer Zeit auf dich hatte, oder zu deiner beruflichen Karriere. Führe alle Menschen auf, die dir geholfen haben, und beschreibe, wie ihr jeweiliger Beitrag aussah. Schicke die Danksagung an die betreffenden Personen.

4 Denk dir selbst eine Form der Pause des achtsamen Lobes für die Menschen an deinem Arbeitsplatz aus. In manchen Unternehmen gibt es ein Schwarzes Brett für Post-its mit Lob- und Dankesbotschaften. Andere Betriebe halten Meetings ab, in denen Kolleg*innen einander gegenseitig loben. Schließe niemanden von diesem Glücksprojekt aus.

5 Beobachte, wie sich deine Laune verändert, deine Beziehung zu deinen Mitarbeiter*innen und deine Weltsicht im Allgemeinen, wenn du diese Pause der Achtsamkeit eine Zeit lang praktizierst.

Rolle rückwärts

Im Bereich Innovation ist Mitgefühl die Grundlage dafür, schnell zu scheitern und sich schnell zu erholen.

Monica Worline, Verhaltensforscherin

Als ich heute Morgen aufwachte, ins Badezimmer schlurfte und mich im Spiegel sah, erschrak ich kurz. Graugrüne Ringe unter verquollenen Augen – kein Wunder, dass sich sofort auch ein dumpfer Kopfschmerz meldete. Auch wenn mein desolater Zustand, der lebhaft an einen Hangover aus Studententagen erinnerte, nichts mit übermäßigem Alkoholgenuss zu tun hatte, hätte ich nicht überrascht sein dürfen.

Als ich gestern Abend kurz nach 20 Uhr heimkam, war ich müde, hungrig und ausgelaugt von einer langen Arbeitswoche. Deshalb verwöhnte ich mich mit einer großzügigen Portion Pasta mit Pesto und genehmigte mir dazu ein Glas Rotwein (Zinfandel von alten Reben). Danach sank ich satt und zufrieden auf die Couch, um mir die neueste Episode meiner Lieblingsserie anzuschauen. Da drang aus den Tiefen meines Eisschranks die Stimme von Ben & Jerry's an mein Ohr, die deutlich meinen Namen flüsterte. Auch „New York Super Fudge Chunk" vermeinte ich herauszuhören. Bin schon unterwegs, sagte ich im Geiste und drückte mich aus den weichen Kissen hoch. Der Rest ist, wie man so schön sagt, Geschichte.

Zum Glück esse ich sonst eher gesund und bin nicht sehr anfällig für Kohlehydrat-Orgien um 21 Uhr abends, begleitet von Alkohol und gefolgt von einem Familienbecher Eiscreme. Ich weiß, dass ich mich am besten fühle und am leistungsfähigsten bin, wenn ich morgens früh aufstehe und abends früh zu Bett gehe, wenn ich meditiere, Sport treibe, mich einigermaßen gesund ernähre und nicht mehr als ein paar Gläser Wein pro Woche trinke. Aber es gibt Momente (wie Ben & Jerry bezeugen können), da brauche ich dringend meine gute alte Pause zum Umgang mit Rückfällen. Diese Pause kümmert sich um Schuldgefühle, Reue und Selbstkritik nach einem Rückfall in alte, ungesunde Gewohnheiten. Sie hilft uns, wieder aufzustehen, den Staub abzuklopfen und zu unserem normalen Lebensrhythmus zurückzufinden.

Achtsamer Umgang mit Rückfällen

1 Untersuche, welche Umstände zu deinem Rückfall geführt haben. Erschöpfung, Stress, Beziehungsprobleme, Hilflosigkeit und Selbstvorwürfe sind weitverbreitete Ursachen. Aber auch das Zusammensein mit einer schwierigen Person oder das Ausüben einer anstrengenden Tätigkeit, die uns zu unauthentischem Verhalten zwingen, machen uns anfällig.

2 Erkenne, was genau dich aus der Bahn geworfen hat, und versuche, dem künftig aus dem Weg zu gehen.

3 Überlege, ob du zu schnell zu viel erreichen wolltest, und korrigiere gegebenenfalls deine Vorgehensweise. (Siehe dazu auch die Übung „Achtsamkeit bei der Verwirklichung von Zielen", S. 168.)

4 Anstatt dir Vorwürfe zu machen, solltest du die Auswirkungen dieses Rückfalls dankbar akzeptieren, denn sie erinnern dich daran, warum du diese alten Gewohnheiten aufgegeben hast.

5 Stehe zu dem Ausrutscher und lege ihn dann zu den Akten. Du kannst ihn nicht rückgängig machen. Aber du kannst die Bedingungen so verändern, dass er sich nicht wiederholt. Und dich künftig vernünftiger verhalten.

6 Rufe dir in Erinnerung, warum du alte Gewohnheiten aufgegeben und durch neue, gesündere Verhaltensweisen ersetzt hast. (Siehe dazu auch „Dein innerer Kompass", S. 159.)

7 Kehre mit neuem Bewusstsein zu diesen gesünderen Verhaltensweisen zurück.

Lass dich nicht entmutigen!

Keine Angst vor Muskelkater

Als ich lernte, aufrecht auf dem Surfboard zu stehen, ahnte ich nicht, dass mir das auch helfen würde, aufrecht im Leben zu stehen.

Eve Fairbanks, Journalistin

Diese Pause richtet sich besonders an die, die bisher nicht gerade wild auf Sport und Fitness sind. Warte! Bevor du die Seite überblätterst, möchte ich dich einladen, Sport aus einer neuen Perspektive zu betrachten. Sieh ihn als Gelegenheit, deinen Körper zu bewegen und das zu genießen. Ich kann mir vorstellen, dass du jetzt die Augen verdrehst. Aber könntest du nicht erwägen, deine Abneigung gegen körperliche Ertüchtigung für ein paar Tage zu vergessen, und es auf einen Versuch ankommen lassen?

Für alle, die die Freude am Sport bereits genießen, ist die Pause für ein achtsames Sportprogramm eine Aufforderung, neugierig zu sein, ihre Selbstwahrnehmung zu schärfen und sich mental zu stärken.

Ich habe einen Freund, der schon mehrere 100-Meilen-Querfeldeinrennen (das ist kein Druckfehler!) absolviert hat – ohne zu schlafen und mit nur ein paar Unterbrechungen, um etwas zu essen, zu trinken und auf die Toilette zu gehen. Und das macht er *zum Vergnügen*! Niemand zwingt ihn, es gibt kein Preisgeld zu gewinnen und berühmt wird er damit auch nicht. Seine einzige Belohnung ist die Befriedigung, es geschafft zu haben und unter Freunden ein bisschen damit angeben zu können. „Warum tust du das?", fragte ich ihn. Ich wollte wissen, woher er die Motivation und das Durchhaltevermögen für so ein anstrengendes Unterfangen nahm. Auch ich liebe jede Art von körperlicher Aktivität, Querfeldeinlauf eingeschlossen. Aber ich habe nicht die geringste Lust, das so extrem zu betreiben wie er. Da schaue ich lieber zu, lasse mich von solchen Leistungen faszinieren – und versuche, zu entschlüsseln, was jemanden treibt, diese Strapazen auf sich zu nehmen.

Ich denke, Extremsportler können solche Leistungen erbringen, weil sie mental abschalten, ein eisernes Durchhaltevermögen haben – und eine klare Antwort auf die Frage „Warum tue ich mir das an?". Die Antwort meines Freundes lautete: „Ich möchte herausfinden, wozu ich fähig bin." Das war alles. Mich motiviert vor allem die Aussicht, im Freien zu sein, meinen Kreislauf auf Hochtouren zu bringen und die wunderbaren Nachwirkungen (in Form einer gesteigerten Fettverbrennung) zu genießen. (Siehe dazu auch „Das Hochgefühl nach dem Sport", S. 151.)

Egal, wie es um deine Fitness bestellt ist, du kannst dir von diesen Extremsportlern etwas abschauen. Wir können ein Achtsamkeitswerkzeug von ihnen übernehmen und damit unsere Wahrnehmung, die wir von vergleichsweise leichten körperlichen Unannehmlichkeiten haben, verändern. Auf diese Weise lernen wir, solche zu akzeptieren, ja sogar willkommen zu heißen. Und werden dadurch fähig, Fortschritte zu machen und durchzuhalten.

Um dieses Achtsamkeitswerkzeug zu verstehen, überlege, was eine Empfindung schmerzhaft und andere erträglich oder sogar befriedigend macht. Richtig: die Wahrnehmung. Betrachtest du sie mit Achtsamkeit, erkennst du, dass die Empfindung selbst nicht angenehm oder unangenehm ist, sondern von dir entsprechend kategorisiert wird. Bei mir meldet sich beim Laufen regelmäßig mein Ischiasnerv und lässt den Schmerz wie einen Stromstoß das ganze Bein entlang bis hinunter in den Fuß schießen. Das ist natürlich eine *sehr* unangenehme Empfindung, auf die Körper (und Geist) mit Verkrampfen und Widerstand reagieren. Ich lenke meine Aufmerksamkeit auf diese Empfindung, atme tief ein und aus, lockere die Muskeln und registriere meine Eindrücke mit Interesse und Verständnis (anstatt mit Ablehnung): dumpfer Schmerz, Kribbeln, pulsierendes Stechen, leichtes Brennen. In Bezug auf Dauer und Intensität der Symptome stelle ich leichte Veränderungen fest. Ich weiß, dass das, was ich fühle, keine Tatsachen sind, sondern Empfindungen. Wenn ich sie als Schmerz deklariere, verkrampfe ich mich und sperre mich dagegen. Wenn ich sie als vorübergehenden Eindruck betrachte, kann ich sie besser annehmen.

Wenn ich will, kann ich dem Ischiasnerv meine Aufmerksamkeit bewusst entziehen und sie auf etwas anderes, schöneres lenken. Auf Vogelgezwitscher oder auf den Geruch des Herbstlaubs. Das ist etwas ganz anderes, als den Schmerz zu ignorieren. Ich nehme ihn bewusst wahr und *entscheide*, ob ich mich weiterhin auf ihn konzentrieren will.

Wenn du eine sportliche Aktivität zum ersten Mal ausübst, fühlt sie sich zu Beginn wahrscheinlich etwas unangenehm an. Das ist normal. Du musst aber unterscheiden, ob dein Körper einfach noch nicht an diese Bewegungsabläufe gewöhnt ist, oder ob das unangenehme Gefühl durch Überanstrengung oder sogar eine Verletzung hervorgerufen wird. In dem Fall hör sofort auf. Denn es geht darum, sich in seinem Körper wohlzufühlen, nicht, ihm zu schaden. Suche nach einer Bewegungsart, die dir dieses Wohlgefühl verschafft. Das kann ein Spaziergang im Park sein, Zumba, Eislaufen oder Yoga. Wofür auch immer du dich entscheidest, versuche, deine Komfortzone zu verlassen, aber treibe es nicht so wild, dass du am nächsten Tag nicht mehr fähig bist, aus dem Bett aufzustehen. Finde das richtige Maß. Muskelkater kann wehtun. Doch er gibt dir auch das wunderbare Gefühl, etwas für dich getan zu haben.

Achtsames Sportprogramm

Wichtig: Mach einen Check beim Arzt, ehe du ein neues Trainingsprogramm in Angriff nimmst. Das meine ich ernst!

1 Überlege dir drei Gründe, warum du deinen Körper bewegen und dich dabei wohlfühlen willst. Am besten schreibst du sie dir auf Karteikarten, die du so in deinem Umfeld platzierst, dass sie dir immer wieder ins Auge fallen. Mögliche Gründe wären: Energiegewinn, sich in seinen Kleidern wohler zu fühlen, gesund zu bleiben (deiner Familie zuliebe), Stress abzubauen oder der lang gehegte Wunsch, sich sportlich zu fühlen.

2 Stell fest, wie fit du bist, um körperliche Herausforderungen entsprechend zu dosieren. Wenn es schon eine ganze Zeit her ist, dass du deinen Kreislauf auf Hochtouren gebracht hast, gehe es langsam an. (Siehe dazu auch „5-Minuten-Spaziergang", S. 80.)

3 Mache einen Plan. Schaue dir jeden Sonntag den Terminkalender für die kommende Woche an und trage ein, an welchen Tagen und um wie viel Uhr du welcher sportlichen Aktivität nachgehen willst. Wenn du schon etwas Routine hast, stell dir täglich die Frage, nach welcher Art von Bewegung sich dein Körper sehnt. (Sobald er daran gewöhnt ist, regelmäßig bewegt zu werden, wird er tatsächlich danach verlangen.)

4 Registriere deine Empfindungen während des Trainings und die damit verbundenen Gedanken, ohne sie zu bewerten. Wenn deine innere Stimme sich zu einem Feldwebel entwickelt, der dich drillen will, dann erziehe sie dazu, dich wie eine gute Freundin zu behandeln. Wenn dein Körper dir leichtes Unwohlsein meldet, nimm es spielerisch auf, konzentriere dich auf deine Atmung, entspanne dich und mache weiter.

5 Beobachte deinen Körper nach dem Work-out. Fühlt er sich anders an? Hat sich deine Körperhaltung verändert? Fühlst du dich lebendig? Speichere die positiven Empfindungen ab und erinnere dich daran, wenn du dir wieder einmal die Frage stellst, warum du das tust.

Grundsätzlich gilt: Respektiere deinen Körper. Mute ihm nicht zu viel zu. Behandle ihn mit Nachsicht, anstatt ihm Höchstleistungen abzufordern. Bewege dich so, dass es sich gut anfühlt und du dich auf das nächste Mal freust. Und sei nicht überrascht, wenn du eines schönen Tages feststellst, dass du dir ein Leben ohne Sport gar nicht mehr vorstellen kannst.

Nachbrennen

Ich habe gelernt, dass es mir wichtig ist, wie ich aussehe und mich fühle, aus Gründen, die nichts mit Gesundheit oder Eitelkeit zu tun haben. So banal es sich anhört, es stimmt: Wenn ich selbstbewusst bin, hört man mir eher zu. Je mehr Menschen mir zuhören, desto mehr Macht habe ich, für das zu kämpfen, an das ich glaube.

Kirsten Gillibrand, Politikerin

5.15 Uhr an einem dunklen, kalten Wintermorgen. Aus der kuscheligen Wärme der fünf Bettdecken heraus schiebt sich mein Arm tastend in Richtung meines altmodischen Weckers, um das immer lauter werdende Schrillen abzustellen. Heute ist mein Terminkalender so voll, dass ich nur in aller Herrgottsfrühe Zeit für ein Work-out habe. Meine kalte Nasenspitze gibt mir eine Vorahnung von den eisigen Temperaturen im Haus, und ich bin in Versuchung, den Wecker zu ignorieren und ins Land der Träume zurückzugleiten.

Moment! Ich weiß doch, wie gut es sich anfühlen wird, wenn ich es geschafft habe, aufzustehen und mich anzuziehen, und auf der Yogamatte liege. Mein Atem erfüllt meinen Körper, mein Kopf wird klar. Ich werde mich hinterher wacher, kreativer und glücklicher fühlen. Ich werde aufrecht und voller Selbstvertrauen in den Tag gehen, werde eine bessere Mutter, Ehefrau und Therapeutin sein. Und all diese durch jahrelanges Training erarbeiteten Wohltaten bringen mich dazu, meine Decken zur Seite zu schieben, ins kalte Badezimmer zu schleichen und mich schließlich auf meiner schon ziemlich abgenutzten Yogamatte niederzulassen.

Ich gebe offen zu, dass ich egoistisch bin, wenn es darum geht, Zeit für mein Training herauszuschinden. Jeden Sonntag, wenn ich meinen Wochenplan aufstelle, kommen nach den Terminen für Arbeit, Aktivitäten der Kinder und anderen festen Verpflichtungen gleich die für mein körperliches Wohlbefinden. Sie sind wirklich bindend. Denn sie sind mein Selbstschutz gegen Burn-out wie auch körperliche und geistige Trägheit. Regelmäßiges Training hilft mir, mich nicht vom tagtäglichen Chaos einnehmen und überwältigen zu lassen. Allerdings musste ich auch lernen, flexibel zu sein, wenn es darum geht, wann und wie ich trainieren kann.

Im Sommer schlüpfe ich frühmorgens in meine Laufschuhe, stürze ein paar Schlucke Kaffee hinunter, nehme zwei Bissen Banane und bin aus der Tür, bevor ich überhaupt richtig aufwache. Ich komme zurück, dehne mich, hüpfe unter die Dusche, trinke den Rest meines Kaffees und wundere mich manchmal, ob ich tatsächlich diese 5-Kilometer-Schleife gelaufen bin, so verschlafen, wie ich noch war.

Zur Not laufe ich auch, wenn es noch dunkel ist. Solltest du mir bei Nacht und Nebel auf einer einsamen Landstraße begegnen, begleitet von meinem Hund, die ungeliebte Stirnlampe bei jedem Schritt aufblinkend, kannst du davon ausgehen, dass ich an diesem Morgen einen wichtigen Vortrag halten muss. Eine Dreiviertelstunde Flow-Yoga würden zwar auch helfen, aber für mich gibt es nichts Schöneres, als an der frischen Luft zu sein und den Rhythmus zu spüren, den meine Schritte auf den Asphalt trommeln. Während ich mich auf die Straße, meinen Atem und meinen Körper konzentriere, kommen mir von ganz alleine inspirierende Gedanken, die sich zu einem wahren Feuerwerk der Kreativität verdichten. Hinterher fühle ich mich lebendig, dankbar und vollgepumpt mit Endorphinen. Und das, liebe Freundin, sind die Nachwirkungen, die ich meine. Ich bin nicht nur hellwach, sondern auch geistig frischer und flexibler.

Meine Erfahrungen decken sich mit dem, was die Wissenschaft herausgefunden hat: Körperliche Betätigung steigert die Kreativität, unabhängig von unserer momentanen Stimmung.[23] Die American Psychological Association bestätigt, dass regelmäßiges Training auch Ängsten, Depressionen und Stress entgegenwirkt, weil es unseren Organismus dazu anregt, Körperfunktionen (Herzschlag, Atmung, Bewegung) zu koordinieren, um sicherzustellen, dass wir mit den körperlichen und mentalen Herausforderungen zurechtkommen. „Dieses Workout für das Kommunikationssystem unseres Körpers ist vielleicht der eigentliche Nutzen des Trainings. Je sesshafter wir werden, desto weniger effizient reagiert unser Körper auf Stress."[24] Gretchen Reynolds schreibt im Well-Blog der *New York Times*, dass intensives Training die Produktion des Wachstumsfaktors BDNF (von eng. *Brain-derived neurotrophic factor*) anregt, eines Proteins, das anscheinend großen Einfluss auf unser Gedächtnis, unser Erinnerungsvermögen und die Fähigkeit, komplexe Zusammenhänge zu erkennen, hat.[25]

Obwohl ich schon unzählige Workshops gegeben und Vorträge gehalten habe, bin ich am Anfang immer noch nervös. Kein Wunder, dass ich mir instinktiv Bewegung verordnet habe, um meine Nerven zu beruhigen, meine Kreativität zu fördern und präsenter zu sein. Wenn dich die wissenschaftlichen Fakten nicht überzeugen, empfehle ich dir, mit meiner Pause zum Hochgefühl nach dem Sport einen Eigenversuch zu starten.

Das Hochgefühl nach dem Sport

In dieser Pause geht es darum, dir deinen Körper, deine Körperhaltung, deine Stimmung und den Zuwachs an Selbstvertrauen nach körperlicher Betätigung bewusst zu machen. Im Idealfall kombinierst du sie mit einem intensiven Work-out. Wenn du erst anfängst zu trainieren, verlange nicht zu viel von dir und baue dein Programm langsam auf. Auch ein fünfminütiger flotter Spaziergang funktioniert für den Anfang.

1 Betätige dich sportlich auf eine Weise, die dein Herz mindestens fünf Minuten lang auf Hochtouren bringt.

2 Wie fühlst du dich danach? Bist du auf dem Weg zur Arbeit entspannter und geduldiger? Bist du schlagfertiger und geistesgegenwärtiger? Humorvoller? Lockerer? Sind deine Energiereserven aufgefüllt und reichen für den ganzen Tag? Bist du glücklicher und zufriedener? Stehst du aufrechter da? Sei nicht enttäuscht, wenn du diese positiven Auswirkungen nicht sofort feststellen kannst. Ich garantiere dir, dass sie sich mit der Zeit einstellen – manchmal ganz unauffällig. Gib nicht auf!

3 Notiere deine Beobachtungen, damit du deine Fortschritte nachvollziehen kannst. Das wird dich motivieren, weiterzumachen.

4 Baue dein Training langsam aus. Trainiere länger und intensiver und genieße dabei das Gefühl, deinen Körper in Bewegung zu erleben.

Wer will ich sein?

Alles, was du tust, ist eine Ja-Stimme für die Art von Mensch, die du sein willst.

James Clear, Verhaltens-Coach

Die Vorstellungen davon, wie eine moderne, erfolgreiche Frau aufzutreten hat, gehen weit auseinander. Das kann ein Problem werden, wenn wir uns überlegen, wie wir uns in der Öffentlichkeit präsentieren wollen. Kommen wir zum Netzwerk-Treffen in bequemen Ballerinas oder leiden wir den ganzen Abend auf unseren mörderisch hohen Absätzen?

Jede von uns versucht, ihre Persönlichkeit zum Ausdruck zu bringen, nicht zuletzt durch ihr Aussehen. Unser Auftreten wird von tief verwurzelten, oft unbewussten Traditionen geprägt, aber auch von Vorbildern, an denen wir uns orientieren. Vieles meinen wir tun zu *müssen*, dabei haben wir meistens die Wahl. Nehmen wir eine so simple Sache wie Make-up. Es gibt Frauen, die niemals ungeschminkt aus dem Haus gehen würden, während andere noch nie im Leben Wimperntusche in die Hand genommen haben. Vor Jahren hatte sich in mir die Vorstellung festgesetzt, ich müsse mich schminken, um als kompetente Geschäftsfrau durchzugehen. Das hatte wohl auch damit zu tun, dass ich als frischgebackene Hochschulabsolventin in meinen Zwanzigern noch sehr mädchenhaft aussah – was durchaus auch seine positiven Seiten hat – und deshalb oft das Gefühl hatte, nicht ernst genommen zu werden. Was kann dieses unerfahrene junge Ding als Therapeutin schon groß draufhaben? Ein bisschen Mascara und ein dünner Lidstrich machten mich sofort etwas älter und glaubwürdiger. Für mich eine gute Lösung.

Wenn ich es mir genau überlege, begann die Geschichte allerdings schon erheblich früher, nämlich als ich ins Teenageralter kam und mich an den üblichen Jugendmagazinen orientierte. Meine Make-up-Routine festigte sich dann, als nach einer Hautoperation eine auffällige Narbe auf meiner linken Wange zurückblieb. Ich überschminkte sie, nicht einmal so sehr, weil ich mich deswegen genierte (auch wenn ich lieber keine Narbe gehabt hätte), sondern weil ich mir vorstellte, wie unangenehm der Anblick dieser Narbe für andere sein musste, vor allem in den ersten Monaten nach der Operation. Das wollte ich ihnen ersparen. Und so wurde es mir zur Gewohnheit, jeden Morgen zehn Minuten vor dem Spiegel zu stehen, um mich zu verschönern, bevor ich ins Büro fuhr.

Irgendwann letztes Jahr begann ich, ungeschminkt zur Arbeit zu gehen. Das war keine bewusste, feministische Entscheidung, die Idee wuchs langsam in mir. Ich hatte einfach keine Lust mehr, täglich zehn Minuten für ein Make-up zu verschwenden, das ich zwölf Stunden später wieder abnahm. Es war mir einfach nicht mehr wichtig genug. Und mein ungeschminktes, wahres Ich zu zeigen fühlte sich irgendwie auch befreiend an – zumindest ein paar Sekunden lang. Da meldete sich diese innere Stimme: Was denken meine Klienten, wenn sie meinen blassen Teint und die dunklen Augenringe sehen? Glauben sie, ich sei krank oder spekulieren sie, was sonst zu diesem ungesunden Aussehen geführt haben könnte? Wird sie das davon abhalten, sich auf unser Therapiegespräch zu konzentrieren? Mich jedenfalls lenken diese Gedanken ab! – Sobald ich wieder zur Vernunft gekommen war, wurde mir klar, dass niemand von ihnen wirklich auf mein Aussehen achtete. (Richtig! Die Welt dreht sich nicht allein um uns, auch wenn wir alle uns das gelegentlich einbilden.)

Im Leben geht es nicht darum, sich selbst zu finden. Es geht darum, sich selbst zu erschaffen.

George Bernard Shaw, Schriftsteller

Seither stürzt mich mein nacktes Gesicht in ein Wechselbad der Gefühle – mal bin ich stolz darauf, mich ungeschminkt zu zeigen, mit allen meinen Makeln, mal ist es mir peinlich, anderen den Anblick meiner grünlich-grau umschatteten Augen mit dem immer dünner werdenden Wimpernkranz zuzumuten. Dann wieder sage ich mir: Sie werden sich daran gewöhnen. So hat sich das Gesicht, das ich der Außenwelt zeige, langsam verändert. (Ist dir aufgefallen, dass ich mir keine Sorgen mehr mache, zu jung auszusehen, um ernst genommen zu werden? Der Zug ist definitiv abgefahren. Ach ja ...)

Ich will dir nicht vorschreiben, wie du dich in der Öffentlichkeit zeigen sollst, schon gar nicht, was Make-up angeht. Wenn du gerne eine halbe Stunde damit verbringst, dich zu schminken, einfach weil es dir Spaß macht (und nicht, um die Erwartungen anderer zu erfüllen), dann tu das. Natürlich sollst du umwerfend aussehen. Wenn du dich schön fühlst, fühlst du dich stark und selbstbewusst – und *handelst* auch so.

Meine Mascara-Geschichte ist eine Kleinigkeit. Die meisten von uns haben größere Probleme. Ich habe sie trotzdem erzählt, als Beispiel dafür, wie unser Aussehen und Auftreten von Gewohnheiten geprägt wird, die wir oft nicht mehr hinterfragen. Wir vergessen völlig, dass wir jederzeit die Möglichkeit haben, uns zu verändern. Und das Tragen von Make-up ist nur einer von vielen Ansprüchen, denen Frauen ausgesetzt sind und die uns wertvolle Energie, Zeit und Gedanken über das, was die Gesellschaft von uns erwartet, kosten.

Wer will ich sein?

Diese Pause der Achtsamkeit soll uns bewusst machen, was wir wirklich wollen. Sind meine Fußnägel knallrot lackiert, weil mir das gefällt oder weil man es von mir erwartet? Oft ist es schwierig, zu unterscheiden, wann wir eigenen Vorstellungen folgen und wann wir uns von dem Frauenbild anderer leiten lassen. Deshalb ist es wichtig, die Beweggründe freizulegen, die zu dem Bild geführt haben, das wir anderen von uns geben. Erst dann kannst du entscheiden, ob du sie immer noch richtig findest (sofern sie jemals wirklich richtig für dich waren). Deine Einstellung zu deinem Aussehen kann sich jederzeit ändern. Das ist auch gut so, solange du dir selbst treu bleibst. Wenn du dich mit Achtsamkeit beobachtest, wirst du erkennen, wer du sein willst.

1 Gibt es Stereotype, die deine Persönlichkeit definieren? (Clever, aufgeweckt, kann gut zuhören, verlässlich, schüchtern, vorlaut, verkopft, chaotisch, unsportlich, modebewusst ...) Überlege, woher sie kommen und wer sie dir zugeschrieben hat.

2 Passen sie immer noch auf dich? Wenn nein, welche möchtest du ablegen? Wie würdest du lieber wirken? Was müsstest du dafür verändern?

3 Was hält dich zurück?

4 Gib dir selbst die Erlaubnis, deine Persönlichkeit neu zu kreieren. Immer wieder. Dabei gibt es kein Richtig oder Falsch, nur die Treue zu dir selbst.

5 Du kannst dir eine neue Identität geben, eine neue Version deiner selbst werden, so oft du willst. Sei mutig, wage etwas. Was steckt in dir, wer willst du sein?

KAPITEL 3

Erreiche deine Ziele

Du hast dich mithilfe der Pausen, um zur Ruhe zu kommen entstresst und dein Bewusstsein geschärft. Du hast deine Einzigartigkeit entdeckt und dein Selbstbewusstsein gestärkt, indem du die Pausen zum Kraftsammeln angewandt hast. Nun ist es Zeit, deine innere Stärke auszubauen, damit du deine Ziele erreichen kannst. Dafür ist es unbedingt notwendig, dass wir uns klarmachen, worauf wir uns einlassen und in welche Richtung wir gehen wollen. Wenn wir uns das nicht vorher überlegen und unser Handeln nicht entsprechend ausrichten, kann es leicht passieren, dass wir unsere Energie an den aussichtslosen Versuch verschwenden, willkürlich jede Herausforderung anzunehmen, vor die das Leben uns unaufhörlich stellt. Wie leicht verheddern und verausgaben wir uns, um etwas zu erreichen, das *andere* als Erfolg bezeichnen, anstatt unsere Energie zu nutzen, um eigene Ziele zu verwirklichen.

Freue dich auf die achtsamen Pausen der inneren Stärke. Diese fünfminütigen Übungen sind Anleitungen, bewusst und zielgerichtet zu handeln. Sie lehren dich, deine grundsätzlichen Werte zu benennen und ihnen auf deinem Weg zum Erfolg treu zu bleiben. Sie ermuntern dich, von Großem zu träumen, und zeigen dir, wie du diese Träume in kleinen, überschaubaren Schritten verwirklichen kannst. Die achtsamen Pausen der inneren Stärke helfen dir, zu erkennen, was du delegieren oder worauf du verzichten kannst und wofür du dir mehr Zeit nehmen solltest. Es sind Pausen, die dich ins Gleichgewicht bringen, Rückhalt geben und dich ermuntern, nach den Sternen zu greifen. Dank kleiner, einfacher Veränderungen wirst du in der Lage sein, das Beste in dir zum Vorschein zu bringen und der Welt deine einzigartigen Fähigkeiten und Talente zum Geschenk zu machen. Worauf wartest du noch? Los geht's!

Dein innerer Kompass

(Was sind deine Werte?)

Sei ein guter Vorfahr.

Marian Wright Edelman, Aktivistin für Kinderrechte

Wenn wir so beschäftigt sind, dass wir im Autopilot-Modus durch die Tage rasen, bleibt wenig Zeit für empathische Beziehungen zu unseren Mitmenschen, und oft verlieren wir dabei unsere Grundwerte aus den Augen. Unser Kopf ist voll mit Alltagssorgen, sodass kein Platz für Gedanken bleibt, die darüber hinausreichen. Dazu kommen Phasen, in denen uns etwas so vereinnahmt (egal, ob positiv oder negativ), dass wir alles andere um uns herum vergessen. Nach dem Abschluss von *Breathe, Mama, Breathe* (dt. *Achtsamkeit für Mamas*) hatte ich so einen Tunnelblick. Das Projekt hatte meine ganze Aufmerksamkeit beansprucht. Ich war dankbar für die Gelegenheit, dieses Buch zu schreiben. Aber der ganze Prozess (Schreiben, Lektorat, Vermarktung usw.) nahm mich einfach vollkommen gefangen. Ich war so darauf fokussiert, dass ich einige meiner wichtigsten Werte gänzlich vernachlässigte. Aus mir war kein egoistisches Monster geworden, das andere gedankenlos verletzte, brüskierte oder ignorierte. Aber ich fühlte mich nicht wohl dabei, die Welt um mich herum völlig auszublenden. In der Hochphase hatte ich das dumpfe Gefühl, dass etwas in mir aus dem Gleichgewicht gekommen war. Aber das Buch und alles, was damit zusammenhing, ließ mir einfach keine Zeit, mich näher damit zu beschäftigen. Erst als es erschienen war und sich die Anfangseuphorie verflüchtigt hatte, begann ich zu realisieren, wie weit ich mich von meinen Lebensprinzipien entfernt hatte.

Wir können diesen Zustand der Selbstentfremdung beheben, indem wir uns erneut fragen, was unsere Werte und Prinzipien sind. Was uns wirklich wichtig ist im Leben. Dafür gibt es verschiedene Methoden. Eine, von der man in letzter

Zeit öfter hört, ist, sich ein „Wort des Jahres" auszusuchen und einen Neubeginn unter dieses Motto zu stellen. Ein Wort, das ab jetzt als Richtlinie für unser Handeln dienen soll. Ein Wort,

Das Leben, das wir führen, ist das wahre Abbild unserer Gedanken.

Michel de Montaigne, Philosoph

das da, wo wir verschiedene Möglichkeiten zur Auswahl haben, unseren Blick auf das richtet, was uns am wichtigsten ist. Soll ich dieses Arbeitsangebot annehmen? Was soll ich an meinem freien Nachmittag unternehmen? Wie soll ich die ungute Situation mit meiner Kollegin klären? Mithilfe des Wortes können wir prüfen, welche Lösung unseren Grundwerten am ehesten entspricht.

Nachdem *Breathe, Mama, Breathe* in den Regalen stand, hatte ich plötzlich das Bedürfnis, meinen Laptop zuzuklappen und zu schauen, wo und wie ich mich in der restlichen Welt nützlich machen konnte. Was ich für andere tun konnte. Wie ich meine durch dieses Buchprojekt gewonnenen Erfahrungen weitergeben konnte. Ich suchte nach meinem Wort für das kommende Jahr, das mir helfen und mich führen würde, und fand … Liebe. Damals, Anfang 2017, schien Liebe in unserer Gesellschaft kaum noch eine Rolle zu spielen. Ich wollte Angst mit Liebe begegnen. Ich wollte Wut und Gleichgültigkeit mit Liebe begegnen. Ich wollte Liebe mit noch mehr Liebe begegnen. Wenn ich jedem Moment mit Liebe begegnete, so meine Überlegung, hätte ich alles, was mir wichtig ist, abgedeckt. Denn wenn wir Liebe in uns aufsteigen lassen, sind wir automatisch offener, freundlicher, mitfühlender und dankbarer.

Ich wusste, dass ich mein Vorhaben nicht zu 100 Prozent umsetzen können würde. Ich sah voraus, dass ich in nicht allzu ferner Zukunft in einer angespannten Situation mit meinen Kindern die Nerven verlieren und mich später fürchterlich schämen würde. Aber ich wusste auch, dass das der Moment sein würde, mir selbst eine große Portion Liebe und Verständnis zu schenken. Denn meine Liebe sollte für alle da sein, mich selbst eingeschlossen. Ich ließ mich also ein ganzes Jahr lang bei allen Entscheidungen und Unternehmungen von der Liebe leiten. Während ich dieses Buch schreibe, steht Liebe auf der Liste meiner Werte immer noch ganz oben – gefolgt von Langsamkeit, Natur und Selbstverwirklichung.

Sich eine Liste von Werten zu machen ist der zweite Schritt, nachdem man angefangen hat, sich für jedes Jahr ein Leitwort zu suchen. Eine solche Liste hilft uns, zu erkennen, in welche Richtung wir gehen wollen. Ohne sie werden wir weiterhin von einer Baustelle zur nächsten hasten, uns für jede erledigte Aufgabe zwei neue aufbürden und uns von unseren Alltagsproblemen auffressen lassen. Wir müssen uns immer wieder bewusst machen, was uns im Leben wichtig ist, welche Werte wir haben. Sie führen uns zurück auf unseren Weg, wenn wir uns verfranzt haben. Sie sind unser innerer Kompass.

Der innere Kompass

1 Schließe deine Augen, entspanne dich und atme dreimal tief ein und aus. Vergiss alle Erwartungen und Zwänge. Es geht darum, dir selbst treu zu sein, unabhängig davon, was andere deiner Meinung nach von dir erwarten.

2 Wenn du Anregung suchst, schau dir die folgende Liste an. Welche Begriffe sprechen dich an? Was berührt dich, gibt dir ein Gefühl der Leichtigkeit oder energetisiert dich? Genieße es, über diese Werte nachzudenken, und vervollständige die Liste mit Begriffen, die du vermisst.

3 Finde die vier Werte, die dir am wichtigsten sind, und schreibe sie auf.

Ehrlichkeit. Gesundheit. Wissen. Rechtschaffenheit. Familie. Gleichgewicht. Liebe. Spiel. Autonomie. Mut. Inspiration. Selbstkontrolle. Authentizität. Geben und Nehmen. Empathie. Glaube. Gefühle. Hoffnung. Abenteuer. Vergebung. Tradition. Entfaltung. Erfolg. Kühnheit. Freundlichkeit. Großzügigkeit. Langsamkeit. Freiheit. Sicherheit. Neugier. Zufriedenheit. Vergnügen. Reichtum. Friede. Wärme. Vorsicht. Kreativität. Einfachheit. Schutz. Toleranz. Humor. Zusammenarbeit. Dankbarkeit. Treue. Natur. Autorität. Selbstfürsorge. Leistung. Wettbewerb. Optimismus. Glück. Respekt. Begeisterung. Gerechtigkeit. Freundschaft. Mitgefühl. Weisheit. Güte. Demut. Bei sich sein.

4 Was steckt für dich hinter diesen vier Werten? Haben sie in deinem Leben irgendwann einmal eine besondere Rolle gespielt? Wann war das?

5 Überlege, ob und wie sich diese Werte in deinem Privatleben spiegeln. Wie sieht es im Berufsleben aus? Welche Werte sind einfach zu beachten? Auf welche Werte solltest du mehr Rücksicht nehmen? Was hindert dich daran, nach deinen Werten zu leben? Was müsstest du ändern, um deine Werte besser umzusetzen? Wenn du ein schlechtes Gewissen bekommst (erkennbar daran, dass du denkst „Ich müsste ..." oder Schuldgefühle hast), nimm es zur Kenntnis und schiebe es dann sanft zur Seite. Erinnere dich daran, dass du dabei bist, an dir zu arbeiten. Lobe dich dafür.

6 Wenn du dich in einer Situation wiederfindest, die dich verunsichert oder verwirrt, rufe dir deine Werte in Erinnerung und lass dich von ihnen führen. Sie helfen dir, die richtige Entscheidung zu treffen.

Wir sollten unsere Werte als ein Gerüst betrachten, das uns hilft, uns das Leben aufzubauen, das wir uns wünschen. Wenn wir das Gefühl haben, dieses Gerüst würde uns einengen oder unter Druck setzen, sollten wir unsere Werte überprüfen. Wir sollten weder sie noch unser daraus resultierendes Verhalten als Hindernisse empfinden. Können wir uns immer noch mit ihnen identifizieren? Warum sträuben wir uns plötzlich gegen sie? Veränderungen fühlen sich oft unangenehm an. Aber Wachstumsschmerzen gehören dazu und sollten nicht als Zeichen für einen Irrweg missverstanden werden. Vielleicht muss das Gerüst etwas umgebaut werden? Vielleicht musst du deine vier Werte modifizieren? Wir entwickeln uns ständig weiter und verändern uns. Das kann auch unsere Werte betreffen, denn sie stehen mit unseren Prioritäten in Verbindung. Deshalb solltest du deine persönliche Liste immer wieder einmal überprüfen und dich von deinem inneren Kompass führen lassen.

Im Interview

Mary Beth LaRue und **Jacki Carr**, Gründerinnen des Coaching-Unternehmens und Podcasts „Rock Your Bliss"

Mit ihrem auf Yoga basierenden, neuartigen Einzel- und Gruppencoaching haben MB LaRue und Jacki Carr unter dem Motto „shift happens" (Veränderung passiert) eine dynamische Online-Community aufgebaut. Jacki ist ein temperamentvolles Energiebündel, MB der kraftvolle ruhende Pol. Zusammen bilden sie ein Dream-Team, das mit seiner positiven Energie alle mitreißt. Nach unserem Gespräch fühlte ich mich inspiriert und optimistisch.

MBs berufliche Laufbahn begann in Washington D.C. als Lektorin für *National Geographic*, doch schon bald fühlte sie sich unbefriedigt und deprimiert. Auf den Ratschlag einer Freundin belegte sie einen Yogakurs und war begeistert. Um sich noch tiefer in die Materie einzuarbeiten, machte sie eine Ausbildung zur Yogalehrerin. Als eher introvertierter Typ konnte sie sich zunächst nicht vorstellen, andere zu unterrichten. Aber ihre Leidenschaft für Yoga war so groß, dass sie ihre Ängste überwand und sich voll und ganz in diese Aufgabe stürzte.

Jacki ging nach dem Studium eine Zeit lang einer „gehirnentleerenden" Tätigkeit bei einer Hollywood-Agentur nach, erkannte aber schon bald, dass das nicht das Richtige für sie war. Für ihr Wohlbefinden lief sie Marathon. Durch Kontakte in ihrer Laufgemeinschaft fand sie einen Einsteigerjob bei Lululemon, einem (damals noch unbekannten) kanadischen Sportbekleidungshersteller. Jacki nennt sich selbst einen Networking-Junkie. Sie entdeckte, dass öffentliche Auftritte, Coaching und das Vermitteln von Werten genau ihr Ding waren. Sie begann, Workshops zur Erarbeitung von Visionen und Zielen anzubieten. Ihr Talent blieb auch bei Lululemon nicht unbemerkt und sie bekam die Möglichkeit, Weiterbildungen zu besuchen. (Siehe dazu auch „Warum nicht?", S. 186.) Trotz wohlmeinender Ratschläge von Freunden und Familie, ihre sicheren, auf dem Papier so gut klingenden

Jobs nicht aufzugeben, fanden sowohl MB wie auch Jacki den Mut, diese zu kündigen, um zu tun, was ihnen ihr Herz sagte.

Ihre Wege kreuzten sich bei Lululemon. Jacki erzählt, dass sie sich zunächst gegen MBs Freundschaftsangebot sträubte. Beide geben zu, dass sie in der Vergangenheit engere Kontakte zu anderen Frauen eher „blockierten". Eine Art Selbstschutzmaßnahme. Sie stellten jedoch fest, dass zwischen Yoga, Persönlichkeitsentwicklung und Coaching viele Verbindungen bestehen, und beschlossen, einen Retreat zu diesen Themen anzubieten. Das Projekt führt zu weiteren langen Gesprächen, zu Workshops, Online-Coaching-Programmen, weiteren Retreats und schließlich dem Podcast „Rock Your Bliss".

MB erklärt, dass sich die meisten Frauen danach sehnen, gesehen und gehört zu werden und Beziehungen aufzubauen, in denen sie sich nicht verstellen müssen. Jacki sieht das genauso und ergänzt noch den Wunsch, zu einer Bewegung oder einer Gemeinschaft zu gehören. MB hat von Jacki gelernt, „verletzlich, ehrlich, kontaktfreudig, achtsam und sensibel für die Gefühle anderer" zu sein. Jacki schätzt vor allem, dass es ihnen beiden gelungen ist, „unsere Unterschiede anzuerkennen und offener zu sein für das, was wir voneinander lernen können". Beide sind überzeugt, dass ein sicheres Umfeld eine der wichtigsten Voraussetzungen für gute Beziehungen ist. Darauf achten sie nicht nur in ihrer eigenen, engen Freundschaft, sondern auch bei ihren Coaching-Retreats. Zu Beginn geben sie daher „eine Art Berechtigungsschein aus, der besagt, dass die Teilnehmerin hierher gehört. Dass wir alle hierher gehören." (Siehe dazu auch „Dein persönlicher Aufsichtsrat", S. 189.)

Beide sind inzwischen Mutter. MB praktiziert in ihrem oft anstrengenden Alltag Achtsamkeit, „indem ich täglich meditiere und meinen Körper mit Lust bewege". Jacki braucht die Verbindung zur Natur, um im Hier und Jetzt zu bleiben und bewusst zu reagieren, anstatt nur zu funktionieren. „Darüber hinaus", sagt sie, „bin ich dabei, MBs Meditationswerkzeuge auszuprobieren." (Siehe auch „Meditation – ganz anders, als du denkst", S. 27, und „Pause der achtsamen Sauerstoffaufnahme", S. 60.)

Bei ihren Coachings stellt sich immer wieder heraus, dass einer der größten Hemmschuhe für persönliche Entfaltung das Knappheitsprinzip ist. Wer etwas vorhat, denkt: Zu viele andere machen das schon. Ich bin zu spät dran. Außerdem werden die anderen meinen Neuanfang verurteilen ... Jacki und MB sind überzeugt, dass jeder von uns alle Möglichkeiten offenstehen. Dabei schützt uns die Konzentration auf unsere Werte davor, uns zu verlieren. MBs wichtigste Werte sind: „bei sich sein, Gefühle wahrnehmen und zeigen, zielgerichtet handeln." Auf Jackis Liste stehen: „Natur, Verbundenheit, Familie und Wissen". (Siehe dazu „Achtsame Pause zum inneren Kritiker", S. 112, „Achtsame Pause zum inneren Mentor", S. 115, und „Der innere Kompass", S. 161.)

MBs Stärken sind „Dankbarkeit, ruhige Kraft und Vertrauen in meine Talente, die ich anderen zur Verfügung stelle, und in meine Fähigkeit, Herausforderungen zu bewältigen". Sie hat einen kleinen Jungen als Pflegekind angenommen. Das erfordert viel Liebe, aber auch den Mut, Angst und Ungewissheit gegenüberzutreten. Jacki steht gerne im Rampenlicht. Sie hat Talent dazu, öffentlich aufzutreten und Geschichten zu erzählen, und das Gefühl, dabei wirklich etwas transportieren zu können.

Mehr dazu unter rockyoublissmovement.com.

———

Mach es wahr!

Ich beobachte schon lange, dass erfolgreiche Menschen sich selten zurücklehnen und darauf warten, dass etwas passiert. Sie gehen hinaus und lassen etwas passieren.

Leonardo da Vinci, Universalgelehrter der Renaissance

In aller Herrgottsfrühe war Amy auf den Weg zur Arbeit. Sie hatte einen Kloß im Hals und kämpfte gegen die Tränen. Sie atmete ein paar Mal tief durch und versuchte, sich zu beruhigen. Vor ihr lag ein frühmorgendliches Meeting, das sie zu leiten hatte. Im Geiste sah sie noch einmal das Szenario vor sich, das sie vor ein paar Minuten zu Hause erlebt hatte.

Ihre morgendliche Routine – dreimal den Wecker ausschalten, bevor sie aus dem Bett kam, hektisch hin- und herrennen, den Kindern Kommandos zurufen und verzweifelt nach Dingen suchen, die unbedingt gebraucht werden – war schon an normalen Tagen alles andere als effizient. Aber an diesem Morgen war es eine Katastrophe gewesen. Auf dem Weg zum Auto folgte ein sinnloser Streit mit ihrem Mann, die Kinder stürmten erleichtert zur Bushaltestelle, ohne sich noch einmal umzudrehen und Tschüss zu sagen.

Während sie auf der Schnellstraße fuhr, wurde sie von einem deprimierenden Gefühlsmix aus Schuld, Ärger, Frustration und Erschöpfung überwältigt. Dabei war es noch nicht einmal acht Uhr. Das war der Moment, in dem Amy beschloss: Es reicht! Das mache ich nicht länger mit. In der Vergangenheit hatte sie immer wieder einmal überlegt, wie sie ihren Arbeitstag gelassener und ruhiger beginnen könnte. Sie hatte darüber nachgedacht, was für sie wichtig war: Liebe, Familie, Ausgeglichenheit. Aber ihr war bis jetzt einfach keine Lösung eingefallen.

An diesem Tag setzte sich Amy zwei Ziele: Abends ein gesundes Lunchpaket vorbereiten und morgens zehn Minuten früher aufstehen, um zu meditieren. An manchen Tagen war die Versuchung, auf die Snooze-Taste zu drücken, beinahe übermächtig. Aber dann stellte sich Amy vor, wie entspannt und liebevoll der Morgen verlaufen würde, wenn sie jetzt aufstand. Das half (meistens).

Amy merkte, wie viel ruhiger sie morgens war, wenn sie sich als Erstes ein paar Minuten hinsetzte, um die Vögel zwitschern zu hören, zuzusehen, wie die Sonne aufging, und den Duft des Kaffees, der durch die Maschine lief, zu genießen. Nach einer Woche empfing Amy ihre Familie mit einem freundlichen Lächeln am Frühstückstisch. Anstatt schlecht gelaunt vor sich hin zu grummeln, war sie ausgeglichen, dankbar und motiviert. Sie erlebte den Schneeballeffekt einer kleinen, positiven Veränderung. Diese paar Minuten für sich selbst bewirkten, dass ihre morgendliche Routine sich komplett änderte. Sie genoss den friedlichen Start in den Tag und im Büro ihren mitgebrachten, gesunden Mittagssnack. Schon bald machte es ihr nichts mehr aus, auf den übersüßen, fettigen Donut zu verzichten, den sie normalerweise in der Frühstückspause verschlang. Viel lieber genoss sie am morgen eine Schale Müsli mit Blaubeeren, während sie gemütlich am Fenster saß und die Welt betrachtete.

Wenn wir uns Ziele setzen, ist es wichtig, sie nicht blind zu verfolgen und auf Biegen und Brechen erreichen zu wollen. Stattdessen sollten wir immer wieder einmal überprüfen, ob sie noch Gültigkeit haben. Manchmal führt uns das Leben in eine andere Richtung und das ist auch ganz in Ordnung, solange wir unsere Grundwerte dabei nicht aus den Augen verlieren. (Siehe dazu „Der innerer Kompass" auf S. 161.) Die Pause der Achtsamkeit bei der Verwirklichung von Zielen zeigt dir, wie du langsam vorankommst, mit einem kleinen positiven Schritt nach dem anderen.[26]

> *Wir werden nicht kreativer und produktiver, indem wir das Verhalten anderer nachahmen, nicht einmal, wenn es Genies sind. Wir müssen erkennen, wer wir selbst sind und welches Verhalten uns entspricht.*
>
> **Gretchen Rubin**, Autorin und Bloggerin

Achtsamkeit bei der Verwirklichung von Zielen

1 Was willst du erreichen? Beschreibe dir dein Ziel so genau wie möglich. Ist es mit deinen Werten vereinbar? Bist du sicher, dass es *dein* Ziel ist, unbeeinflusst von außen?

2 Was sind deine Gründe? Warum willst du diese Veränderung? Stell dir vor, du hättest nur noch ein halbes Jahr zu leben. Wer oder was wäre dir wichtig? Was würdest du tun? Was würdest du nicht mehr tun? Sobald du dir diese Fragen beantwortet hast, wirst du klar erkennen, was deine Werte und deine Beweggründe sind – und das wird dir in schwierigen Momenten Motivation geben.

3 Welche (kleinen) Schritte sind notwendig? Beginne mit einem Verb, einem Tu-Wort. Teile dein Vorhaben in kleinstmögliche Schritte ein, die du jeweils zwischen zwei bestehenden Gewohnheiten einbettest. Wähle Schritte, die machbar sind, aber doch einen gewissen Einsatz erfordern, damit du bei der Sache bleibst.

4 Wann wirst du beginnen? Überlege genau, wie du die Schritte in deinen Tagesablauf integrieren wirst. Zu welcher Uhrzeit, an welchen Tagen und wie oft. Lass keine Unklarheiten zu. Lege Beginn und Ende eines Schritts genau fest.

5 Wer wird dir auf deinem Weg helfen? Wo kannst du Unterstützung bekommen?

6 Mit welchen Hindernissen musst du rechnen? Sei auf Widerstände vorbereitet. Wie wirst du damit umgehen? Setze dich damit auseinander, bleib aber auf dein Ziel konzentriert. Wenn du Rückschläge oder Zeiten der Stagnation erlebst, mach dir deine negativen, lähmenden Gedanken bewusst. Wie würdest du jemandem, der dir wichtig ist, in so einer Situation helfen? Sei streng, aber wohlwollend dir selbst gegenüber.

7 Wie kannst du feststellen, dass dein Plan funktioniert? Wenn wir mitten in einer Entwicklung stecken, sehen wir bereits erzielte Erfolge manchmal nicht. Überlege: Was sind eindeutige Zeichen eines Fortschritts? Lobe dich ausgiebig für jeden Mini-Schritt, den du gemacht hast.

8 Wem kannst du von deinem Plan erzählen? Wer wird dir Feedback geben, dich anfeuern und dir nicht erlauben, aufzugeben, wenn du in einer schwierigen Phase steckst?

9 Auch wenn wir uns nach Kräften einsetzen und nicht aufgeben, kann es passieren, dass ein Ergebnis nicht so aussieht, wie wir es uns vorgestellt haben. Verfolge dein Ziel trotzdem weiter und halte an deinen Werten fest, egal, welche Schwierigkeiten auftreten. Wo ein Wille ist, da ist auch ein Weg.

10 Genieße deine hart erarbeiteten Teilerfolge und schreite mit Achtsamkeit immer weiter voran.

Das grünäugige Monster

Vergälle dir das, was du hast, nicht durch den Wunsch nach dem, was du nicht hast. Erinnere dich daran, dass das, was du hast, einst das war, was du dir gewünscht hast.

Epikur, Philosoph der Antike

Es gibt Arbeitstage, die so beginnen, dass ich, sobald die Kinder auf dem Schulweg sind, aus dem Haus stürze, beladen wie ein Sherpa mit Aktentasche, Handtasche und einer Umhängetasche mit meinem Lunchpaket drin, die mir ständig von der Schulter rutscht. Während ich aus der Ausfahrt fahre, schaue ich kurz hinüber zu meiner Nachbarin, einer guten Freundin, die gerade von der Bushaltestelle zurückkommt, einen Kaffeebecher in der Hand und den Hund im Schlepptau. Wir winken uns kurz zu, mit einem ehrlichen Lächeln. Während ich tief durchatme und mich auf die kurze Fahrt zur Arbeit einstelle, bemerke ich einen Anflug von Neid in mir. Ich denke: So hätte ich es auch gern. Sie kann ihren Haushalt erledigen, wenn sie Lust dazu hat, kann ein Mittagschläfchen halten, wenn ihr danach ist, kann bei einer Tasse Kaffee eine Illustrierte durchblättern. Sie hat keine Abgabefristen, keine Kliententermine, keine Myriaden von E-Mails zu beantworten.

Ich stelle fest, dass ich meine Freundin um ihr entspanntes Lebenstempo beneide, um die frische Luft und den Sonnenschein, den sie morgens so sorglos genießen kann als Hausfrau und Mutter von Schuldkindern, die erst am Spätnachmittag zurückkommen, sodass sie sich den Tag völlig frei einteilen kann. Wehmütig lenke ich meine Aufmerksamkeit zurück auf den Straßenverkehr, kann aber nicht verhindern, dass ein selbstkritischer Gedanke in mir aufsteigt: Was mache ich falsch? Und das, obwohl ich weiß, dass sie nicht auf dem Sofa liegt und Pralinen futtert. Diese Frau ist eine meiner besten Freundinnen. Sie ist eine fürsorgliche, liebende Mutter von drei quicklebendigen Kindern, die sie von einer Freizeitbeschäftigung zur nächsten kutschiert, und hält ihren Haushalt ohne fremde Hilfe in Schuss.

„Hör auf, Shonda!", sagt meine innere Stimme. Freundlich, aber bestimmt holt sie mich in die Realität zurück. „Du weißt genau, was mit dir los ist!" Leider gehöre ich zu den Menschen, die das grünäugige Monster nur zu gut kennen: Neid. Immer, wenn meine Work-Life-Balance auf der Life-Seite Defizite hat, schleicht es sich bei mir ein. Zum Glück habe ich gelernt, seine Besuche als eine wertvolle Informationsquelle zu sehen. Aber das klappt nur, wenn ich wirklich ehrlich zu mir selbst bin. Neid ist ein ungutes, starkes Gefühl, aber er kann uns Hinweise darauf geben, was in unserem Leben nicht stimmt. Nun ist es also wieder einmal so weit. Monster-Alarm!

Ich frage mich selbst: Was genau ist es, was deinen Neid erweckt? Und antworte mit erstaunlicher Schnelligkeit: Ich sehne mich nach freier, unverplanter Zeit. Punkt. Nicht nach dem Mittagsschläfchen oder der Illustrierten oder dem Leben als Hausfrau. Ich hätte einfach nur gern mehr freie Stellen im Terminkalender.

Wenn ich kurz innehalte, um mich und meine Situation mit etwas Abstand zu betrachten, wird mir vieles klar. (Diese Fähigkeit können wir uns antrainieren, indem wir täglich meditieren. Je mehr Übung wir darin bekommen, Gedanken bewusst wahrzunehmen, desto einfacher und objektiver können wir im Alltag mit ihnen umgehen.) Begegnen wir dem grünäugigen Monster neugierig und offen, schleicht es sich schnell wieder davon. Anstatt uns von seinen negativen

Einflüsterungen hypnotisieren zu lassen, behalten wir einen klaren Kopf und können nach Lösungen suchen.

Wenn wir unsere Gedanken und Gefühle analysieren, können wir ihrer Herr werden. (Der Psychologe Dan Siegel nennt das *Name it to tame it* – benenne es, um es zu zähmen.) So unwillkommen und demütigend diese negativen Gedanken und Gefühle auch sein mögen – wenn ich ihre Existenz anerkenne, kann ich frei entscheiden, wie ich mit ihnen umgehe. Gestehe ich mir diese peinlichen Überlegungen aber gar nicht ein, können Neid und Eifersucht sich ausbreiten und – in diesem Fall – zu einem Riss in der Freundschaft mit meiner Nachbarin führen.

Dieses Innehalten, um eine Situation mit Abstand zu betrachten, macht mich nicht nur auf das grünäugige Monster aufmerksam, sondern erinnert mich auch daran, dass das Gras in Nachbars Garten nicht immer grüner ist. Ich überlege mir, warum ich arbeite (von den finanziellen Gründen einmal abgesehen) und mich für diese berufliche Laufbahn entschieden habe: Weil Hilfe für andere einer meiner Grundwerte ist. Auch wenn ich dafür Opfer bringen muss, ist die berufliche Arbeit nach wie vor *meine Wahl* und verschafft mir tiefe Befriedigung. Ich kann mir gar nicht vorstellen, ohne meinen Beruf zu leben. Ich brauche etwas, für das ich mich einsetzen kann, das meinem Leben einen Sinn gibt. Und ich weiß außerdem, dass ich ohne die Arbeit Gefahr liefe, faul, gelangweilt und unzufrieden zu sein. Meine Karriere hat ihren Preis. Aber der Gewinn, den ich daraus ziehe, ist viel höher.

Was lernen wir daraus? Ich darf die Nachteile meiner Lebensweise nicht mit den (vermuteten) Vorteilen der Lebensweise anderer vergleichen. Jedes Leben bringt Herausforderungen mit sich, und jeder meistert sie auf seine Weise. Wenn ich mich nicht im Vergleich zu anderen sehe, kann ich mich besser auf das konzentrieren, was eigentlich zu meinem Neid geführt hat: die Sehnsucht, etwas mehr freie Zeit zur Verfügung zu haben. Und wenn ich das erkannt habe, kann ich meine Werkzeuge hervorholen, um das Problem zu lösen: Wie reagiere ich auf meine Erkenntnis? Wie und wo ist es möglich, etwas Zeit für mich abzuknapsen, mir etwas mehr Freiheit zu schenken?

Die morgendliche Szene in der Ausfahrt bringt mich dazu, öfter lange, achtsame Spaziergänge in der Sonne zu machen und den Computer manchmal etwas früher als sonst auszuschalten, um einen Moment lang einfach dazusitzen und meine Gedanken schweifen zu lassen. Ich habe nicht nur ein paar freie Stellen im Terminkalender gelassen, sondern auch – und das ist mir genauso wichtig – meine Entscheidung für meinen Beruf erneut überprüft und für richtig befunden. Das grünäugige Monster wird mich wieder besuchen, da mache ich mir keine Illusionen. Aber ich bin darauf vorbereitet und jetzt schon neugierig, was ich daraus lernen kann.

Achtsames Betrachten von Neid

1 Wenn du einen Anflug (oder einen Boxhieb) von Neid verspürst, dann gratuliere dir, dass du diese sehr menschliche Reaktion bei dir bemerkt hast und zu ihr stehst. Vielleicht gelingt es dir sogar, dankbar dafür zu sein, weil du dadurch an Informationen kommst. Nur wenn wir uns Dinge bewusst machen, können wir entscheiden, wie wir darauf reagieren wollen.

2 Nimm dir die Zeit, herauszufinden, was dir das grünäugige Monster sagen will. Manchmal ist das nicht auf Anhieb klar. Es kann zum Beispiel so aussehen, als wären wir neidisch auf den Reichtum anderer. Aber wenn wir genauer darüber nachdenken, entdecken wir vielleicht, dass wir vielmehr ein großes Sicherheitsbedürfnis haben, sorgenfrei leben wollen oder uns nach sozialem Ansehen sehnen.

3 Lasse keine Konkurrenzgedanken aufkommen. Vergleiche deine innere Befindlichkeit nicht mit dem äußeren Anschein einer anderen Person. Da dir viel zu wenig über ihre wahre Lage bekannt ist, ist so ein Vergleich ungenau und immer frustrierend. Richte deinen Fokus freundlich, aber bestimmt zurück auf dich selbst. Gestehe dir eine große Portion Mitgefühl und motivierende Worte zu.

4 Tu etwas für dich. Du hast erkannt, was deinen Neid hervorgerufen hat. Was kannst du unternehmen, um dieses Gefühl loszuwerden? Was ist der kleinste, einfachste Schritt, dem, wonach du dich sehnst, näherzukommen? Damit fängst du an. Wenn dich das überfordert, findest du eine Anleitung unter „Achtsamkeit bei der Verwirklichung von Zielen", S. 168.

5 Keine Angst vor dem grünäugigen Monster! Es besucht fast alle Menschen immer wieder einmal. Wenn wir klug mit ihm umgehen, können wir von ihm profitieren.

Die U-Kurve

F**rage:** Wie ist es, eine Buchautorin zu sein?

 Antwort: Wie lange haben Sie Zeit?

1. Wahnsinn.
2. So ähnlich, wie ein Kind zur Welt zu bringen.[27]
3. Adam Grant, Psychologieprofessor, der auf der Bestsellerliste der *New York Times* stand, brachte in seinem berühmten TED-Talk die Entstehung eines Buches perfekt auf den Punkt[28] – mit dem Hinweis, dass dies für so gut jedes kreative Projekt gilt:

Das ist supergut.

Das ist knifflig.

Das ist bescheuert.

Ich bin bescheuert.

Das könnte gehen.

Das ist supergut.

Genau so ergeht es mir, wenn ich ein Buch schreibe. Und dieses Muster passt tatsächlich auf jede größere Aufgabe, die Kreativität und Ausdauer erfordert. Wenn wir das erkennen und uns darauf einstellen, dass die ersten Entwürfe noch nicht das Gelbe vom Ei sind, können wir auch die „Ich bin bescheuert"-Phase durchstehen, anstatt uns entmutigen zu lassen und das Projekt womöglich aufzugeben. Wir müssen uns klarmachen, dass Zweifel und selbstkritische Gedanken auftauchen werden, und sie einladen, uns auf unserem beschwerlichen Weg zu begleiten. So verwandeln wir lähmende Selbstzweifel in *Ideenzweifel*, die motivierend sein können. Wenn wir unsere Ideen kritisch betrachten, stellen wir damit

Was mich immer von anderen unterschieden hat, war meine Fähigkeit, am Ball zu bleiben.

Doris Lessing, Schriftstellerin

unser Projekt oder unser Konzept infrage – nicht uns selbst. Wir können Fehler und Irrtümer entdecken, ohne uns Selbstvorwürfe zu machen. Es geht dabei nicht um unsere Person, sondern um unsere kreative Arbeit. Und deren Verlaufskurve hat Höhen und Tiefen. Wenn wir genug Zeit und Mühe investieren, werden wir irgendwann auf dem Gipfel landen und sagen können: „Das ist supergut!"

Im Anfangsstadium und in der mittleren Phase eines Projekts liegen oft Täler der Enttäuschung.

James Clear, Verhaltens-Coach

Pause der achtsamen Betrachtung der U-Kurve

1 Wenn du ein Projekt in Angriff nimmst, egal, ob künstlerisch oder nicht, solltest du damit rechnen, dass es nicht linear vorangeht.

2 Wenn du merkst, dass du frustriert bist, an deinen Fähigkeiten zu zweifeln beginnst und mit dem Gedanken spielst, aufzugeben, schau dir die Verlaufskurve an und stelle fest, an welchem Punkt du dich gerade befindest. Gratuliere dir selbst – du bist auf dem richtigen Weg (auch wenn sich das im Moment nicht so anfühlt).

3 Vielleicht täte es dir gut, kurz auf Abstand zu gehen und nach Möglichkeit die Perspektive zu wechseln, um das Projekt mit neuen Augen zu betrachten. Das wird dich wieder motivieren.

4 Mache dich mit frischem Elan an die Arbeit. Jetzt aufzugeben würde bedeuten, auf die Belohnung für all deine Bemühungen zu verzichten, auf diesen wunderbaren Moment, in dem du befriedigt sagen kannst: „Das ist supergut!"

Das Leben ein Kuchen

Der Preis jeder Sache ist die Menge an Leben, die du dafür hergibst.

Henry David Thoreau, Schriftsteller

Ist es nicht paradox, dass ich eine Anleitung zur Achtsamkeit für Superfrauen schreibe und mich genau das daran hindert, selbst ein achtsames Leben zu führen? Da dies mein zweites Buch ist, mache ich mir keine Illusionen darüber, was noch vor mir liegt. Ich habe mich trotzdem voller Begeisterung (und Dankbarkeit) auf dieses spannende Unternehmen eingelassen.

In letzter Zeit hat mein unbekümmerter Optimismus jedoch merklich nachgelassen. Mir wurde klar, dass die Abgabefrist für das Manuskript bedrohlich nahe gerückt war. In meine normalerweise eher friedlichen Träume schlichen sich Ängste. So fand ich mich zum Beispiel völlig unvorbereitet vor einem Riesenpublikum wieder, das eine bahnbrechende Rede von mir erwartete (wenigstens war ich nicht nackt). Oder ich versuchte, wilde Tiere einzufangen, die im Keller ihr Unwesen trieben, darunter ein pummeliger Panda. (Wie, das hast du noch nie geträumt?) Tagsüber spürte ich einen Druck auf der Brust, als ob sich besagter Panda darauf niedergelassen hätte. Kurz gesagt: Ich war extrem gestresst und wurde immer dünnhäutiger. Es musste etwas passieren. Ich erkannte, dass der Moment gekommen war, meine Prioritäten neu zu setzen, um Aufgaben und Forderungen, die mir das Leben momentan stellt, erfüllen zu können.

Alle aktiven Frauen kommen irgendwann an einen Punkt, an dem die Work-Life-Balance nicht mehr stimmt. Meistens reagieren wir konfus und wissen nicht, was wir anders machen könnten oder wo wir anfangen sollen. Oder wir wissen zwar, welche Prioritäten wir gerne setzen würden – ein Abendessen mit unserem Partner in einem gemütlichen Restaurant, mehr Zeit, um sich um ältere Verwandte zu kümmern, mit Freunden ein Weingut besuchen –, sehen aber momentan keine Möglichkeit, diese Dinge in unserem Leben unterzubringen. So, wie sich unsere Lebensumstände immer wieder verändern, müssen auch wir immer wieder hinterfragen, was uns wichtig ist und wofür wir unsere Zeit nutzen wollen.

Leider haben wir es nur zum Teil in der Hand, wie wir die 24 Stunden eines Tages verbringen – wobei wir trotzdem meist mehr Spielraum haben, als wir glauben. Gewohnheiten und zahllose Kleinigkeiten, die erledigt werden wollen, lassen uns leicht vergessen, wie viel von unserer Zeit wir doch selbst einteilen können, um mehr Platz für Dinge zu schaffen, die uns wichtig sind. Dabei hilft dir die Kuchenpause. Stell dir die rund 16 Stunden, die wir pro Tag zur Verfügung haben, als Kuchen vor, den wir in Stücke teilen. Ein Stück für jeden Lebensbereich: Beruf, Familie, Hausarbeit, Hobby usw.

Ich bin ein Outdoorfreak. Wandern, Radfahren, Paddeln, Laufen und Inlineskaten (in meinem Alter vielleicht nicht mehr so angebracht) machen mich glücklich. Es gab Phasen, in denen das Kuchenstück Hobby groß war. Mein Leben war im Gleichgewicht, das Tempo fühlte sich gut an und ich hatte das Gefühl, genau das Richtige zu tun. Heute gibt es auch Zeiten, in denen ich nur damit beschäftigt bin, den Kopf über Wasser zu halten. (Siehe dazu auch „Achtsames Schokoladebad", S. 86.) Da bleibt für Freizeitbeschäftigungen nur ein sehr schmales Stück. Dann muss ich aufpassen, dass das Gleichgewicht nicht völlig kippt. Und es gibt kurze Phasen, in denen ich mich etwas verloren fühle, weil ich plötzlich Freiraum für Entscheidungen habe. Zum Beispiel ein paar Monate nachdem *Breathe, Mama, Breathe* (dt. *Achtsamkeit für Mamas*) erschienen war. Die anstrengende Promotiontour lag hinter mir und ich stand da und fragte mich: Was jetzt? Aber solche Tage sind die Ausnahme. Normalerweise muss ich mir nicht erst überlegen, wovon ich mir wie viel nehmen will, und oft lade ich mir den Teller viel zu voll. Grundsätzlich habe ich mir vorgenommen, so viel Zeit wie möglich für Spiel und Spaß zu reservieren und die übrigen Stücke so zuzuschneiden, dass ich sie gut verdauen kann.

Der Druck, demnächst mein Manuskript abliefern zu müssen, hat mich dazu gebracht, meinen Kuchen vorerst in drei große Stücke zu teilen: Schreiben, Therapiearbeit und Familie. Dazu zwei schmale Stücke, eines für Selbstfürsorge, das andere für diverse obligatorische Verpflichtungen. Für ein paar der Dinge, die ich gerne täte, ist im Augenblick leider kein Stück mehr frei. Aber das kann ich ertragen, wenn ich daran denke, wie ich in ein paar Monaten das Dokument im vereinbarten Umfang mit einem Seufzer der Erleichterung per E-Mail an meinen Verlag schicken werde. Dann wird mein Kuchen des Lebens wieder aus ein paar mehr Stücken bestehen.

Kuchenpause

1 Nimm ein Blatt Papier und zeichne darauf nebeneinander zwei gleich große Kreise. Der erste Kreis ist dein Kuchen, wie er zurzeit eingeteilt ist, der zweite ein Kuchen, wie du ihn am liebsten hättest.

2 Markiere auf dem ersten Kreis deine aktuellen Tätigkeitsfelder und gib den Stücken eine Größe, die der Zeit entspricht, die du in einer Woche für diesen Bereich aufbringst (zum Beispiel für Elternpflichten, Partner, Familie, Freunde/Sozialkontakte, Sport, Erholung/Spiel/Kreativsein, Gemeinschaft, Spiritualität, Bildung, Arbeit/Karriere).

3 Teile nun den zweiten Kuchen in Bereiche auf, aus denen dein Leben idealerweise bestehen sollte. Wenn dir Zweifel kommen, ob diese Einteilung erreichbar ist, nimm diese hemmenden Gedanken zur Kenntnis und schiebe sie dann sanft zur Seite. Fantasiere. Denke nicht an mögliche Hindernisse.

4 Vergleiche nun beide Kuchen miteinander. Was fällt dir auf? Was überrascht dich? Wofür hättest du gerne mehr Zeit? Der Wunschkuchen ist eine optische Hilfe, um dich auf Bereiche aufmerksam zu machen, die du gerne anders gewichten möchtest. Denk daran, dass er einem Idealzustand entspricht, der so nicht unbedingt realisierbar ist. Wenn wir das verständnisvoll akzeptieren, können wir unsere wertvolle Energie für Veränderungen einsetzen, die machbar sind.

5 Wenn beide Kuchen ähnlich aussehen, werden kleine Korrekturen in einigen Bereichen genügen. Sind die Unterschiede groß, kannst du dir vielleicht gar nicht vorstellen, wie du auch nur in die Nähe des erträumten Kuchens kommen sollst. Dann erinnere dich daran, dass jede kleine Veränderung, die du vornimmst, einen Schneeballeffekt haben kann. Auch wenn du nur ein oder zwei winzige Dinge änderst, wirst du mit der Zeit Fortschritte machen.

6 Suche dir nun ein Stück – einen Lebensbereich – aus, in dem du etwas verändern willst. Lass dich von der Aufgabe nicht einschüchtern, sondern sieh sie als Herausforderung. Ob du den betreffenden Bereich vergrößern oder verkleinern willst, spielt keine Rolle. Nehmen wir an, du willst weniger Zeit in sozialen Netzwerken oder mit dem Handy verbringen. Dann setze jetzt eine Zeit fest, die dir angemessen erscheint, sagen wir, 45 Minuten pro Tag. (Mit dem Timer in deinem Handy kannst du dich kontrollieren.)

7 Was willst du mit der gewonnenen Zeit anfangen? Soll ein anderes Stück größer werden oder willst du einen ganz neuen Bereich schaffen (Lesen, Sport, Freunde treffen, Faulenzen)?

8 Beglückwünsche dich für jede Veränderung. Jede achtsame positive Veränderung bringt dich deinem Wunschkuchen näher. Wiederhole diese Pause der Achtsamkeit im Abstand von ein paar Wochen, um zu sehen, was sich verändert hat. Freue dich über deinen Erfolg, den du auf diese Weise bildhaft vor dir siehst.

Hinweis: Leider wird das Buch ohne Kuchen geliefert! Wenn du den so gerne isst wie ich, lade ich dich dazu ein, dir nach dieser Pause der Achtsamkeit ein Stück leckeren Kuchen zu gönnen und es nach allen Regeln der achtsamen Mittagsmahlzeit (S. 77) zu genießen.

Blaumachen

Etwas, liebe Welt, das ich ganz bestimmt nicht bedauern möchte, wenn ich auf meinem Sterbebett liege, ist, dich nicht oft genug geküsst zu haben.

Hafis, Dichter und Mystiker

Eine Zeit lang war ich häufig krank. Nichts Ernstes, überwiegend harmlose Virusinfektionen, aber ich fühlte mich generell erschöpft und schwach. Offensichtlich war mein Immunsystem nicht auf der Höhe, ohne dass ich mir erklären konnte, warum. Ich ernähre mich überwiegend gesund, nehme zusätzliche Vitamine ein, treibe Sport, meditiere und wasche mir oft die Hände. Nach Monaten lästiger Kämpfe mit irgendwelchen Erregern beschloss ich, einen Gesundheitscheck durchführen zu lassen. Dazu gehörte ein großes Blutbild, ich trug nachts einen Schlaftracker und ließ meine Immunreaktionen testen. Alle Ergebnisse lagen im Normalbereich.

Dann vereinbarte ich einen Termin bei einem Rheumatologen. Ich saß einem freundlichen, väterlichen Arzt gegenüber, um über meine Blutwerte und die von mir beobachteten Symptome zu sprechen. Er hörte mir aufmerksam zu und stellte eine Reihe kluger Fragen zu meiner Lebensweise und Lebenssituation. Ich war beeindruckt. Wenn ich mich in der Rolle der Patientin wiederfinde, fühlt sich das immer etwas seltsam an. Als Therapeutin bin ich es gewohnt, mich ganz auf die Sorgen meines Gegenübers zu konzentrieren. Jetzt saß ich auf der anderen Seite. Schon nach ein paar Minuten fühlte ich mich nicht nur verstanden und akzeptiert, sondern war von diesem aufrichtigen Interesse und Mitgefühl sehr berührt. Da sah mich der Arzt an und sagte etwas, das mich aufhorchen ließ: „Ist Ihnen bewusst, wie viel mehr Sie tun als Ihre Mitmenschen?"

„Was? Wirklich?", stotterte ich verwirrt. Ich nahm mir einen Moment Zeit, um darüber nachzudenken. Zugegeben, ich hatte ein volles Programm. Aber damit fühlte ich mich als eine unter vielen. Die meisten aktiven Frauen jonglieren mit einer Unzahl von Aufgaben, wir wollen es sogar so. Zum Glück ist mein Ehemann ein fairer, kooperativer Partner. Sein Tag ist genauso ausgefüllt und vielfältig wie meiner. Ich habe nie den Eindruck, hier im Nachteil zu sein. „Aber ja doch! Sie haben die Praxis, ein anstrengendes Familienleben und kümmern sich auch noch um Ihre Eltern", meinte der Arzt.

Moment mal, dachte ich. Ich lehre Achtsamkeit, Selbstfürsorge und eine gesunde Lebensweise. Sollte ich an mich selbst höhere Erwartungen stellen, als ich anderen empfehle? Das musste ich mir genauer ansehen. Als Comic-Figur hätte ich jetzt drei Fragezeichen über dem Kopf gehabt und eine Denkblase, in der stünde: „Wie war das noch? … Wegen der Kinder habe ich jahrelang keine Nacht durchgeschlafen. Aber seit dem letzten Jahr hat sich das gelegt. Ich versuche, so gut es geht, jede Nacht sieben Stunden Schlaf zu bekommen. Ich ernähre mich vernünftig, treibe Sport und meditiere. Ich habe kürzlich ein Buch geschrieben, herausgebracht und vermarktet. Das hat mich immer wieder dazu gezwungen, meine Komfortzone zu verlassen. Zu Hause bin ich damit beschäftigt, in Konflikten zwischen meinem Mann und meiner Tochter im Teenageralter zu vermitteln. Mein kleiner Sohn ist halbtags im Kindergarten. Meine Arbeit muss ich drumherum planen, E-Mails und Telefonate erledige ich zwischendurch. Ich habe keine Haushaltshilfe, bewältige auch die administrative Arbeit in meiner Praxis selbst, manage den Terminkalender meiner Familie und habe kürzlich begonnen, mich mehr um meine Eltern zu kümmern."

Ein paar Monate zuvor waren bei meinen Eltern größere Gesundheitsprobleme aufgetreten und ich war unversehens mit der Doppelbelastung der Sandwich-Generation konfrontiert: Pflege ältere Familienmitglieder auf der einen, Kindererziehung auf der anderen Seite. Ich liebe meine Eltern und bin dankbar für alles, was sie für mich getan haben. Deshalb bin ich nur allzu bereit, mich für sie zu engagieren. Mir war klar, was ich mir damit zusätzlich zumutete. Augen zu und durch. „Okay, ich gebe es zu", stünde in der Sprechblase auf dem nächsten Bild. „Die letzte Zeit war Stress pur."

Ich beklagte mich nicht, wollte auch keine Anerkennung und war nicht gefährdet, mich selbst zu bemitleiden. Im Gegenteil. Meistens machten mir meine Aufgaben Spaß. Ich hatte mich in diesem Ablauf eingerichtet und betrachtete meine kleine Welt immer wieder mit Dankbarkeit und Freude. Ich war davon ausgegangen, dass ich das alles schon irgendwie schaffen würde. Daran, dass ich meine körperlichen und emotionalen Reserven überschätzen könnte, hatte ich keinen Gedanken verschwendet.

Aber es hat sich gezeigt: Auch wenn man sich nicht schlecht fühlt oder leidet, kann man überfordert sein und sollte kürzertreten, mehr Pausen machen, öfter ausspannen und etwas für sich und seine Seele tun. Sonst besteht die Gefahr, dass man Tage, Monate oder gar Jahre in diesem halb bewussten Zustand verbringt, wie ein Automat funktioniert und während man sich um die Bedürfnisse anderer kümmert, die eigenen vernachlässigt. Und darüber völlig vergisst, welche persönlichen Pläne und Ziele man hatte.

Weißt du, was mir dieser sympathische Arzt klargemacht hat? Ab und zu muss ich mir die *Erlaubnis zum Blaumachen* geben. Ich muss mir erlauben, meine Praxis auch mal Praxis sein zu lassen. (Du denkst, als Inhaberin kann das doch nicht so kompliziert sein, aber glaube mir, es fällt mir unglaublich schwer.) Ich muss mir erlauben, freizunehmen von meiner Familie, meinem täglichen Einsatz. Das war eine revolutionäre Erkenntnis, die mich an meine Schulzeit erinnerte. Ich war eine ehrgeizige, extrem pflichtbewusste Schülerin, und damals waren es meine Eltern, die mir ab und zu erlaubten, die Schule zu schwänzen, um mich vom Lernstress zu erholen, bevor ich total erschöpft war und womöglich krank wurde. Ich weiß heute noch, was für ein wunderbares Gefühl es war, einen Tag lang auszusetzen und die Welt da draußen ohne mich weiterlaufen zu lassen. Da ich offiziell krank war, durfte ich das Haus nicht verlassen. Also machte ich es mir in meinem Zimmer gemütlich, las, sah fern und genoss diese Erholungspause für Körper und Geist.

Vielleicht hast du noch nie im Leben blaugemacht und findest diese Idee empörend oder unverantwortlich. Vielleicht hätten deine Eltern dir selbst im Angesicht des Todes nicht erlaubt, die Schule zu schwänzen. Egal, welche Erfahrungen du mit Auszeiten gemacht hast, eines kann ich dir verraten: Du bist jetzt eine erwachsene Frau und kannst tun, was du willst. Auch als Chefin kannst du dir einen Tag freinehmen, ohne krank zu sein. (Das versichere ich nicht nur dir, sondern auch mir selbst immer wieder.)

Ich empfehle dir (und mir) wärmstens, sich diesen „Krankheitstag" zu gönnen – für die geistige Gesundheit. Die meisten Pausen der Achtsamkeit in diesem Buch sind kurz, damit man sie in seinen Arbeitstag integrieren kann. Die Pause zum Blaumachen ist eine Ausnahme. Sie sollte sich über einen ganzen Tag erstrecken. Einen Tag ohne Arbeit und ohne Verpflichtungen. Manche glauben, das sei unmöglich. Und vielleicht, aber nur vielleicht, haben sie recht. In dem Fall versuche wenigstens, diese Pause so lange wie möglich auszudehnen. Du hast sie verdient.

Mit Achtsamkeit blaumachen

1 Komm zur Ruhe. Nimm dir etwas Zeit und träume. Wenn ich dir einen ganzen Tag schenken würde, an dem du aus dem Hamsterrad springen und einfach das tun kannst, wozu du Lust hast, wie und mit wem würdest du ihn verbringen? Würdest du dich in ein Abenteuer à la *Ferris macht blau* stürzen? Würdest du dich unter die Bettdecke kuscheln, mit der Fernbedienung in der rechten und einem Becher Eiscreme in der linken Hand? Würdest du deine Laufschuhe anziehen und allein, mit Partner oder Hund in Richtung Wald verschwinden? Vielleicht würdest du dir auch deine beste Freundin schnappen, um mit ihr einen Wellnesstag mit Massage, Kosmetikbehandlung und einem leckeren Fünf-Gänge-Menü mit Weinbegleitung zu erleben. Hör in dich hinein und entdecke deine geheimsten Wünsche – ohne an eventuelle Schwierigkeiten zu denken.

2 Kannst du dir einen Tag freinehmen? Bevor du jetzt „Völlig unmöglich!" rufst, mach dir klar, dass die Welt nicht zusammenbricht, wenn du einen Tag lang nicht arbeitest. Natürlich solltest du dafür sorgen, dass alle Bescheid wissen und keine Vermisstenmeldung aufgeben, weil du nicht auftauchst. Ich denke, du weißt am besten, wie du das am Arbeitsplatz regelst – ob du frühzeitig einen Urlaubstag anmelden musst oder auch mal einer spontanen Laune folgend freimachen kannst.

3 Was spricht dagegen? Welche Gründe kommen dir in den Sinn? Prüfe, ob sie tatsächlich zutreffen. Wenn du keinen ganzen Tag freinehmen kannst, dann vielleicht zumindest ein paar Stunden. Du könntest in der Mittagspause in den Park gehen und picknicken. Oder einen Schaufensterbummel machen. Unter Umständen kann sich schon eine halbe Stunde Blaumachen wunderbar dekadent anfühlen.

4 Wenn sich Schuldgefühle melden, nimm sie zur Kenntnis und schiebe sie dann sanft zur Seite. Erinnere dich daran, dass wir alle ab und zu ausspannen müssen, das gehört zur Selbstfürsorge. Nach so einer kostbaren Auszeit wirst du verjüngt und erfrischt an deinen Arbeitsplatz zurückkehren und wieder eine produktive, kreative Kollegin sein. Wir sind alle Menschen und verdienen hin und wieder eine Verschnaufpause – auch du.

Der Zauberstab

*Die Welt existiert nur in deinen Augen, in deiner Vorstellung. Du kannst sie
so groß oder so klein machen, wie du willst.*

F. Scott Fitzgerald, Schriftsteller

Stell dir vor, ich besäße einen Zauberstab und könnte dir ein Talent oder eine
Fähigkeit verleihen, die du dir schon immer gewünscht hast. Wofür würdest
du dich entscheiden? (Nein, du darfst dir nicht wünschen, noch mehr Wünsche
frei zu haben. Das ist gegen die Spielregeln.) Die Gabe kann realistisch oder ima-
ginär sein, sich auf deine Arbeit oder dein Privatleben beziehen. Der Wunsch soll
dich anregen, zu fantasieren, ohne einen Gedanken an seine Realisierbarkeit zu
verschwenden.

Vielleicht hast du dir schon immer gewünscht, in einer mehrstimmigen
Melodie den Ton halten zu können? Oder wolltest mit deiner Frauen-Punkrock-
Band auf Welttournee gehen? Vielleicht fändest du es auch wunderbar, konstruktive Kritik annehmen zu können, statt monatelang verletzt darüber nachzu-
grübeln. Oder wärest gerne eine souveräne Rednerin, die selbstbewusst auf die
Bühne steigt, ihren Blick gelassen über die Menge schweifen lässt, ihr Publikum
vom ersten Moment an fesselt und ihre Botschaft wortgewandt vorträgt. (Das
wäre mein Herzenswunsch.)

Es ist völlig in Ordnung, dir etwas zu wünschen, was in die Kategorie
Supergirl fällt. Denn allein die Tatsache, dass du dir übernatürliche Fähigkeiten
wünschst, kann sehr aufschlussreich sein. Unsere Wünsche helfen uns, zu erkennen, was wir an uns oder unseren Lebensumständen gerne verändern würden.
Als Nächstes kommt es darauf an, herauszufinden, wie wir diese Veränderung in
kleinen, einfachen Schritten bewerkstelligen können.

Wenn du dir zum Beispiel wünschst, einen Röntgenblick zu haben, bedeutet das vielleicht, dass du gerne fähig wärest, die Körpersprache anderer

zu entschlüsseln, um sie besser zu verstehen. (Ob du das alles wirklich sehen willst, was dein Röntgenblick dir zeigt? Wenn nicht, würde ich ein Auge zudrücken – du darfst den Wunsch zurücknehmen und dich für eine andere Fähigkeit entscheiden. Ich bin eine gutmütige Zauberin.) Nehmen wir an, dein Ersatzwunsch wäre, fliegen zu können. Was findest du daran so faszinierend? Die Freiheit, die Schwerelosigkeit? Die Stille hoch oben in den Wolken? Die Möglichkeit, die Welt aus der Vogelperspektive zu betrachten – weit entfernt von Chaos und Stress? Ein Gefühl von Ungebundenheit, von Abenteuer? Deine Antworten liefern jede Menge Informationen. Jedes Ja verrät, worauf es dir ankommt. Wo kannst du diese Dinge in deinem täglichen Leben finden? Wenn du bei Freiheit und Schwerelosigkeit genickt hast, solltest du dir etwas suchen, für das du deine Komfortzone verlassen musst. Wie wäre es mit Zip-Lining oder Fallschirmspringen? Wenn es etwas Abenteuer sein darf, käme vielleicht ein Trip mit dem Auto oder Motorrad infrage, der dich an einen Ort führt, an dem du noch nie gewesen bist. Oder steht dir der Sinn eher nach Stille, Ruhe und Entspannung? Dann könntest du eine Yogastunde nehmen oder eine Wanderung machen.

Was meinen Wunsch, eine souveräne Rednerin zu sein, angeht, arbeite ich noch an seiner Verwirklichung. Im Lauf der Jahre habe ich es immerhin geschafft, auch vor einem immer größer werdenden Publikum nicht die Nerven zu verlieren. Dabei hat mir die folgende Pause der Achtsamkeit sehr geholfen. Wenn du mich irgendwann lässig mit Oprah Winfrey plaudern siehst oder mein brillantes Interview mit Terry Gross verfolgst, wisse, dass ich mir hinter den Kulissen selbst auf die Schulter klopfe und mich dafür lobe, die Zauberstab-Pause so optimal umgesetzt zu haben.

Der Zauberstab

Nimm dir Papier und Bleistift, um ein paar Gedanken festzuhalten. Diese Notizen sind nur für deine Augen bestimmt, sie können stichwortartig sein. Nimm beim Schreiben eine positive Haltung ein – so, als ob du die gewünschte Fähigkeit bereits besäßest.

1 Atme ein paar Mal tief durch und entspanne dich. Überlege dir, welche Fähigkeit du gerne hättest. Stell dir vor, du hättest sie. Schließe die Augen und beobachte dich, wie du die Gabe einsetzt. Wie fühlst du dich dabei? Welche Aspekte findest du besonders attraktiv? Schreibe das auf. Zum Beispiel: „Als souveräne Rednerin fühle ich mich vor einem Riesenpublikum oder in einer Liveshow im Fernsehen ganz in meinem Element. Ich bin sicher, meine Botschaften so zu vermitteln, dass die Zuhörer das Gefühl haben, etwas Wichtiges und Wertvolles zu lernen."

2 Jetzt formulierst du deinen Wunsch und gehst den Prozess, der zu seiner Realisierung führt, von hinten nach vorne durch. Schreibe alles auf, was du dafür unternehmen musst. Was liegt in deiner Macht? Bevor du jetzt „Gar nichts" sagst, halte kurz inne und überlege noch einmal. Auf den zweiten Blick gibt es oft mehr Möglichkeiten, als wir dachten. Auch wenn sie uns nur kleine Schritte voranbringen. Beginne zu schreiben. Zum Beispiel: „Ich werde vor einem großen Publikum Vorträge halten. Vorher werde ich in kleinerem Rahmen sprechen. Ich werde in aufgezeichneten Talkshows und Livesendungen unseres lokalen Fernsehsenders auftreten."

3 Teile diese Schritte in noch kleinere Abschnitte. Zum Beispiel: „Ich werde einen Vortrag vorbereiten und vor dem Spiegel einstudieren. Dann werde ich ihn vor kleinem Publikum halten. Dabei werde ich mich filmen lassen, damit ich an meinem Auftreten feilen kann. Ich werde Kolleg*innen und anderen Leuten in der Branche anbieten, meinen Vortrag bei verschiedenen Anlässen zu halten."

4 Suche dir einen Mini-Schritt aus, mit dem du noch heute beginnen kannst. Notiere ihn dir: E-Mail an eine Freundin schicken und ankündigen, dass ich ihr den Entwurf für meinen Vortrag bis spätestens nächsten Freitag schicken werde. Sie bitten, mich daran zu erinnern." Hast du es bemerkt? Wir sind im Präsens angekommen. Der erste Schritt ist oft der schwierigste. Denk nicht zu weit voraus, das baut nur Druck auf und kann dich lähmen. Mache einen Mini-Schritt nach dem anderen. Irgendwann wirst du staunend feststellen, wie gut sich deine magische Gabe entwickelt hat und wie weit du schon gekommen bist.

5 Lege diese Pause der Achtsamkeit immer wieder ein und lobe dich für die Mini-Schritte, die du bereits unternommen hast. Lass nicht locker.

> Überlege, was du noch tun kannst und wie die nächsten Mini-Schritte aussehen sollen. Es gibt immer etwas, das du verbessern oder weiterentwickeln kannst. Und etwas, das du entdecken kannst, wenn du deine Komfortzone verlässt. Bleib am Ball, finde neue Wege und vergiss nicht, dir für deine Anstrengungen und deine Erfolge immer wieder Anerkennung zu zollen.

Warum nicht?

Angst ist eine natürliche Reaktion, wenn man der Wahrheit näherkommt.

Pema Chödrön, buddhistische Nonne und Schriftstellerin

Wenn wir von Zielen außerhalb unserer Komfortzone träumen, kann das unbestimmte Gefühle von Unsicherheit und Angst hervorrufen. Alle möglichen realen oder eingebildeten Hürden tauchen vor unserem geistigen Auge auf. Der Weg zum Ziel scheint ein einziger mühsamer Hindernislauf zu sein. Wir werden mit warnenden Ratschlägen wohlmeinender Mitmenschen konfrontiert, mit offener Ablehnung nicht ganz so wohlmeinender und mit der Tatsache, dass manche von ihnen uns für total übergeschnappt halten. Die Stimme, die uns am lautesten und beharrlichsten all die unzähligen Gründe aufzählt, warum wir es lassen sollten, ist natürlich die in unserem Kopf. (Dieses Phänomen behandelt die „Achtsame Pause zum inneren Kritiker", S. 112.)

Wenn wir uns auf diese Hürden einstellen, sie erkennen und lernen, sie zu akzeptieren, verleiht uns das die innere Stärke, die wir brauchen, um trotzdem weiterzumachen. Wie Samantha, die, obwohl sie noch nie eine längere Strecke als eine Runde um den Block gelaufen war, von einem 5-Kilometer-Lauf mit ihren Freundinnen träumte. Lies im Folgenden, welche Hindernisse sich ihr in den Weg stellten und wie sie diese überwand.

Körperliche Hürden: Samantha fängt an zu trainieren (übertreibt es am Anfang ein bisschen) und bekommt Schmerzen im Schienbein, genannt Shin-Splint-Syndrom.

Gegenreaktion: Anstatt aufzugeben und insgeheim den Göttern zu danken, dass sie ihr diesen Grund gegeben haben, baut sie Kondition mit Radfahren und Yoga auf. Sobald die Entzündung in den Schienbeinen abklingt, kann sie wieder in die Laufschuhe schlüpfen.

> *Wenn du zulässt, dass deine Ängste größer werden als dein Selbstvertrauen, blockierst du die Verwirklichung deines Traums.*
>
> **Mary Morrissey**, Mitbegründerin des Living Enrichment Center

Logistische Hürden: Eine Mehr-als-40-Stunden-Woche, Kinder und Haushaltspflichten lassen ihr wenig Zeit für das Training.

Gegenreaktion: Jeden Freitag stellt Samantha ihren Trainingsplan für die kommende Woche auf, wissend, dass auch kurze Bewegungseinheiten besser sind als gar keine. Das kann ein 20-minütiger Powerwalk in der Mittagspause sein, oder sie steht eine Viertelstunde früher auf, um ein paar Yogaübungen zu machen. Selbst Fußballspielen mit den Kindern im Park erfüllt diesen Zweck.

Psychologische Hürden: Als Kind musste sich Samantha immer wieder anhören, sie sei unsportlich. Dass sie dieses subjektive Urteil verschiedener Erwachsener kritiklos übernahm und verinnerlichte, ist verständlich. Deshalb hatte sie immer bezweifelt, jemals eine gute Läuferin werden zu können. Negative Selbsturteile (Ich kann das nicht. Ich bin nicht gut genug usw.) sind ein verbreitetes und gefährliches Phänomen.

Gegenreaktion: Samantha sucht nach Beweisen dafür, dass sie sehr wohl sportlich ist. Sie zerlegt ihr Vorhaben in Mini-Schritte (einen halben, dann einen ganzen Kilometer laufen ohne Pause), freut sich über jeden kleinen Erfolg, ist stolz auf sich und lässt Familie und Freunde an dieser positiven Entwicklung teilhaben. Sie versucht, negative, selbstzerstörerische Gedanken in positive Energie zu verwandeln, indem sie sich immer wieder vorsagt: Doch, ich kann das. Jetzt erst recht! Am Anfang ist es schwer, daran zu glauben. Aber irgendwann ist sie so überzeugt, dass es ihr tatsächlich gelingt, die fünf Kilometer problemlos durchzustehen.

Egal, ob es sich bei deinem Traum um ein hochgestecktes Karriereziel, eine gesündere Lebensweise oder einen lang gehegten persönlichen Wunsch handelt: Die Pause des achtsamen „Ich kann das" wird dir helfen, hemmende Selbstzweifel auf dem Weg zur Verwirklichung zu überwinden.

Vermeide es, dich von einer festen Vorstellung, wie dein Leben aussehen wird, einschränken zu lassen.

Marie Forleo, Unternehmerin und Autorin

Pause des achtsamen „Ich kann das"

1 Stell dir vor, ich würde dir gegenübersitzen, dir in die Augen blicken und dir freundlich, aber bestimmt sagen: Du kannst das! Ich glaube an dich!

2 Mit welchen Hindernissen rechnest du? Nenne körperliche, logistische und psychologische Hürden. Gibt es noch andere Dinge, die dich hemmen?

3 Existieren diese Hürden nur in Gedanken oder sind sie real?

4 Überlege, wie du mit jeder einzelnen Hürde umgehen willst. Manchmal ist es hilfreich, mit einer Person, der du vertraust, darüber zu reden.

5 Stell dir vor, wie es wäre, wenn sich dein Traum ganz einfach verwirklichen ließe. Rufe dir diese Vorstellung in schwierigen Momenten in Erinnerung.

6 Wie würdest du vorgehen, wenn du sicher wüsstest, dass du dein Ziel erreichst?

7 Was könnte schlimmstenfalls passieren, wenn du tatsächlich so vorgehst? Wie würde es im besten Fall laufen? Kannst du dir einen Mittelweg vorstellen?

Wenn wir lernen, Widerstände und Hürden auf unserem Weg zum Traumziel einzukalkulieren, können wir Selbstzweifel, Ablenkungen, vermeintliche Überforderung und Angst vor dem Versagen (oder vor dem Erfolg) überwinden. Auch wenn dir dein innerer Kritiker ständig Negatives einflüstert, bist es am Ende *du*, die entscheidet, ob du ihm glauben willst. Also, ich schaue dir in die Augen und wiederhole: Du kannst das!

Dein persönlicher Aufsichtsrat

Im Bündel sind Stäbe unzerbrechlich.

Kenianisches Sprichwort

Meine Mutter ist mein größter Fan. Das trägt sie so offensichtlich zur Schau, dass wir sie jahrelang mit der Großmutter verglichen, die in „The Nutty Professor" (dt. „Der verrückte Professor") mit Eddie Murphy in der Hauptrolle in wilder Begeisterung auf ihrem Sessel herumhüpft, in die Hände klatscht und „Herkules! Herkules!" ruft, als ihrem Enkel eine selbstverständliche Kleinigkeit gelingt. Jemand, der mich so unkritisch lobt, ist vielleicht nicht die beste Anlaufstelle für ein objektives Feedback. Aber gerade ihre Stärke, mir mit ihren spontanen Begeisterungsausbrüchen Auftrieb zu geben, statt mich nüchtern zu beurteilen, hat sie zum Mitglied in meinem persönlichen Aufsichtsrat werden lassen.

Wir alle können davon profitieren, uns einen persönlichen Aufsichtsrat zusammenzustellen. Er kann uns beraten, zur Rechenschaft ziehen, ehrliches Feedback geben, Arbeitsbeziehungen vertiefen und uns daran erinnern, dass wir mit unseren Kämpfen nicht

Setze dein Leben in Brand und suche die, die dein Feuer nähren.

Rumi, Mystiker und Dichter

alleine sind. Er kann unser werteorientiertes Handeln unterstützen und sich mit uns über unseren Erfolg freuen.

Frauen lassen sich oft von den falschen Versprechungen unserer Leistungsgesellschaft blenden. Um Karriere zu machen, so glauben sie, müssen sie die Zähne zusammenbeißen, 100 Prozent geben und länger und härter arbeiten als ihre männlichen Kollegen. Dabei übersehen sie, dass die Entwicklung tiefgehender, für alle Seiten befriedigender Beziehungen für unser Vorankommen genauso wichtig ist. Unser persönlicher Aufsichtsrat hilft uns, dieses Zusammengehörigkeitsgefühl zu entwickeln und den zwischenmenschlichen Beziehungen auf unserer Prioritätenliste den Platz einzuräumen, der ihnen gebührt.

Wir müssen zwar etwas Zeit und Mühe investieren, aber dafür können wir in der Gruppe mehr erreichen als im Alleingang. Wenn wir andere bewusst ermuntern und unterstützen, wird das gemeinsam erzielte Endergebnis viel positiver ausfallen als die Summe seiner Teile. Bringe eine beliebige Gruppe unterschiedlicher Frauen in einer sicheren, vorurteilsfreien Umgebung zusammen, und sie werden Wunder vollbringen! Suche den Kontakt zu Frauen, in deren Gegenwart du dich authentisch, verletzlich und stark fühlen kannst. Beginne noch heute damit, deinen persönlichen Aufsichtsrat zusammenzustellen.

Der persönliche Aufsichtsrat

1 Zähle die Personen auf, die schon zu deinem Team gehören, auch wenn du es noch nie bewusst als deinen persönlichen Aufsichtsrat betrachtet hast. Bestimmt ist zumindest eine dabei, auf die du dich voll und ganz verlassen kannst.

2 Wenn bereits ein harter Kern existiert, überlege, ob du ihn nicht um ein paar Neuzugänge bereichern willst.

3 Analysiere, welche speziellen Fähigkeiten jedes Aufsichtsratsmitglied beisteuert, zum Beispiel Ehrlichkeit, Arbeitsmoral, Finanzexpertise, Erfahrungen im Management, Sinn für Humor oder Weitblick. Eine Voraussetzung, die alle erfüllen müssen, ist absolute Loyalität dir gegenüber.

4 Welche Eigenschaften fehlen noch in deinem Aufsichtsrat? Auch wenn er sich aus dir persönlich bekannten Frauen zusammensetzen soll, kann es helfen, zunächst ein paar imaginäre Mitglieder zu benennen. Überlege, welche Frauen du bewunderst und inspirierend findest. Warum? Was ist an ihnen so besonders? Ich persönlich verehre Michelle Obama und bewundere ihre Intelligenz, ihre Arbeitsmoral, ihre Präsenz und charakterliche Stärke und die Kompromisslosigkeit, mit der sie ihre soziale Stellung für gute Zwecke nutzt. Deshalb habe ich für meinen Aufsichtsrat nach Frauen in meinem Umkreis gesucht, die einige dieser Eigenschaften mitbringen.

5 Überlege dir zwei Schritte zur Bildung deines Aufsichtsrats. Trage sie für diese Woche in deinen Terminkalender ein.

6 In welchen Bereichen erhoffst du dir Hilfe und Unterstützung von deinem Aufsichtsrat? Zeitmanagement? Konfliktmanagement? Firmenwachstum? Mentoring?

7 Vergiss nicht, dass die Beziehung zu deinen Aufsichtsratsmitgliedern keine Einbahnstraße ist! Suche nach Gelegenheiten, dich zu revanchieren. Es kann Zeit und Geduld kosten, die richtigen Frauen zu finden und Beziehungen zu ihnen aufzubauen. Konzentriere dich auf den Entwicklungsprozess, anstatt nur an das erhoffte Ergebnis zu denken.

8 Es kann nicht schaden, auch einen bedingungslosen Bewunderer ins Boot zu holen, nicht wahr, Mom? Ich sage nur: „Herkules!"

Was sind deine Stärken?

Das Leben wird viel bunter, sobald du eine einfache Sache erkannt hast: Alles um dich herum, was du „Leben" nennst, wurde von Menschen geschaffen, die nicht schlauer sind als du.

Steve Jobs, Unternehmer

Wir alle haben Superkräfte. Sie ergeben sich aus der Kombination unserer Stärken und wir können Außerordentliches damit bewirken. Aber nicht immer sind wir fähig, unsere Superkräfte optimal einzusetzen. Vielleicht, weil wir sie uns nicht bewusst machen oder sie im Alltag einfach vergessen. Vielleicht, weil uns beigebracht wurde, bescheiden zu sein. Oder weil wir, wie die meisten Menschen, unsere wertvolle mentale Energie hauptsächlich auf unsere vielen vermeintlichen Defizite konzentrieren, anstatt unsere Stärken zu bündeln.

In einer Welt, die extrovertierte, wortgewandte Menschen favorisiert, empfand ich meine introvertierte, ruhige Art immer als Makel, den es zu beseitigen galt. Das spürte ich insbesondere im Arbeitsleben, auch wenn meine Erfolge als Therapeutin im Wesentlichen auf meiner Fähigkeit basierten, gut beobachten und zuhören zu können. Beim Schreiben kam mir meine zurückgezogene Lebensweise zugute, und bei der Arbeit mit Kolleg*innen oder als Coach fiel es mir leicht, mich unsichtbar zu machen und den anderen die Hauptrolle zu überlassen. Dass genau diese Eigenschaften meine Superkräfte ausmachen, begriff ich erst nach Jahren intensiver Arbeit im Bereich Empowerment und dem Zusammentreffen mit verschiedenen Powerfrauen, die mich mit ihrer gelassenen, achtsamen Art beeindruckten.

Wir müssen die positiven Kräfte in uns erkennen und stolz darauf sein! Um als Mensch, als Arbeitnehmerin, Chefin, Ehefrau, Mutter, Freundin oder Mitbürgerin unser Bestes zu geben, brauchen wir diese Superkräfte. Die Welt braucht dich – wir Frauen brauchen dich und deine Stärken, deinen individuellen Beitrag. Höchste Zeit also, diese Superkräfte in dir freizusetzen!

Superkräfte erkennen

Suche in der nachstehenden Aufzählung deine Stärken und unterstreiche sie oder schreibe sie in dein Notizbuch. Du musst diese Eigenschaften nicht ständig und in allen Situationen zeigen, das kann niemand. Es genügt, wenn sie in deinen besten Momenten zum Vorschein kommen. Nur keine falsche Bescheidenheit! Wähle so viele Eigenschaften aus, wie du kannst, und vervollständige die Liste[29], wenn dir weitere Stärken einfallen.

Fairness. Führungsqualitäten. Vorsicht. Bescheidenheit. Umsicht. Optimismus. Kreativität. Rechtschaffenheit. Liebe. Kritisches Denken. Mut. Loyalität. Teamgeist. Ehrlichkeit. Tatkraft. Großzügigkeit. Disziplin. Treue. Hoffnung. Neugier. Risikobereitschaft. Beharrlichkeit. Weisheit. Empathie. Entschlossenheit. Energie. Humor. Spiritualität. Leichtigkeit. Dankbarkeit. Nachsicht. Willenskraft. Widerstandsfähigkeit. Intelligenz. Sportlichkeit.

Wenn dir die Wahl schwerfällt (aber auch, wenn du damit keine Probleme hast, aber neugierig bist), kannst du dich an Freunde oder Familienmitglieder wenden, denen du vertraust. Frag sie, welche Eigenschaften sie dir zuschreiben und warum.

Rufe dir Situationen ins Gedächtnis, in denen du deine Superkräfte angewandt hast, sei es privat oder im Berufsleben. Hattest du dabei ein besonderes Körpergefühl? Überlege, welche Rolle sie für deine Erfolge gespielt haben.

Bewahre deine Liste sichtbar auf. Verwende die Begriffe, wenn du ein neues Passwort brauchst, oder baue sie in deinen Bildschirmschoner ein, damit du immer wieder an deine Superkräfte erinnert wirst. Schreibe sie auf Post-its, die du an den Badezimmerspiegel oder den Computermonitor klebst. Stehe zu deinen Superkräften.

Lies deine Liste immer wieder einmal durch, korrigiere sie bei Bedarf und ergänze sie um weitere Stärken, die du in dir entdeckst. Mithilfe deiner Superkräfte wirst du etwas bewirken!

Anfängergeist

Mein Ziel ist kein Ort mehr, sondern eine neue Sichtweise.

Marcel Proust, Schriftsteller

Zu den größten Freuden als Mutter gehört für mich, die Welt durch die Augen meiner Kinder zu sehen und neu zu entdecken. Als mein Sohn vier Jahre alt war und in die Warum-Phase kam, fragte er mich, wie die Babys im Bauch der Mutter ernährt werden. Er hörte meiner mühsam auf den Horizont eines Vierjährigen reduzierten Erklärung zu, überlegte einen Moment und meinte dann: „Heißt das, du hast etwas gegessen, es landete in deinem Magen und wanderte dann durch dein Verlängerungskabel zu meinem Bauchnabel?"

Es dauerte einen Moment, bis ich die Woge von Liebe, die mich überkam, unter Kontrolle gebracht hatte. Ich dachte nicht daran, seine falsche, aber so anschauliche Wortwahl zu korrigieren. „Durch das Verlängerungskabel, genau", sagte ich. „Und ein anderes Verlängerungskabel, das aber unsichtbar ist, verbindet unsere Herzen. Für immer." Ich fürchte, in einem Anatomie-Test wird mein Sohn damit nicht durchkommen, aber ich fand den Begriff, den er in seiner Unschuld benutzt hatte, einfach großartig. (Findest du nicht auch, dass er mindestens so aussagekräftig ist wie Nabelschnur?)

Das ist ein wunderbarer Tag. Denn ich habe ihn noch nie vorher gesehen.

Maya Angelou, Bürgerrechtlerin

Die Perspektive des unvoreingenommenen Nachforschens bzw. Neubetrachtens der Welt wird im Zen-Buddhismus Anfängergeist genannt, weil sie im Grunde der Sichtweise eines Kindes (oder eben Anfängers) entspricht, und genießt dort besonderen Stellenwert. Die Unterhaltung mit meinem Sohn brachte mich spontan dazu, die Perspektive zu wechseln und die Welt mit Anfängergeist zu betrachten. Ein überraschendes, beglückendes Erlebnis, das sich – ob du es glaubst oder nicht – perfekt auf unser Arbeitsleben übertragen lässt.

Wir können diese kindliche Neugier in uns (wieder)finden und in unser Leben integrieren. Dazu brauchen wir nicht unbedingt einen Vierjährigen, der uns die Augen öffnet. Die folgende Pause der Achtsamkeit erklärt dir, wie du den Anfängergeist benutzen kannst, wenn Langeweile, Selbstzufriedenheit und Oberflächlichkeit deine Aufgeschlossenheit und die Fähigkeit zu staunen unterdrücken. Er wird es dir ermöglichen, der Welt wieder Aufmerksamkeit, echtes Interesse und Bewunderung entgegenzubringen. Das wirkt wie eine Verjüngungskur. Es ist nachgewiesen, dass diese Art, die Welt zu sehen, den Alterungsprozess verlangsamt. Wenn wir achtsam durch unseren Alltag gehen, nehmen wir Dinge wahr, die wir normalerweise übersehen oder gar nicht für möglich halten.

Pause des achtsamen Anfängergeists

Suche dir zu Hause oder bei der Arbeit eine Tätigkeit aus, bei der du den Anfängergeist anwenden willst. Stell dir vor, diese Tätigkeit wäre völlig neu für dich. Was fällt dir auf? Was ist dadurch anders? Welche Auswirkungen hat das auf die Tätigkeit oder die Situation?

Möglicherweise driften deine Gedanken in verschiedene Richtungen, während du spielerisch mit dieser Übung experimentierst. Beobachte sie neugierig, ohne sie zu bewerten, und lenke deine Aufmerksamkeit dann zurück auf deine Tätigkeit. Wiederhole das so oft wie notwendig.

Setz Anfängergeist bei allen möglichen Gelegenheiten ein, ob beim Autofahren, beim Schreiben einer E-Mail oder während du in diesem zähen Meeting sitzt. Wenn wir langweilige Routineaufgaben mit Anfängergeist angehen, werden sie wieder interessant und wir verrichten sie mit weniger Widerwillen.

Gönne dir das Vergnügen, die Dinge mit dieser kindlichen Faszination zu betrachten, sowohl bei der Arbeit wie auch außerhalb, in der großen weiten Welt. Du kannst sie auf diese Weise immer wieder neu erobern.

Selbstverwirklichung

Träume werden wahr. Wäre dem nicht so, würde uns die Natur nicht ermuntern zu träumen.

John Updike, Schriftsteller

Als ich mich einer Praxisgemeinschaft angeschlossen hatte und auf neue Klienten wartete, begann ich in unregelmäßigen Abständen in einem Blog über Meditation und Pausen der Achtsamkeit zu schreiben. Dabei richtete ich mich vor allem an gestresste und überforderte Mütter. Nach ein paar Monaten fiel mir auf, dass ich damit unabsichtlich den Grundstein für ein Buch gelegt hatte. Ich überlegte mir, es im Eigenverlag herauszubringen, entschied mich dann aber, doch den traditionellen Weg über eine Literaturagentur und einen Verlag einzuschlagen. Ich dachte: Das Schlimmste, was mir passieren kann, ist eine etwas deprimierende Anhäufung von Ablehnungsschreiben. (Ich stelle fest, dass immer wieder vom Schreiben meines ersten Buches die Rede ist. Kein Wunder, denn ich habe viel Herzblut investiert und es war ein prägendes Erlebnis. Ich hoffe auf dein Verständnis.)

Ungefähr zur selben Zeit, aber noch bevor ich eine Agentur gefunden hatte, meldete ich mich am Greater Good Science Center für einen Online-Kurs über Glücksforschung an. Eines frühen Morgens folgte ich einer Anleitung für einen Aufsatz und beschrieb 20 Minuten lang in einer Art Bewusstseinsstrom, wie ich mir mein ideales Leben vorstellte. Ich schilderte es als einen Film, in dem es mir gelang, alle meine Ziele zu erreichen, alle meine Träume zu verwirklichen. Im Folgenden ein Ausschnitt aus der ausgelösten Schreibflut:

Es geht nicht darum, dass etwas, das wir uns vorstellen, tatsächlich eintritt. Es geht nicht um Zauberei. Sondern darum, dass das, was wir uns nicht vorstellen können, sehr wahrscheinlich auch nicht eintritt. Also stell dir das vor, was passieren soll.

Martha Beck, Life-Coach

„Ich bin so glücklich, dass ich eine wunderbare Agentin gefunden habe, die sehr aktiv ist und an mein Buch glaubt. Mit ihrer Unterstützung konnte ich einen Vertrag mit einem Verlag abschließen. Ich kann kaum glauben, dass das wirklich passiert! Das Buch ist fertig und es kommen nur noch ein paar letzte Korrekturen vom Lektorat. Ich kann mich noch erinnern, wie mir letztes Jahr um diese Zeit Zweifel kamen, ob ich dieses Buch jemals fertigbekommen würde. Aber eine innere Stimme sagte mir, ich solle weitermachen. Es sieht so aus, als ob diese ganze harte Arbeit sich nun auszahlen würde."

Ich hatte mir selbst erlaubt, zu träumen und so zu schreiben, als ob es sich bereits ereignet hätte. Und was passierte? Ich fand eine Agentin und setzte meine Unterschrift auf die gepunktete Linie eines Vertrags mit einem renommierten New Yorker Verlagshaus. (Zugegeben, all das geschah nicht von selbst, sondern erforderte einen erheblichen Zeit- und Energieaufwand sowie die weisen Ratschläge eines wohlmeinenden Mentors.) Und nicht nur das. Dieses mit Herzblut geschriebene Erstlingswerk *Breathe, Mama, Breathe* (dt. *Achtsamkeit für Mamas*) wurde von Müttern weltweit begeistert aufgenommen. Und inzwischen hat mein zweites Buch (das du jetzt in den Händen hältst) ebenfalls das Licht der Welt erblickt.

Die Aufforderung zum Niederschreiben meiner Träume war Teil einer wissenschaftlichen Studie dazu, welche positiven Effekte es hat, seine Ziele präzise zu formulieren.[30] Dieses Buch ist der Beweis: Wenn wir uns genau vorstellen, wie wir unseren Traum leben, und unseren Weg dorthin in kleine, überschaubare Etappen aufteilen, die wir gewissenhaft und beharrlich zurücklegen, können wir Dinge erreichen, die wir niemals für möglich gehalten hätten.

Nimm dir die Zeit, dein ideales Leben zu beschreiben. Vergiss deine selbst auferlegte Zurückhaltung, vergiss deine Zweifel. Träume hemmungslos, fantasiere und male dir alles bis ins kleinste Detail aus. Dann kannst du dein Ziel in Angriff nehmen, sofort, aber in kleinen Schritten. Vielleicht wirst du nächstes Jahr um diese Zeit deinen Traum bereits leben.

Pause zur Selbstverwirklichung

1 Diese Pause der Achtsamkeit hilft dir, wenn du sie in Gedanken durchspielst. Aber viel effektiver wirkt sie, wenn du alles niederschreibst. Also greif zum Bleistift!

2 Stell dir vor, wie dein Leben in Zukunft aussehen könnte, wenn alles optimal läuft. Beschreibe diesen Zustand, als ob du ihn wirklich erleben würdest – dein Umfeld, die Rahmenbedingungen, deine körperliche und geistige Verfassung. Wo wohnst du? Wer lebt mit dir zusammen? Womit beschäftigst du dich? Was begeistert dich? Welche Ziele hast du erreicht? Welche Wünsche haben sich verwirklicht? Wie fühlst du dich – emotional, mental und körperlich? Schau dich um und benutze deine Sinne. Was hörst du? Was riechst du? Was schmeckst du? Was fühlst du?

3 Schreibe, ohne nachzudenken. Lass es aus dir herausfließen. Vergiss alle Hemmungen und Zweifel. Sieh das Positive, träume drauflos, setze deiner Fantasie keine Grenzen. Je detaillierter und anschaulicher du deine Träume beschreibst, desto besser. Um unsere Träume zu verwirklichen, müssen wir erkennen, in welche Richtung sie gehen.

4 Angenommen, ich könnte dir garantieren, dass deine Träume Wirklichkeit werden, wenn du *heute* einen ersten kleinen Schritt unternimmst: Wie sähe dieser Schritt aus? Halte das schriftlich fest – und schreite zur Tat. Mache einen Schritt nach dem anderen und lass deinen Traum Wirklichkeit werden!

Der Stachel in deinem Fleisch

Unsere Berufung fordert uns heraus, unseren Weltschmerz anders zu sehen – nicht als etwas Unangenehmes, von dem wir uns abwenden, sondern als Hinweis auf Brüche, bei deren Heilung wir helfen sollen.

Tara Mohr, Empowerment-Coach

Manchmal werden wir Zeugen von etwas so Aufwühlendem, dass wir es unser Leben lang nicht mehr vergessen. Es beschäftigt uns noch Tage, Monate, Jahre später. Khine Zaw erzählte mir im Interview von so einem Erlebnis. Während sie als Menschenrechtsaktivistin in Thailand arbeitete, lernte sie ein neunjähriges Mädchen aus Burma kennen, das von seiner eigenen Familie zur Prostitution gezwungen wurde. Khine konnte nichts dagegen tun, aber das traurige Schicksal dieses Mädchens ließ sie nicht mehr los. Es veranlasste sie, eine Firma zu gründen, die weibliche Traumaopfer beschäftigt.

Manchmal kommen wir nicht darüber hinweg, eine große Chance vertan zu haben. Oder wir fühlen uns leer, weil wir das Gefühl haben, unsere Fähigkeiten nicht sinnvoll einzusetzen. Nehmen wir Jill: Nach Jahren der Doppelbelastung als alleinerziehende Mutter mit Fulltime-Job hatte sie das Gefühl, auf der Stelle zu treten und ihre wahre Persönlichkeit nicht entfalten zu können. Schon immer hatte sie davon geträumt, Komikerin zu werden. Als in ihrem Wohnort eine Comedyshow für Amateure angekündigt wurde, war sie sofort Feuer und Flamme. Sie setzte sich hin und schrieb in stundenlanger Arbeit einen achtminütigen Sketch. Hoch motiviert und von Lampenfieber geschüttelt trat sie auf die Bühne, im Publikum saßen ihr Lebensgefährte, ihr Sohn im Teenageralter und weitere Familienmitglieder. Als sie mir von dem Hochgefühl erzählte, welches das Gelächter und der Applaus in ihr auslösten, wurde deutlich, wie stolz sie auf sich und ihren Auftritt war.

Khine und Jill hatten beide dieses nagende Gefühl, etwas nicht zu Ende gebracht zu haben. Wenn wir solche Empfindungen ignorieren, werden sie sich immer wieder und immer beharrlicher melden und uns dazu bringen, unsere Zeit und Energie mit nutzlosem Grübeln zu verschwenden. Wenn wir ihnen jedoch auf den Grund gehen, können sie uns wertvolle Hinweise geben. Vielleicht bringt uns das dazu, in bestimmten Situationen künftig anders zu reagieren, ein lange zurückliegendes Unrecht wiedergutzumachen oder herauszufinden, was unsere wahre Bestimmung ist. Sobald wir die Botschaft dieses Stachels in unserem Fleisch entschlüsselt haben, können wir uns daranmachen, unnötigen Ballast aus unserem Leben zu entfernen und/oder lang gehegte Träume endlich zu verwirklichen.

Unbehagen achtsam aufgreifen

1 Nimm es zur Kenntnis, wenn dich etwas verfolgt oder an dir nagt, und suche nach der Ursache: Handelt es sich um eine unangenehme Erfahrung, einen unerfüllten Traum, ein Gespräch, das nicht befriedigend verlief? Welche Lehre, welche Botschaft, welchen Ansporn will dir dieses nagende Gefühl übermitteln?

2 Entscheide, ob das Gefühl einen Bereich betrifft, der dir so wichtig ist, dass du dich eingehender damit befassen willst. Hüte dich vor dem Trugschluss, du als Einzelne könntest sowieso nichts ändern. Wenn jede Einzelne von uns ihren Werten und Überzeugungen entsprechend handelt, sind große Veränderungen möglich!

3 Lobe dich dafür, dass du den Mut gehabt hast, deinem Unbehagen auf den Grund zu gehen und dich damit auseinanderzusetzen.

4 Überlege dir einen kleinen Schritt, der dazu beiträgt, den Grund für dein Unbehagen zu beseitigen. Und wenn du den Stein ins Rollen gebracht hast, liebe Freundin, lass dich nicht aufhalten.

Im Interview

Khine N. Zaw, Menschenrechtsaktivistin und Gründerin
von Khineder Creations

Khine ist in Myanmar (Burma) geboren und aufgewachsen. Sie hat über
30 Länder besucht und Dutzende von Kindern und Jugendlichen kennen-
gelernt, die zu Prostitution, Drogen- und Waffenhandel gezwungen wurden.
Sie wurde Menschenrechtsaktivistin und arbeitete für die Association of
Southeast Asian Nations (ASEAN) mit dem Schwerpunkt Frauen und Kin-
der. Sie half Regierungen bei der Einführung internationaler Standards zur
Verbesserung der Lebensbedingungen von Frauen und Arbeitsmigranten.
Khine erzählte mir: „Ich hatte erlebt, welche furchtbaren Auswirkungen
Armut haben kann, und wusste, dass Kinder – vor allem Mädchen – auf-
grund von Unwissenheit und mangelnder Bildung sehr leicht in einen
Teufelskreis geraten."

Während Khine in Tokio studierte, lernte sie den Vater ihres Sohnes
kennen, der aus Amerika stammte. Mit ihm zog sie 2013 in die USA, wo
kurz darauf ihr Kind zur Welt kam. Für ihren Job war sie viel im Ausland
unterwegs – ohne ihren Sohn, den sie sehr vermisste. Deshalb kündigte sie
schweren Herzens bei ASEAN. Nicht lange danach lernte sie in den USA
eine alleinerziehende Mutter kennen, die sich mit Mühe durchschlug. Um
ihre finanzielle Lage zu verbessern, begann deren Tochter im Teenageralter
einen biologischen Lippenbalsam herzustellen und online zu verkaufen.
Khine half dem Kleinunternehmen auf die Beine und entdeckte dabei ihre
Berufung: Sie wollte Frauen, die Traumata erlebt hatten, unterstützen, indem sie ihnen Arbeitsmöglichkeiten und Empowerment-Training anbot.
Aus dieser Idee wurde 2017 ihr Unternehmen Khineder Creations.

Khine stellte ein Team von traumageschädigten Frauen ein und ent-
wickelte zusammen mit ihnen eine Serie Hautpflegeprodukte nach
2000 Jahre alten Familienrezepten. (Das ist kein Übersetzungsfehler: Ihr
Vater stammt aus einer der ältesten dokumentierten Familien Myanmars.)

Ihre Kosmetik ist frei von Konservierungsmitteln und laut Zertifikat der US-Behörde für Lebens- und Arzneimittel für alle Hauttypen geeignet.

Neben Naturkosmetik in Bio-Qualität bietet Khine in ihrem Laden und dem Online-Shop (der bei Erscheinen dieses Buches in 19 Länder lieferte) auch Taschen und andere Accessoires an, hergestellt von Frauen aus aller Welt, die Opfer sexueller Ausbeutung wurden. Diese Produkte sind ein Symbol für den Überlebenswillen dieser Frauen und ihr Verkauf trägt dazu bei, sie finanziell abzusichern sowie ihre körperliche und geistige Gesundheit wiederherzustellen. Khine hofft, dass die Empowerment-Arbeit sowie die Job- und Bildungsangebote von Khineder Creations diese Frauen stärker, selbstbewusster und unabhängiger machen.

Unser größter Feind – das gelte besonders für Frauen – ist die Angst, meint Khine. Aber sie darf uns nicht davon abhalten, unsere Träume zu verwirklichen – in kleinen Schritten. Ihre Empowerment-Arbeit mit den Frauen macht auch ihr selbst Mut. Das Bestärken ist gegenseitig. Wenn Khine Ängste aufsteigen fühlt, nimmt sie Zuflucht zur Poesie (der persische Dichter Rumi ist ihr derzeitiger Favorit). Hilfreich findet sie auch Gespräche mit Freundinnen, Therapiesitzungen und Beten. Um sich selbst zu erden, praktiziert sie Yoga, kocht, malt mit ihrem Sohn und sucht den Kontakt zur Natur. (Siehe dazu „Unser Spieltrieb", S. 132.)

Weitere Informationen über Khine und ihre Firma findest du unter www.khinedercreations.com.

Zähme das Arbeitstier in dir

Prioritäten zu setzen bedeutet, anzuerkennen, dass wir das Problem der Überlastung nie lösen werden, indem wir uns vornehmen, weniger Aufgaben zu übernehmen. Was wir tun können, ist, die Aufgaben anders einschätzen und darüber nachdenken, in welcher Reihenfolge wir sie am besten erledigen.

Leah Weiss, Unternehmerin und Leadership-Coach

Ich arbeite gern. Ist das verrückt? Auf jeden Fall hat es sich nicht zufällig so ergeben. Denn ich habe meine beruflichen Ziele ganz bewusst hoch gesteckt, habe mich von meiner Neugier leiten lassen, habe mir meinen Weg beharrlich erkämpft, habe meine Selbstzweifel bezüglich meiner Fähigkeiten sorgfältig abgewogen und abgebaut, habe viel Zeit und Mühe investiert und ein gehöriges Maß an Chuzpe gezeigt. Dabei bin ich von Natur aus eher vorsichtig und zurückhaltend. Aber Schreiben, Lesen und Lernen sind nun mal mein Ding. Das finde ich spannend, daraus schöpfe ich Energie, das bringt meine Kreativität in Gang. Wären da nicht die Familie und andere Pflichten, könnte ich ohne Weiteres Tage zwischen meinen Büchern verbringen, mit einer Kuscheldecke und ein paar Snacks in Reichweite. Auch wenn ich meinen Mann und meine Kinder über alles liebe, gibt es doch Momente, in denen meine Arbeit mich so gefangen nimmt, dass ich mir nichts sehnlicher wünsche, als mich eine ganze Woche lang ausschließlich darauf konzentrieren zu können. Dann fällt es mir unheimlich schwer, diesen Flow zu unterbrechen, um wenigstens im Ansatz etwas für eine vernünftige Work-Life-Balance zu tun. Wenn es mir dann gelungen ist, mich von meiner erfüllenden Arbeit loszureißen, bin ich natürlich glücklich, diese wunderbaren, wichtigen und ebenso erfüllenden Momente mit meiner Familie zu verbringen.

Manche von uns vergraben sich in Arbeit, um dadurch privaten Problemen aus dem Weg zu gehen. Manche tun es aus finanziellen Gründen oder um der

Karriere willen. Wenn wir Glück haben, dient unsere Arbeit hauptsächlich der Selbstverwirklichung. Aber auch das kann unerwünschte Konsequenzen haben, wenn wir es übertreiben. Ein Übermaß an Arbeit hat negative Auswirkungen auf unser allgemeines Wohlbefinden. Und die Qualität der Arbeit nimmt unweigerlich ab: Nach einer gewissen Zeit sind unsere Reserven einfach erschöpft. Auch hier bewahrheitet sich die alte Weisheit, dass zu viel des Guten nichts bringt. Das richtige Maß ist gefragt. Studien belegen: „Wer zwischen 30 und 50 Stunden pro Woche arbeitet und Überstunden macht, kann seine Leistung dadurch steigern. Bei einer 50- bis 65-stündigen Arbeitswoche bringen Überstunden keine Steigerung mehr. Wer über 65 Stunden pro Woche arbeitet, muss mit einem generellen Leistungsabfall rechnen."[31] Wenn du Tendenzen zum Workaholic zeigst, solltest du deiner Gesundheit und Produktivität zuliebe kürzertreten. Und dabei hilft dir die Pause für ein achtsames Arbeitspensum.

Pause für ein achtsames Arbeitspensum

1 Prüfe, ob du diese Pause der Achtsamkeit brauchst. Manche von uns sind sich gar nicht bewusst darüber, dass sie es mit der Arbeit übertreiben. Wenn du aber schon einmal überlegt hast, ob du dich langsam zum Workaholic entwickelst, ist die Wahrscheinlichkeit groß, dass du die Notbremse ziehen solltest. Fällt es dir schwer, die Arbeit zu unterbrechen, wenn andere Pflichten rufen? Kommt es vor, dass Menschen in deinem Umfeld frustriert sind, weil du so viel arbeitest? Auch dein Befinden kann dir Hinweise geben. Wenn ich überarbeitet bin, stoße ich unwillkürlich häufige tiefe Seufzer aus und fühle mich von Familie und Freunden abgeschnitten.

2 Wenn es bei dir jetzt klingelt, sei versichert: Du bist nicht allein und brauchst kein schlechtes Gewissen zu haben. Die Erkenntnis, überarbeitet zu sein, ist gleichzeitig der Anstoß, es zu ändern. Gratuliere dir selbst dazu, dir deinen Zustand einzugestehen.

3 Überprüfe mit wohlwollendem Verständnis, ob du so viel arbeitest, weil du die Konfrontation mit Problemen zu Hause oder in der Partnerschaft fürchtest, dich gesellschaftlich dazu verpflichtet fühlst oder Angst vor Einsamkeit hast. Wenn ja, solltest du diesen Verdrängungsmechanismus mit

Achtsamkeit analysieren. Gespräche mit Freund*innen oder einer Therapeutin können dir dabei helfen und einfühlsame, objektive Ratschläge liefern.

4 Wenn es nicht um Verdrängung geht, sondern du einfach gerne viel arbeitest, ist das bereits ein Pluspunkt. Aber du solltest trotzdem versuchen, zu einem vernünftigen Maß zu finden.

5 Zähme dein inneres Arbeitstier. Sage ihm, dass du verstehst, wie schwer es ihm fällt, dich in Ruhe zu lassen, dass aber andere Seiten in dir ebenfalls Zeit und Aufmerksamkeit brauchen. Arbeit kann Beziehungen und Erlebnisse nicht ersetzen, auch wenn du sie noch so liebst. Wenn wir jahrelang zugelassen haben, dass das Arbeitstier in uns wütet, müssen wir uns vielleicht erst überlegen, wie und mit wem wir unsere Zeit verbringen wollen. Fantasiere und experimentiere mit verschiedenen Möglichkeiten.

6 Achte auf die Zeichen, die dir dein Körper gibt. Wenn du verspannt und müde bist, deutet das auf ein Ungleichgewicht hin. Ein Gefühl von Unbeschwertheit und geistiger Klarheit dagegen lässt auf Ausgewogenheit schließen.

7 Versuche, unvoreingenommen und mit Verständnis für dich selbst ein paar Korrekturen vorzunehmen, um deine Work-Life-Balance wieder in Richtung Life zu justieren.

ANMERKUNGEN

1   Olivia Remes, Carol Brayne, Rianne van der Linde und Louise Lafortune: „A Systematic Review of Reviews on the Prevalence of Anxiety Disorders in Adult Populations", in: *Journal of Brain and Behavior* 6, Nr. 7 (2016).

2   Alexis Krivkovich, Kelsey Robinson, Irina Starikova, Rachel Valentino und Lareina Yee in: *Women in the Workplace 2017*, hg. von McKinsey & Company (Oktober 2017).

3   Matthew A. Killingsworth und Daniel T. Gilbert: „A Wandering Mind Is an Unhappy Mind", in: *Science* 330, Nr. 6006 (2010), S. 932.

4   M. S. Krasner, R. M. Epstein, H. Beckman u. a.: „Association of an Educational Program in Mindful Communication with Burn-out, Empathy, and Attitudes Among Primary Care Physicians", in: *JAMA* 302, Nr. 12 (2009), S. 1284–1293.

5   Britta K. Hölzel, Sara W. Lazar u. a.: „Mindfulness Practice Leads to Increases in Regional Brain Gray Matter Density", in: *RES* 191, Nr. 1 (30. Januar 2011), S. 36–43.

6   B. L. Fredrickson, M. A. Cohn, K. A. Coffey, J. Pek und S. M. Finkel: „Open Hearts Build Lives: Positive Emotions, Induced Through Loving Kindness Meditation, Build Consequential Personal Resources", in: *Journal of Personality and Social Psychology* 95, Nr. 5 (2008), S. 1045–1062.

7   Cendri A. Hutcherson, Emma M. Seppala und James J. Gross: „Loving-Kindness Meditation Increases Social Connectedness", in: *Emotion* 8, Nr. 5 (2008), S. 720–724.

8   Sonja Lyubomirsky: „Pursuing Happiness: The Architecture of Sustainable Change", in: *Review of General Psychology* 9, Nr. 2 (2005), S. 111–131.

9   Florence Williams: „This Is Your Brain on Nature", in: *National Geographic Magazine* (Dezember 2015).

10   Robin Mejia: „Green Exercise May Be Good for Your Head", in: *Environmental Science and Technology* 44, Nr. 10 (2010), S. 3649.

11 B. J. Park, Y. Tsunetsugu, T. Kasetani, T. Kagawa und Y. Miyazaki: „The Physiological Effects of Shinrin-Yoku (Taking in the Forest Atmosphere or Forest Bathing): Evidence from Field Experiments in 24 Forests Across Japan", in: *Environmental Health Preventive Medicine* 15, Nr. 1 (2010), S. 18–26.

12 Florence Williams: „This Is Your Brain on Nature", in: *National Geographic Magazine* (Dezember 2015).

13 M. Sianoja, C. J. Syrek, J. de Bloom, K. Korpela und U. Kinnunen: „Enhancing Daily Well-Being at Work Through Lunchtime Park Walks and Relaxation Exercises: Recovery Experiences as Mediators", in: *Journal of Occupational Health Psychology* 23, Nr. 3 (2018), S. 428–442.

14 Beth Gibbs: „Yoga for Menopause: Managing Hot Flashes", „Yoga for Healthy Aging", in *Blog* (März 2015).

15 Johns Hopkins Medicine: „Introduction to Menopause", hopkinsmedicine. org/health/conditions-and-diseases/introduction-to-menopause.

16 Kathleen Davis: „What's to Know About Sleep Deprivation?", in: *Medical News Today* (25. Januar 2018), hopkinsmedicine.org/health/conditions-and-diseases/introduction-to-menopause.

17 Kim Cameron und Wayne Baker: „The Ignored Resource That Predicts Job Performance", University of Michigan Ross School of Business (30. Juni 2016).

18 Ebd.

19 Katty Kay und Claire Shipman: „The Confidence Cup", in: *The Atlantic* (Mai 2014).

20 Paulette Guitard, Francine Ferland und Élisabeth Dutil: „Toward a Better Understanding of Playfulness in Adults", *OTJR: Occupation, Participation and Health* 25, Nr. 1 (Januar 2005), S. 9–22.

21 Frei nach Andrew Weil: „Three Breathing Exercises and Techniques", drweil. com.

22 Seth Kaplan, Jill C. Bradley-Geist, Afra Ahmad, Amanda Anderson, Amber Hargrove und Alex Lindsey: „A Test of Two Positive Psychology Interventions to Increase Employee Well-Being", in: *Journal of Business and Psychology* 29 (2013), S. 367–380.

23 H. Steinberg, Elizabeth A. Sykes, Tim Moss, Susan Lowery, Nick LeBoutillier und Alison Dewey: „Exercise Enhances Creativity Independently of Mood", in: *British Journal of Sports Medicine* 31, Nr. 3 (1997), S. 240–245.

24 American Psychological Association: „Exercise Fuels the Brain's Stress Buffers".

25 Gretchen Reynolds: „How Exercise Benefits the Brain", in: *The New York Times Well Blog* (30. November 2011).

26 Die Pause „Achtsamkeit bei der Verwirklichung von Zielen" wurde vom International Institute for Restorative Practices übernommen.

27 Shonda Moralis: „10 Ways Writing a Book Is Like Having a Baby", Blog auf shondamoralis.net (25. Oktober 2016).

28 Adam Grant: „The Surprising Habits of Original Thinkers", TED Talk (2016), ted.com/talks/adam_grant_the_surprising_habits_of_original_thinkers.

29 VIA Institute on Character, viacharacter.org/www/Character-Strengths-Survey.

30 Die „Pause zur Selbstverwirklichung" wurde aus dem Schreibprogramm „The Best Possible Selves Intervention" von Laura King (2001) übernommen.

31 Morten T. Hansen: *Great at Work: How Top Performers Do Less, Work Better, and Achieve More* (2018).

LITERATUREMPFEHLUNGEN

Begley, Sharon: *Neue Gedanken – neues Gehirn: Die Wissenschaft der Neuroplastizität beweist, wie unser Bewusstsein das Gehirn verändert* (2007)

Bolte Taylor, Jill: *Mit einem Schlag* (2010)

Brown, Brené: *Führung wagen* (2021)

Buettner, Dan: *The Blue Zones – 9 Lessons for Living Longer from the People Who've Lived the Longest* (2012)

Chapman, Gary: *Die fünf Sprachen der Liebe – Wie Kommunikation in der Partnerschaft gelingt* (2010)

Davidson, Richard & Goleman, Daniel: *Altered Traits: Science Reveals How Meditation Changes Your Mind, Brain and Body* (2017)

Davidson, Richard & Kabat-Zinn, Jon: *Die heilende Kraft der Meditation – Wie sich unser Geist selbst heilen kann* (2012)

Dufu, Tiffany: *Den Ball weiterspielen – Warum Frauen weniger von sich und mehr von anderen erwarten sollten* (2017)

Ferriss, Tim: *Tools der Titanen – Die Taktiken, Routinen und Gewohnheiten der Weltklasse-Performer, Ikonen und Milliardäre* (2017)

Kramer, Gregory: *Einsichts-Dialog – Weisheit und Mitgefühl durch Meditation im Dialog* (2018)

Marturano, Janice: *Mindful Leadership – Ein Weg zu achtsamer Führungskompetenz* (2017)

Mohr, Tara: *Playing Big: Practical Wisdom for Women Who Want to Speak up, Create and Lead* (2014)

Moralis, Shonda: *Achtsamkeit für Mamas – 5 Minuten Entspannung für jeden Tag* (2019)

Pines, Ayala & Aronson, Elliot & Kafry, Ditsa: *Ausgebrannt – Vom Überdruss zur Selbstentfaltung* (2007)

Segal, Zindel V. u. a.: *Der achtsame Weg durch die Depression* (2009)

Slaughter, Anne-Marie: *Was noch zu tun ist: Damit Frauen und Männer gleichberechtigt leben, arbeiten und Kinder erziehen können* (2016)

Weiss, Leah: *How We Work: Live Your Purpose, Reclaim Your Sanity, and Embrace the Daily Grind* (2018)

Williams, Joan & Dempsey, Rachel: *What Works for Women at Work: Four Patterns Working Women Need to Know* (2014)

WEITERE HILFEN

Achtsamkeitspraxis & geführte Meditation

shondamoralis.net

centerhealthyminds.org

instituteformindfulleadership.org

uclahealth.org/marc/body.cfm

mindful.org/audio-resources-for-mindfulness-meditation

tarabrach.com/guided-meditations

freemindfulness.org/download

fragrantheart.com/cms/free-audio-meditations

meditationoasis.com/podcast

achtsam-arbeiten.de

achtsamleben.at

institut-fuer-achtsamkeit.de

mbsr-verband.de

medmeister.de

Apps

Aura

Breathe

Buddhify

Calm

Headspace

Insight Timer

Meditation for Fidgety Skeptics

Meditation Studio

The Mindfulness App

Mindfulness Daily

Omvana

Stop, Breathe & Think

5 Minuten Meditation

7Mind

Balloon

Die Achtsamkeits-App

Du hast Pause

Meditation Easy

DANK

———

Diesen Teil liebe ich! Seitdem ich selbst schreibe, lese ich zuallererst die Danksagung, wenn ich ein Buch aufschlage. Es ist mir wirklich ein großes Anliegen, meine Dankbarkeit zum Ausdruck zu bringen. Dabei wird mir richtig warm ums Herz! Also los:

Ich habe das große Privileg, von Stephanie Tade und Colleen Martell von der Stephanie Tade Agency betreut zu werden. Danke für die lange, fruchtbare Zusammenarbeit!

Ein großes Dankeschön geht an meine talentierte, einfühlsame Lektorin Batya Rosenblum. Wir sind fast immer auf derselben Wellenlänge.

Ich danke allen Mitgliedern von The Experiment, insbesondere Jennifer Hergenroeder, Matthew Lore, Juliann Barbato, Zach Pace und Batya Rosenblum. Bereits die Zusammenarbeit bei *Achtsamkeit für Mamas* war eine wundervolle Erfahrung und ich bin überglücklich, dass wir auch dieses Projekt gemeinsam geschaukelt haben.

Mein Dank geht an die starken Frauen, die ich interviewen konnte: Jacki Carr, Mary Beth LaRue, Colleen Cannon, Sarah Trimmer, Abbie Smith, Khine N. Zaw und Alyssa Milner. Danke, dass ihr mir eure Zeit und eure Weisheit geschenkt habt. Ihr alle seid einzigartig, wunderbar und unglaublich inspirierend.

Ich danke den klugen, erfindungsreichen Frauen, die ihre eigenen Pausen der Achtsamkeit entwickelt haben und sie mit uns teilen: Barbara Berger, Monica Scheinler, Beth Sprunk und Christine Storch.

Dank an meine beiden Assistentinnen Ashley Blair und Claribel Adames – was wäre ich ohne eure Kompetenz! Ebenso danke ich Lynn Mull von Redwood Leadership, die mich mit „Rock Your Bliss" bekannt gemacht hat.

Ich bedanke mich herzlich bei Barbara Berger, die mir half, meinen Optimismus wiederzufinden, als ich auf einem Tiefpunkt war. Bei Nicole Wade und Cynthia Visser, die mir immer Rückendeckung gaben. Bei Amy Godshall und Kim Hayes, die mir seit unserer Kindheit die Freundschaft halten.

Ich danke meinen Eltern, Linda und Richard Bear, die immer noch meine feurigsten Anhänger sind und mich bedingungslos lieben. Herkules!

Ich danke Erik für seine Liebe, für unsere harmonische Beziehung, für seinen Humor und für das leckere Essen. Dank seiner Heimwerkerfähigkeiten konnte ich beim Schreiben unendlich viele Kilometer auf meinem Schreibtisch-Laufband zurücklegen. Ohne seine Unterstützung in den verschiedensten Bereichen gäbe es dieses Buch nicht.

Vielen Dank an Anika, die mit ihrer leuchtenden Flamme mein feministisches Feuer neu entfacht hat. Du bist eine treibende Kraft. Es war mir eine Freude, dir Wurzeln zu geben und Flügel. Ich bin so gespannt, wohin sie dich tragen werden!

Danke, lieber Ben, für deine Liebe, deine witzigen Einfälle, deine Verspieltheit und deine Umarmungen. Du bringst mein Herz jeden Tag aufs Neue zum Schmelzen. Habe ich dir schon gesagt, wie glücklich es mich macht, deine Mommy zu sein?

Ich danke all den Frauen, die mir den Weg bereitet haben. Ich hoffe, ihr seid stolz auf uns, dass wir das Feuer weiter schüren und damit die Fackeln vieler anderer Frauen entzünden. Schließlich danke ich allen aktiven Frauen, mit denen ich mich austauschen und zusammenarbeiten durfte. Eure Energie, eure Weisheit und eure Leidenschaft spornen mich ungeheuer an. Ich hoffe, liebe Leserin, dass *Achtsamkeit für Superfrauen* das Gleiche für dich tun kann.

ÜBER DIE AUTORIN

Shonda Moralis hat einen Master in Sozialarbeit und arbeitet seit über 20 Jahren als Empowerment-Coach und Psychotherapeutin in ihrer eigenen Praxis. Sie hat sich auf frauenspezifische Probleme und Belastungsstörungen spezialisiert. 2006 absolvierte sie eine Ausbildung zur Lehrerin für Stressbewältigung durch Achtsamkeit. Sie veranstaltet Workshops und hält Vorträge zu diesem Thema. Ihr erstes Buch *Achtsamkeit für Mamas – 5 Minuten Entspannung für jeden Tag* ist laut der Zeitschrift *Parents* „Pflichtlektüre für jede Mutter". Sie ist überzeugt, dass starke, ausgeglichene, selbstsichere Frauen zu Hause wie auch in der Öffentlichkeit Großes bewirken können. Shonda Moralis lebt mit ihrem Ehemann und ihren beiden Kindern im Lehigh Valley, Pennsylvania, USA. Sie ist ein Outdoorfan und leidenschaftlich daran interessiert, herauszufinden, was Menschen antreibt.